natürlich oekom!

Mit diesem Buch halten Sie ein echtes Stück Nachhaltigkeit in den Händen. Durch Ihren Kauf unterstützen Sie eine Produktion mit hohen ökologischen Ansprüchen:

- 100 % Recyclingpapier
- mineralölfreie Druckfarben
- Verzicht auf Plastikfolie
- Kompensation aller CO_2-Emissionen
- kurze Transportwege – in Deutschland gedruckt

Weitere Informationen unter www.natürlich-oekom.de und #natürlichoekom

Wandelwerk

Dieses Buch wurde im Rahmen des EU Erasmus Plus Programms im Projekt »Education for Pro-Environmental Active Citizenship«, kurz EPEAC, geschrieben. Das Projekt wurde durch das EU-Programm Erasmus Plus im Rahmen eines KA2 Strategic Partnership Grant unter der Fördervereinbarung Nr. KA204-851C2AD9 gefördert. Weder die Europäische Union, die Europäische Exekutivagentur für Bildung und Kultur (EACEA) noch Personen, die im Namen dieser Institutionen handeln, sind dafür verantwortlich, wie die folgenden Informationen verwendet werden. Die in dieser Veröffentlichung geäußerten Ansichten liegen in der alleinigen Verantwortung der Autor*innen und spiegeln nicht unbedingt die Ansichten der Europäischen Union oder der EACEA wider.

Bibliografische Information der Deutschen Nationalbibliothek: Die Deutsche Nationalbibliothek verzeichnet diese Publikation in der Deutschen Nationalbibliografie; detaillierte bibliografische Daten sind im Internet über www.dnb.de abrufbar.

oekom – Gesellschaft für ökologische Kommunikation mbH
Goethestraße 28, 80336 München

Layout: Andreas Bauermeister und Angela Müller
Umschlaggestaltung: Laura Denke, oekom verlag
Coverillustration und Aufmacherillustrationen: Otto Barboni (CC BY-NC-SA 4.0)
Druck: Elanders Waiblingen GmbH, Waiblingen

ISBN 978-3-98726-070-4
E-ISBN 978-3-98726-300-2
https://doi.org/10.14512/9783987263002

Karen Hamann, Paula Blumenschein, Eva Junge, Sophia Dasch,
Alex Wernke, Julian Bleh

Klima**bewegt**

Die Psychologie von Klimaprotest und Engagement

Inhaltsverzeichnis

Vorwort

Ich freue mich sehr, ein Vorwort für dieses wichtige und aufschlussreiche Buch über die Psychologie von Klimaprotest und Engagement zu schreiben. Wie die Autor*innen hervorheben, erfordert der Kampf gegen die Klimakrise vor allem Mut, und ich glaube, dass dieses Buch praktische Wege aufzeigt, um gemeinsam mutig zu sein. Diese Wege basieren auf jahrzehntelanger akademischer Theorie und Forschung, was bedeutet, dass sie mit einem modernen wissenschaftlichen Verständnis der Psychologie des Klimahandelns übereinstimmen. Den Autor*innen ist es außerdem gelungen, diese Erkenntnisse in konkrete, umsetzbare Empfehlungen und Leitlinien zu übersetzen. So verbindet das Buch auf einzigartige Weise die psychologische Wissenschaft darüber, was Menschen zum Klimaschutz bewegt und motiviert, mit der dringenden Notwendigkeit zum gemeinsamen Handeln. Ich kann das Buch allen empfehlen, die auf der Suche nach mehr Hoffnung und Mut im Umgang mit der wohl größten Herausforderung unserer Zeit sind.

»Ein zeitgemäßes, praktisches und aufschlussreiches
Buch über die Psychologie des kollektiven Klimaschutzes
für alle, die hoffnungsvoller und mutiger sein wollen
angesichts der größten Herausforderung unserer Zeit.«

Martijn van Zomeren
Professor für Sozialpsychologie
an der Rijksuniversiteit Groningen, Niederlande
Groningen, im Oktober 2023

Kapitel 1 Einleitung und Vorstellung des Modells

Warum es die Psychologie von Klimaprotest und Engagement braucht

Die Klimakrise macht deutlich, wie verletzlich unsere Gesellschaften sind. Kein Wunder, dass viele Menschen nichts von den katastrophalen Auswirkungen hören wollen, die der Klimawandel auf ihr eigenes Leben und das ihrer Familie und Freund*innen haben wird. Es ist einfach beängstigend. Diejenigen, die es tatsächlich wagen, hinzuschauen, berichten zunehmend von Klimaängsten und -sorgen. Es ist daher keine Überraschung, dass Klimaangst aktuell häufig im Zentrum der Aufmerksamkeit von Medien, Wissenschaftler*innen und der Klimabewegung steht.

Dieses Buch widmet sich der anderen Seite von Klimaangst – dem Mut zum kollektiven Klimahandeln. Dabei zielt es nicht darauf ab, die Ängste zu bekämpfen. Denn auch Angst kann ein Grund sein, sich für Klimaschutz einzusetzen.[1] Vielmehr soll dieses Buch helfen, Mut zu entwickeln, sich dieser Angst zu stellen und nicht in Gleichgültigkeit zu verfallen. Es soll darin unterstützen, sich von den Gefühlen *bewegen* zu lassen, welche die Klimakrise auslösen kann. Dadurch soll es zu größeren und kollektiven Handlungen *bewegen*. Und vielleicht hilft es auch dabei, den eigenen Platz in der *Klimabewegung* zu finden. Wir Autor*innen sind überzeugt, dass es noch viel mehr Menschen da draußen gibt, die *klimabewegt* sind. Menschen, die bereit sind, angesichts der zahlreichen aktuellen Krisen aufzustehen, sich in Bewegung zu setzen und gemeinsam mutiger zu werden.

Das psychologische Wissen rund um kollektives Klimahandeln soll dabei helfen, diesen Mut zu entfalten. Das ist unser Beitrag als Psycholog*innen: Unser Autor*innen-Team hat den aktuellen Forschungsstand zu diesem Thema zusammengefasst und mit vielen Beispielen aus der Klimabewegung illustriert, um das Wissen möglichst leicht verständlich darzustellen. Die gewählte Struktur ermöglicht es, direkt mit diesem Buch zu arbeiten, daraus zu lernen und seine Erkenntnisse einfach in die Praxis umzusetzen. Trotzdem sei betont, dass es meist nicht nur die eine korrekte Empfehlung oder nur die eine richtige Antwort gibt. Die Empfehlungen, die in diesem Buch gegeben werden, können vielmehr als Hilfestellungen, Leitlinien, Struktur oder als Inspiration für das eigene Klimahandeln, entweder als Einzelne*r oder als Klimagruppe begriffen werden.

Inmitten der gegenwärtigen Krisen sind wir Autor*innen dankbar für all jene, die mutig genug sind, zu handeln, Kräfte zu bündeln und sich für einen sozial-ökologischen Wandel einzusetzen – für sie ist dieses Buch geschrieben. Mut zum Klimaschutz trägt in diesem Buch viele Bedeutungen. Er steht dafür, sich in Zeiten der Klimakrise gemeinsam und entschlossen für einen sozial-ökologischen Wandel einzusetzen, trotz und mit Klimaangst. Dazu gehört, für die eigenen moralischen Überzeugungen einzustehen, sich hoffnungsvoll und wirksam zu fühlen, anderen zu vertrauen und sich in Klimagruppen und innerhalb der Klimabewegung zusammenzuschließen, um die Ungerechtigkeiten der Klimakrise zu bekämpfen.

Im Wesentlichen wird dieses Buch für verschiedene Menschen hilfreich sein: Alle, die in der Bewegung für einen sozial-ökologischen Wandel aktiv sind und in ihrem Handeln psychologisch effektiver und resilienter werden wollen, und für Menschen, die Interesse an der Psychologie des kollektiven Klimahandelns haben und es besser verstehen möchten.

Welche Geschichte steckt hinter diesem Buch?

Die Klimakrise wird durch menschliches Verhalten verursacht.[2,3] Wenn wir als Menschheit den Zusammenbruch der Ökosysteme, die das Leben auf diesem Planeten ermöglichen, verhindern wollen, müssen wir unser Verhalten verändern. Im Jahr 2016 hat ein Teil des Autor*innen-Teams ein Buch über die Psychologie im Umweltschutz veröffentlicht, in dem der Schwerpunkt auf Strategien zur Veränderung des privaten Klimaschutzverhaltens liegt.[4] Während das Buch in Deutschland einige Aufmerksamkeit erhielt und Klimagruppen dabei helfen konnte, ihre Kampagnen effektiver zu gestalten, kam immer wieder die Sorge auf, dass psychologische Erkenntnisse die persönliche Verantwortung von Einzelpersonen zu sehr in den Mittelpunkt stellen könnten. Zum Teil liegt dies am Forschungsgegenstand und den Forschungsmethoden der Psychologie. Psycholog*innen untersuchen in der Regel die Gedanken, Gefühle und Handlungen von Individuen, die oft mittels Fragebögen oder in Interviews erfasst werden. Teilweise wird die Psychologie deshalb instrumentalisiert, um gegen strukturelle Veränderungen zu argumentieren. Dahinter steht der Gedanke: Wenn Einzelne sich ändern können, liegt es in ihrer individuellen Verantwortung, dies auch zu tun.

Obwohl es effektive Strategien zur Förderung von Klimaschutzverhalten gibt, stellen Psycholog*innen häufig fest, dass es sehr schwierig ist, tiefgreifende und langfristige Veränderungen zu erzielen, wenn sich die gesellschaftlichen Strukturen (z. B. Gesetze) und die physischen Strukturen (z. B. Mobilitätsinfrastruktur), die eine Person umgeben, nicht ändern. Psychologische Interventionen können zwar Auswirkungen auf Verhalten haben, aber im Durchschnitt führen sie nur zu einer geringen Veränderung.[5] Vereinzeltes nachhaltiges Verhalten in nicht-nachhaltigen Strukturen wird nicht die tiefgreifenden Veränderungen bewirken, die wir als Menschheit brauchen, um die Klimakrise zu bewältigen. Was wir brauchen, ist ein systemischer Wandel. Dazu gehört, dass wir verändern, wie unsere Wirtschaft funktioniert, wie wir Energie erzeugen und nutzen, wie wir uns von einem Ort zum anderen bewegen, wie wir arbeiten – und wie wir unsere Zeit verbringen, wenn wir nicht arbeiten. Diese Veränderungen betreffen nicht nur unsere Beziehung zur Natur, sondern auch unsere Beziehungen zueinander. Die Klimakrise zu bekämpfen bedeutet, die Struktur unserer Gesellschaft zu verändern, und das ist nur möglich, wenn wir breite Teile der Gesellschaft für den Klimaschutz gewinnen. Um die Klimakrise zu bewältigen, braucht es nicht nur individuelle Veränderungen, sondern Veränderungen auf kollektiver Ebene. Ein sozial-ökologischer Wandel erfordert sowohl eine Veränderung der sozio-politischen Strukturen als auch eine Veränderung in den Köpfen, Herzen und Handlungen der Menschen, die in diesen Strukturen leben. Deshalb war es den Autor*innen seit der Veröffentlichung von »Psychologie im Umweltschutz«[4] ein großes Anliegen, ein zweites Buch zu schreiben, das die kollektive Seite des Klimahandelns beleuchtet und sich auf Strukturwandel, Protest und Engagement jenseits des privaten Bereichs konzentriert.

Außerdem ist die Welt nun eine andere als noch im Jahr 2016. Seitdem haben wir alle den Aufstieg der Fridays for Future-Bewegung, die COVID-19-Pandemie oder den Angriffskrieg auf die Ukraine verfolgt oder miterlebt, um nur einige Beispiele zu nennen. Wir haben gesehen, dass viele Menschen einen ersten aktiven Schritt gemacht haben, aber auch, dass viele aufgrund enttäuschter Hoffnungen und Burnout wieder einen Schritt zurückgegangen sind. Wichtig ist auch, dass seither die notwendigen Schritte im Klimaschutz nicht unternommen wurden, sodass eine Begrenzung des globalen Temperaturanstiegs auf 1,5°C höchst unwahrscheinlich ist[6] und noch gefährlichere

Szenarien von 2°C und mehr wahrscheinlicher werden[7]. Deshalb scheint es umso relevanter, eine resiliente Klimabewegung aufzubauen, die Rückschläge und Niederlagen verkraften kann. Klimagruppen wollen und müssen sich auf einen langfristigen Kampf vorbereiten. Mit anderen Worten: Es gibt das Sprichwort, dass Klimaschutz kein Sprint, sondern ein Marathon ist. Wir Autor*innen fragen uns, ob das nicht eine Untertreibung ist – echter, beständiger Klimaschutz gleicht eher einer lebenslangen Wanderung, bei der die Beteiligten immer wieder neue Wege entdecken und sich neuen Herausforderungen stellen müssen. Dieses Buch soll eine Art Wanderführer sein, der Anregungen gibt, was für die Wanderung mitgebracht werden sollte, worauf geachtet werden muss, welche Fragen beim Wandern gestellt werden können und wie als Wandergruppe gemeinsam das Ziel erreicht werden kann.

Wer sind »wir«?

Wenn du ein generelles »Wir« auf diesen Seiten liest, sind damit grundsätzlich *wir alle* gemeint – alle Menschen, die auf diesem Planeten leben. Dabei ist dieses Buch aus der praktischen Perspektive der sozial-ökologischen Bewegung geschrieben, für eine bessere Welt für alle, jetzt und in der Zukunft.

Und dann ist da noch das schreibende »Wir«, unser Autor*innen-Team. Wir Autor*innen sind Teil der gemeinnützigen Organisation Wandelwerk e.V., die in den letzten Jahren gemeinsam an diesem Buch gearbeitet hat – Karen, Paula, Eva, Sophia, Alex und Julian. Unser Hauptziel als Wandelwerk ist es, die Umwelt- und Klimabewegung mit psychologischen Erkenntnissen und Methoden zu unterstützen und damit sozial-ökologischen Wandel voranzutreiben. Wir wollen die Lücke zwischen Wissenschaft und Praxis schließen. Als Kollektiv sind wir auch Teil der Klimagerechtigkeitsbewegung und haben viele Kämpfe, Proteste und Ereignisse selbst miterlebt. Neben unserer praktischen Erfahrung haben wir alle einen wissenschaftlichen Hintergrund in Umwelt- und Sozialpsychologie. Dieses Buch ist daher ein Interpretationsvorschlag, den wir aus zwei Perspektiven geschrieben haben: aus der Perspektive von Wissenschaftler*innen, die manchmal etwas distanzierter, beobachtender und abstrakter ist, und aus der Perspektive von Klimaengagierten, die involvierter und geprägt von der Erfahrung ist, selbst in Gruppen aktiv zu sein. Durch diesen ständigen Wechsel unterscheidet sich dieses Buch sowohl von psychologischen Lehrbüchern als auch von Büchern, die Erfahrungen aus der Bewegung zusammenfassen. Die Erstellung dieses Buches war Teil des Erasmus+ geförderten Projekts »Education for Pro-Environmental Active Citizenship« (EPEAC), einer Kooperation mit den Organisationen Ulex in Spanien, Transformative Education in England und Vedegylet in Ungarn.

Das **Wandelwerk** wurde 2015 gegründet und hat seitdem zahlreiche Vorträge, Workshops und Interviews zur Psychologie der Klimakrise gegeben und organisiert. Beginnend bei Themen wie individueller Verhaltensänderung, dem Zusammenhang von Degrowth und Psychologie, Klimakommunikation und Teambuilding bis hin zum hier behandelten Thema des Klimaprotests und Engagements – wir versuchen, dort zu sein, wo die großen Fragen der Klimabewegung sind. Es ist uns wichtig zu erwähnen, dass wir dieses Buch aus einer sehr privilegierten Perspektive geschrieben haben. Alle Mitglieder unseres Autor*innen-Teams sind *weiß*, deutsch und haben einen Universitätsabschluss. Wir sind definitiv nicht repräsentativ für die globale Klimabewegung, weshalb Leser*innen beachten sollten, dass die in diesem Buch vorgestellte Perspektive begrenzt und nur eine von vielen wertvollen Sichtweisen auf das Thema kollektives Klimahandeln ist. Hier wollen wir uns Autor*innen kurz vorstellen:

› Von links nach rechts: Karen, Julian, Luise unsere Unterstützerin, Eva, Alex, Paula und Sophia[1]

Karen Hamann hat das Buch »Psychologie im Umweltschutz«[4] geschrieben und im selben Jahr das Wandelwerk mitgegründet. In ihrer Doktorarbeit hat sie die Ursachen und Folgen von psychologischem Empowerment im Klimaschutz erforscht. Derzeit arbeitet sie zur Psychologie der Energiewende an der Universität Leipzig. In dieses Buch sind die Erkenntnisse aus ihrer Promotion sowie ihre Erfahrungen als Engagierte in der Bewegung für sozial-ökologischen Wandel und aus einer systemischen Beratungsausbildung eingeflossen.

Paula Blumenschein ist wissenschaftliche Mitarbeiterin im Bereich Umweltpsychologie an der Technischen Universität Dortmund. Bisher hat sie als transdisziplinäre Nachhaltigkeitsforscherin gearbeitet und Psychologie mit Schwerpunkt auf interkultureller Psychologie studiert. Seit mehr als zehn Jahren engagiert sie sich für den sozial-ökologischen Wandel in verschiedenen Nachhaltigkeits- und Umweltgruppen auf lokaler und internationaler Ebene.

Eva Junge hat das Wandelwerk mitgegründet und arbeitet seit 2015 als Umweltpsychologin. Ihr Schwerpunkt liegt auf der Psychologie des kollektiven Klimahandelns und der Klimakommunikation. Sie engagiert sich in verschiedenen Formen des »Artivismus«, indem sie Zirkusakrobatik mit Klima-Aktionen verbindet. Während sich ihre Bachelorarbeit mit Wirksamkeitsüberzeugungen und nachhaltigem Handeln beschäftigte, schrieb sie ihre Masterarbeit über die (Un-)Nachhaltigkeit der Klimagerechtigkeitsbewegung in Deutschland.

Sophia Dasch hat als Bildungsreferentin für das Projekt »CO2ero – Wege zum Klimaschutz« gearbeitet und beschäftigt sich seit kurzem mit der Psychologie der Energiewende. Sie ist Vorstandsmitglied des Wandelwerks und engagiert sich seit 2012 in verschiedenen Initiativen für Umwelt- und soziale Gerechtigkeit. In ihrer Masterarbeit untersuchte sie, wie sich radikale Flanken einer Bewegung auf die öffentliche Wahrnehmung und Unterstützung der Bewegung auswirken. Außerdem ist sie in der Forschungsgruppe R.I.S.E. Lab aktiv, die sich mit der Gerechtigkeitswahrnehmung von algorithmischen Verzerrungen beschäftigt.

Alex Wernke ist seit zehn Jahren in der Klimabewegung aktiv und hat viele der großen Klimademonstrationen in Deutschland organisiert, für sie mobilisiert und kommuniziert. Nach seinem Studium der Umweltpsychologie an der Universität Magdeburg hat er beim Partizipationsprozess Bonn4Future mitgearbeitet und ist derzeit als freiberuflicher politischer Bildungsreferent und Trainer für Klimakommunikation tätig.

Julian Bleh ist Sozialpsychologe und promoviert derzeit an der Universität Leipzig. In seiner Arbeit beschäftigt er sich mit der Fähigkeit, sich gesellschaftliche Veränderungen vorzustellen, und mit der motivierenden Wirkung von Visionen. Daneben arbeitet er als angewandter Sozialwissenschaftler, der Projekte des sozial-ökologischen Wandels in Deutschland begleitet und evaluiert, und engagiert sich in Bewegungen für Klimagerechtigkeit und fairen Wohnraum.

Wir möchten uns auch bei allen bedanken, die ihre Zeit und Mühe investiert haben, um dieses Buch wissenschaftlich fundiert und praxisnah zu gestalten, indem sie zum Beispiel vorherige Versionen dieses Buches kommentiert haben. Ein besonderer Dank geht an: Aline Kelbe, Anna Becker, Anna Castiglione, Annalena Becker, Cornelius Dahm, Dr. Eric Shuman, Felix Formanski, Franca Bruder, Gee, Prof. Gerhard Reese, Dr. Helen Landmann, Ilmari Binder, Karsten Valerius, Katharina von der Kaus, Klara Wenzel, Prof. Laura Henn, Marie Heitfeld, Dr. Marlis Wullenkord, Prof. Martijn van Zomeren, Merle Larro, Prof. Michael Schmitt und Nathalie Niekisch. Wir möchten auch unserem wunderbar talentierten Illustrator Otto Barboni und unseren kompetenten Layouter*innen Andreas Bauermeister und Angela Müller danken.

Zwei Kernfragen

Wir Autor*innen sehen den Mut zum Klimaschutz in denjenigen, die sich – obwohl sie Angst und Zweifel verspüren – für einen sozial-ökologischen Wandel einsetzen. Sie sind klimabewegt und essenzieller Bestandteil der Klimabewegung. Mut kann auch in Zeiten der Angst entstehen. Aber wie können Menschen angesichts wachsender Krisen Mut finden? Wann wird eine Person den ersten Schritt wagen und sich mit anderen zusammenschließen? Und was motiviert uns, dem einfachen Weg der Gleichgültigkeit zu widerstehen? Im Mittelpunkt dieses Buches stehen die zwei folgenden Fragen:

> Wie können wir Klimaprotest und Engagement aufbauen und aufrechterhalten?

> Wie können Klimaprotest und Engagement resilient und effektiv gestaltet werden?

Du wirst feststellen, dass es viel komplizierter ist, diese Fragen zu beantworten als sie zu stellen – zumindest ist dies die Erfahrung von uns Autor*innen. Wir glauben, dass es sehr wichtig ist, etwas über die Motivationen und Wahrnehmungen von Menschen zu lernen. Auf unserem Weg durch dieses Buch behandeln wir viele wissenschaftliche Themen, die zu einem fundierten Verständnis beitragen können. Trotzdem wollen wir auch einige praxisnahe Empfehlungen geben, die von denjenigen, die Klima-Aktionen organisieren und daran teilnehmen, direkt angewandt werden können.

Eine Gratwanderung zwischen kalten Daten und brennend heißer Anwendung

Aus wissenschaftlicher Sicht möchten wir Autor*innen transparent machen, dass die psychologische Forschung zum kollektiven Klimahandeln noch in den Kinderschuhen steckt, aber auf einer langen Tradition der Forschung zu kollektivem Handeln aufbaut. Auch wenn wir dir gerne exakte und detaillierte Antworten zur Psychologie der Klimakrise geben würden, ist dies aufgrund der begrenzten Forschungslage noch nicht möglich. Zwar hat die Forschung zum kollektiven Klimahandeln in den letzten drei Jahren mehr Schwung bekommen, sodass wir mit diesem Buch noch fünf Jahre hätten warten können. Aber nein, das konnten wir nicht – es gibt die Krisen jetzt und wir glauben, dass dieses Wissen *jetzt* gebraucht wird. Um einen Aktivismusaufkleber zu zitieren: »Die Klimakrise wartet nicht, bis dein Bachelor fertig ist.« Sie wartet auch nicht darauf, dass Wissenschaftler*innen endgültige Schlussfolgerungen ziehen, falls dies überhaupt möglich ist.

Wie sind wir mit dieser begrenzten Forschungslage in diesem Buch umgegangen? Wir haben uns verschiedene Formen von Wissen zunutze gemacht: datengestütztes quantitatives Wissen über kollektives Klimahandeln, Forschungsarbeiten zu ähnlichen Themen, Berichte aus Interviewstudien und praktisches Wissen aus unseren eigenen und den Erfahrungen anderer. Genauer gesagt haben wir damit begonnen, jede psychologische Studie einzubeziehen, die wir finden konnten und die wir für die Hauptfragen dieses Buches als praktisch relevant eingestuft haben. Da es bisher keinen veröffentlichten wissenschaftlichen Überblicksartikel oder ein Buch über die Psychologie von Klimaprotest und Engagement gibt, haben wir für dieses

Buch unsere eigene umfassende Recherche durchgeführt und die Ergebnisse für die Klimabewegung interpretiert. Auf Konferenzen haben wir zudem die neuesten Erkenntnisse aus unveröffentlichten Postern und Artikeln notiert. Da sie jedoch noch nicht den Begutachtungs-Prozess durchlaufen haben, der die wissenschaftliche Qualität sicherstellt, sollten die Ergebnisse unveröffentlichter Studien von Leser*innen unbedingt als vorläufig betrachtet werden. In manchen Fällen haben wir zu einem wichtigen Thema auch noch keine klimaspezifische Forschung ausfindig machen können. Dann haben wir uns empirischer Studien aus anderen gesellschaftlichen Bereichen, zum Beispiel zu Frauen- und LGBTQ+-Rechten, zu Gewerkschaftskämpfen oder aus der Friedensbewegung bedient, da es für viele dieser Bereiche bereits eine längere Forschungstradition gibt.

Wir haben diese (quantitativen) Erkenntnisse um (qualitative) Interviewstudien ergänzt, die wertvolle Einblicke in persönliche und kollektive Erfahrungen von Menschen liefern. Zu guter Letzt haben wir, als Menschen, die sich selbst an Klimaprotest und Engagement beteiligen, auch unsere persönlichen Erfahrungen sowie die Erfahrungen von anderen Engagierten einfließen lassen. Obwohl der Schwerpunkt dieses Buches auf kollektivem Klimahandeln liegt, ist es möglich, dass Engagierte anderer sozialer Bewegungen dieses Werk als Inspirationsquelle für ihre Gruppen und Aktionen nutzen können. Wir sind uns sicher, dass wir durch das Zusammenspiel aus Forschung und praktischen Diskussionen inspirierende Erkenntnisse herausarbeiten konnten, die für den sozial-ökologischen Wandel relevant sind. Im besten Fall wird dieses Buch auch weitere Menschen dazu anregen, den Fragen nachzugehen, die nach dem Lesen noch offenbleiben.

Wissenschaftliche Erkenntnisse kritisch reflektieren

In diesem Buch wurden Erkenntnisse aus sehr unterschiedlichen Quellen zusammengetragen. Es ist uns ein Anliegen, dass du die Glaubwürdigkeit und Grundannahmen der präsentierten Forschungsergebnisse beurteilen kannst. Eine sehr wichtige Frage für diese Einordnung ist: Können auf der Grundlage einer Forschungsarbeit kausale Aussagen getroffen werden? Kausalität bedeutet dabei, dass zwei Phänomene nicht nur gemeinsam auftreten, sondern auch in einer Kausalkette zueinander stehen. Ein gemeinsames Auftreten würde beispielsweise bedeuten, dass sich eine Person moralisch zu etwas verpflichtet fühlt und an einer Demonstration teilnimmt. Ein Kausalzusammenhang würde wiederum vorliegen, wenn ihr moralisches Verpflichtungsgefühl dazu führt, dass sie sich einer Demonstration anschließt. Der wissenschaftliche Beitrag der Psychologie zu Diskussionen über sozial-ökologischen Wandel ist häufig, dass solche kausalen Zusammenhänge in Experimenten getestet werden. Dies ist besonders wertvoll, weil Fehlinterpretationen entstehen können, wenn Mechanismen nicht experimentell untersucht werden, aber auf Kausalität zu beruhen scheinen. Auch Fake News beruhen häufig auf der mangelnden Unterscheidung zwischen gleichzeitigem Auftreten und Kausalität. In diesem Buch haben wir Autor*innen versucht, immer deutlich zu machen, woher unsere Annahmen stammen und welche Forschungsmethoden angewandt wurden. Dennoch möchten wir dich dazu einladen, unsere Worte, Annahmen und Empfehlungen als vorläufig zu betrachten und sie stets kritisch zu hinterfragen. Wenn du noch tiefer in dieses Thema eintauchen willst, findest du im Anhang einen Überblick über die unterschiedlichen Arten von Forschungsmethoden und -designs, die in diesem Buch berücksichtigt wurden (→ Überblick über Forschungsdesigns aus diesem Buch).

Es ist auch wichtig, darauf hinzuweisen, dass die meisten der hier herangezogenen Studien leider auf WEIRD-Stichproben basieren (Western, Educated, Industrialized, Rich, Democratic; oder auf Deutsch: westlich, gebildet, industrialisiert, reich, demokratisch), die keineswegs die Weltbevölkerung repräsentieren. Interkulturelle Forschung ist noch recht selten im Bereich der Umweltpsychologie. In Zeiten der Klimakrise sind die WEIRDos natürlich für den Großteil des Emissionsausstoßes verantwortlich,[8] weshalb es auch sinnvoll sein kann, sich auf diese Gruppe zu konzentrieren. Trotzdem bedeutet es, dass die Schlussfolgerungen dieses Buches nicht unbedacht auf andere Kontexte übertragen werden können. Klimaengagierte aus dem Globalen Süden sind zum Beispiel häufiger von Repression betroffen, was ihre Gefühle, Wahrnehmungen und Handlungen beeinflussen kann und möglicherweise auch die Zusammenhänge zwischen psychologischen Prozessen.

Was wirst du in diesem Buch (nicht) finden?

WAS DU IN DIESEM BUCH FINDEST	WAS DU NICHT FINDEST
Einen lösungsorientierten Ansatz, der herauszufinden versucht, wie Menschen für kollektives Klimahandeln motiviert werden können, aktiv bleiben und zum tatsächlichen Wandel beitragen können	Eine gründliche Analyse der strukturellen Probleme rund um die Klimakrise und damit verbundene Ungerechtigkeiten
Psychologie, Psychologie, Psychologie, …, vielleicht etwas Humanökologie und Transformationsforschung	Interdisziplinäre Perspektiven, obwohl Menschen mit anderen disziplinären Hintergründen herzlich eingeladen sind, sich an den Diskussionen über die aufgeworfenen Fragen zu beteiligen
Erkenntnisse aus Studien, die in westlichen, demokratischen und neoliberalen Ländern durchgeführt wurden, oft mit studentischen Stichproben	Erkenntnisse, die universell auf alle Kämpfe für einen sozial-ökologischen Wandel auf der ganzen Welt übertragen werden können
Wissenschaftliche Evidenz	Esoterische Annahmen
Praktische Empfehlungen auf Grundlage langjähriger und aktueller wissenschaftlicher Erkenntnisse und Debatten	Eine wissenschaftliche Debatte darüber, was kollektives Klimahandeln ist
Hilfestellungen für kollektives Klimahandeln, zum Beispiel für Demonstrationen, Engagement, neue sozial-ökologische Praktiken und auch für die öffentliche Wahrnehmung von Klimaprotest und Engagement	Hilfestellungen für private Verhaltensänderung, zum Beispiel zu nachhaltiger Ernährung oder Konsum → dies wird in »Psychologie im Umweltschutz«[4] behandelt

Ein Modell für kollektives Klimahandeln

Kollektives Klimahandeln steht im Mittelpunkt dieses Buches. Doch was bedeutet das genau? **Kollektives Klimahandeln sind Handlungen, die Menschen als Mitglieder einer Gruppe mit dem Ziel unternehmen, gesellschaftspolitische Strukturen angesichts der Klimakrise zu verändern.**[9–11] Beim kollektiven Klimahandeln sind sowohl die Handlungen als auch die Ziele einer Person mit denen einer Gruppe oder sogar einer gesamten Bewegung verknüpft. Jedoch wird kollektives Klimahandeln in der Psychologie auf der Ebene von einzelnen Personen – ihren Überzeugungen, Gefühlen und Verhaltensweisen – und nicht auf der Gruppenebene betrachtet. Wir Autor*innen haben beschlossen, den Sammelbegriff des kollektiven Klimahandelns zu verwenden und engere Bezeichnungen wie »Aktivismus« zu vermeiden. Denn nicht alle, die Teil einer breit gefassten Klimabewegung sind, würden sich selbst als Aktivist*in bezeichnen. Eine Ausnahme bilden die Abschnitte über das Aktivismus-Dilemma und Aktivismus-Burnout, da dies etablierte Begriffe sind.

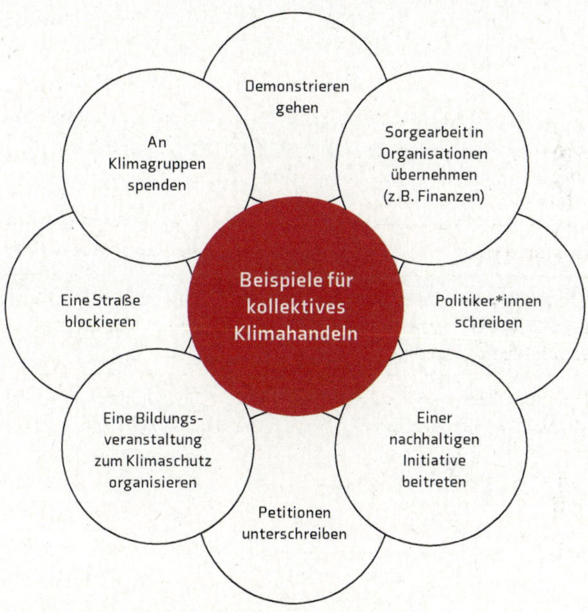

› Abbildung 1. Beispiele für kollektives Klimahandeln.

Kollektives Klimahandeln kann verschiedene Formen annehmen, wie du in Abbildung 1 sehen kannst. Eine Person kann sich an Protesten in der Nachbar*innenschaft beteiligen und dafür von Vorgarten zu Vorgarten gehen, um weitere Menschen zur Teilnahme zu motivieren. Eine andere Person ist Mitglied in einer ehrenamtlichen Klimagruppe und nimmt an einem gemütlichen Treffen in einem Hinterhof teil. Auch die Aktivistin, die im Gerichtssaal für

Generationengerechtigkeit kämpft, zeigt kollektives Klimahandeln. Bürger*innen handeln kollektiv für das Klima, wenn sie mit den Abgeordneten in ihrem Bezirk sprechen. Arbeiter*innen, die mit der Geschäftsführung das Gespräch suchen, oder Schüler*innen, die aktiv auf das Lehrpersonal zugehen, um sozial-ökologische Veränderung in ihrem Umfeld zu bewirken, handeln kollektiv fürs Klima. Da sich die bisherige psychologische Forschung größtenteils auf Protest und manchmal auch auf Engagement konzentriert hat, stehen diese zwei Aktionsformen in diesem Buch im Vordergrund. Allerdings lassen sich die beschriebenen psychologischen Prinzipien vermutlich auch auf andere Aktionsformen und -rollen der Klimabewegung übertragen.

Kollektives Klimahandeln kann normative Aktionsformen, wie friedliche Demonstrationen, Gespräche mit Entscheidungsträger*innen, Petitionen oder Informationskampagnen umfassen. Diese normativen Aktionen definieren sich dadurch, dass sie von der Gesellschaft weitestgehend akzeptiert werden und keine Gesetze überschreiten oder Umgangsformen verletzen. Im Gegensatz dazu gibt es auch nicht-normative Aktionsformen. Diese reichen von zivilem Ungehorsam (z. B. Blockieren von belebten Straßen, Beschädigung von Eigentum) über gesellschaftlich nicht akzeptiertes Verhalten (z. B. nackte Proteste) bis hin zu gewalttätigen Aufständen (z. B. Verletzung von Personen). In diesem Buch erfährst du, dass die Unterscheidung zwischen normativen und nicht-normativen Aktionsformen nicht nur auf politischer, sondern auch auf psychologischer Ebene relevant ist.[10] All diese Aktionen sind kollektives Handeln, da sie nicht im privaten Bereich bleiben und deutlich darüber hinausgehen, das eigene private Verhalten an aktuelle sozial-ökologische Herausforderungen anzupassen.

Die Unterscheidung zwischen kollektivem Klimahandeln und privatem Klimaschutzverhalten spiegelt sich in den Konzepten des ökologischen Fußabdrucks und des sozial-ökologischen Handabdrucks wider.[12,13] Der ökologische Fußabdruck steht für die negativen Auswirkungen, die eine Person auf unseren Planeten hat und die durch ihre Lebensumstände und ihren Lebensstil beeinflusst werden. Wird dieses Konzept ernst genommen, kann es schwer auf den Schultern lasten, da zum Beispiel die in Deutschland durchschnittlichen 10,5 Tonnen CO_2-Emissionen pro Person im Jahr deutlich mehr sind als die maximal eine Tonne, die global gerecht wäre.[14] Ein zusätzliches, lösungsorientierteres Konzept ist der sozial-ökologische Handabdruck. Der Handabdruck steht für den positiven Einfluss, den wir auf diesen Planeten haben können, indem wir gesellschaftliche Strukturen schaffen, die nachhaltiges Verhalten einfacher, zugänglicher und günstiger machen – es quasi zur neuen Normalität für alle werden lassen. Während das Reduzieren des eigenen Fußabdrucks zum Beispiel bedeutet, sich nachhaltiger zu ernähren oder öfter das Fahrrad statt des Autos zu benutzen, wäre Handeln im Sinne des Handabdrucks das Engagement für nachhaltiges Essen in der Kantine am Arbeitsplatz oder für eine bessere Fahrradinfrastruktur in der Stadt. Hier lässt sich feststellen, dass der ökologische Fußabdruck sich auf einzelne Personen konzentriert und dort oft aufhört. Im Gegensatz dazu beginnt der Handabdruck mit dem Einfluss von einer Person auf eine andere und endet mit großen gesellschaftlichen Veränderungen. Deshalb ist der Begriff des kollektiven Handelns in diesem Buch eng mit der Idee des Handabdrucks verknüpft.

› Kollektives Klimahandeln: Aufforstungsprojekt in Montana, USA (2020)[II]

Durch unseren psychologischen Hintergrund arbeiten wir Autor*innen gerne mit theoretischen Modellen. Dabei sind Modelle stets eine Vereinfachung der komplexen Realität. Sie können uns jedoch dabei helfen, die Welt zu strukturieren und sie besser zu verstehen. Psychologische Modelle unterstützen insbesondere dabei, die Überzeugungen, Gefühle und Handlungen von Menschen zu verstehen und sie zu strukturieren. Eines dieser psychologischen Modelle bildet die Grundlage für dieses Buch: Das **soziale Identitätsmodell des kollektiven Handelns** (Social Identity Model of Collective Action, kurz »SIMCA«).[11] Das SIMCA wurde entwickelt, um zu erklären, unter welchen psychologischen Bedingungen sich Menschen kollektivem Handeln in verschiedenen Bereichen des sozialen Wandels anschließen oder anschließen wollen. Das Modell basiert dabei auf einer Meta-Analyse, die unter anderem Studien zu Anti-Globalisierungsdemonstrationen, der Bewegung für Schwulenrechte, Landwirtschaftsprotesten, sexueller Diskriminierung, Gewerkschaftsarbeit, Industrieprotesten, der US-amerikanischen Bewegung für die Akzeptanz von Menschen mit Mehrgewicht und Anti-Atomkraft-Aktivismus umfasst. Das SIMCA wurde kürzlich repliziert und erweitert,[15] was noch einmal unterstreicht, dass es sich um ein robustes Modell handelt, das zur Anwendung geeignet ist. Die Kernkonzepte des SIMCA bilden die Struktur für die Kapitel dieses Buches: Soziale Identifikation, moralische Überzeugungen (einschließlich moralischer Ansichten und wahrgenommener Ungerechtigkeit) und Wirksamkeitsüberzeugungen.

› Kollektives Klimahandeln: Nnimmo Bassey spricht auf dem Klimacamp in der Nähe eines Kohletagebaus im Rheinland (2016)[III]

› Kollektives Klimahandeln: Eine Gruppe präsentiert eine Petition gegen Haushaltskürzungen zulasten der Umsetzung bereits geplanter neuer Radwege in Berlin (2023)[IV]

Der erste Teil des Buches ist eng mit den wissenschaftlichen Erkenntnissen rund um diese drei Schlüsselkonzepte verknüpft und beschreibt psychologische Studien und Ideen dazu, wie Klimaprotest und Engagement gefördert werden kann und Unterstützung in der Bevölkerung entsteht. Kapitel 2 dreht sich um die **soziale Identifikation** – unsere Wahrnehmung, dass wir Teil einer Gruppe sind, und unsere emotionale Bindung an diese Gruppe.[16] Dieses Kapitel beleuchtet, wann Menschen sich als Teil einer Klimagruppe definieren, ganz nach dem Motto: »Wir sind hier, wir sind laut, weil ihr uns die Zukunft klaut!« Es wird außerdem beschrieben, wie Gruppen so gestaltet werden können, dass sie die Bedürfnisse ihrer Mitglieder berücksichtigen und so deren Engagement aufrechterhalten können. In Kapitel 3 steht die Moral im Mittelpunkt. **Moralische Überzeugungen** zeichnen sich durch die feste Überzeugung aus, dass etwas unter allen Umständen richtig oder falsch ist.[17] In diesem Kapitel geht es auch um Gefühle wie Schuld und Wut, die unseren moralischen Kompass leiten können: »What do we want? Climate justice! When do we want it? Now!« Dann folgt ein kurzer Exkurs zum Thema **Framing** in Kapitel 4, in dem genauer betrachtet wird, wie das Thema der Klimakrise an die Öffentlichkeit herangetragen werden kann. Kapitel 5 befasst sich mit der Rolle der wahrgenommenen Wirksamkeit im Lichte von Erfolg und Misserfolg.

Wirksamkeitsüberzeugungen sind die Überzeugungen einer Person, dass sie und ihre Gruppen die gemeinsamen Ziele erreichen können.[18] Dies zeigt sich in dem Protestruf: »Power to the people, cause the people got the power!« Kapitel 6 fokussiert die psychologischen **Folgen kollektiven Klimahandelns** und wirft die Fragen auf, wie Menschen auf Erfolg und Misserfolg reagieren und wie kollektives Klimahandeln privates Klimaschutzverhalten beeinflusst. Abbildung 2 zeigt das Gesamtmodell zur Erklärung kollektiven Klimahandelns, welches diesem Buch zugrunde liegt. Kapitel 7 gibt einen **Überblick über dieses Modell** und stellt eine Methode zur psychologischen Reflexion und Planung von Klima-Aktionen vor.

Der zweite Teil dieses Buches weitet den Blick, indem die Frage aufgeworfen wird, wie resilientes und effektives kollektives Klimahandeln aussehen könnte. Dazu werden in Kapitel 8 aktuelle Erkenntnisse über die Ursachen und Folgen von Aktivismus-Burnout zusammengefasst und Schlussfolgerungen für **resilientes kollektives Handeln** gezogen. Kapitel 9 skizziert vier Theorien des **gesellschaftlichen Wandels**. Da dies nicht das wissenschaftliche Fachgebiet der Autor*innen ist, soll dieses Kapitel vor allem als Inspirationsquelle dienen, um die eigenen Annahmen darüber, wie gesellschaftlicher Wandel funktioniert, reflektieren zu können. Kapitel 10 schließt das Buch ab, indem Leitlinien für die **(Neu-)Bewertung von Zielen** in Klimagruppen und für die Auswahl geeigneter psychologischer Strategien zur Förderung von Klimaprotest und Engagement vorgestellt werden.

Welche Fragen bringst du mit? Bevor du mit dem Lesen einzelner Kapitel beginnst, hast du hier einmal die Möglichkeit, Fragen aufzuschreiben, die du zur Psychologie des kollektiven Klimahandelns mitbringst (z. B. in deinem Kalender oder auf einem Zettel, den du in dieses Buch legst). An einer späteren Stelle im Buch wirst du an diese Fragen erinnert, damit du überprüfen kannst, welche Antworten du bereits gefunden hast und welche Fragen noch offenbleiben. *Welche Fragen gehen dir durch den Kopf, wenn du an die Gedanken, Gefühle und das kollektive Klimahandeln von Menschen denkst? Welche Fragen hast du zu deiner eigenen Motivation für kollektives Klimahandeln und zur Motivation anderer?*

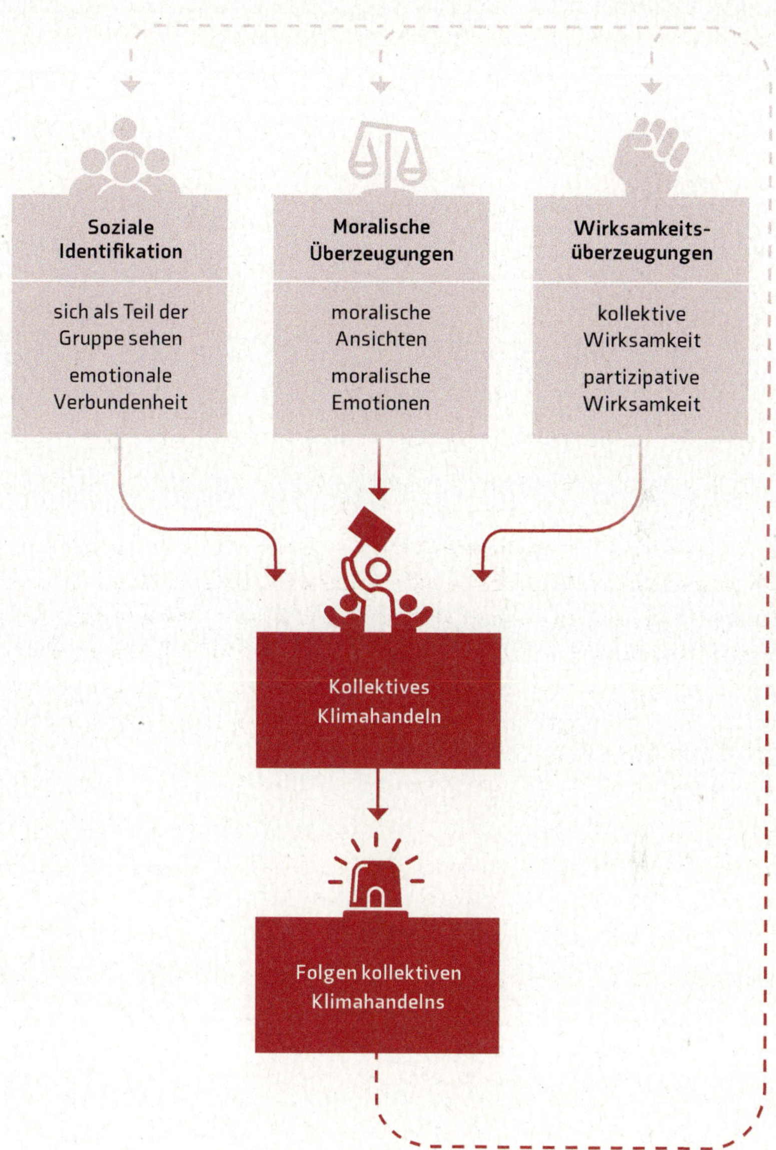

› Abbildung 2. Ein Erklärungsmodell für kollektives Klimahandeln.[V]

Teil 1:

Motivation für kollektives Klimahandeln

Teil 1

Motivation für kollektives Klimahandeln

Kapitel 2 Soziale Identifikation

Was ist soziale Identifikation?

Am 20. August 2018 machte sich Greta Thunberg zum ersten Mal auf den Weg zum schwedischen Parlament, um für das Klima zu streiken. Damals allein, nur sie selbst mit ihrem mittlerweile berühmten Pappschild »Skolstrejk för klimatet« (Schulstreik fürs Klima). Ein paar Monate später hatten sich Millionen von Menschen ihrem Protest angeschlossen. Diese meist jungen Menschen, die plötzlich eine der einflussreichsten sozialen Bewegungen der jüngeren Geschichte bildeten, hatten das einige Monate zuvor sicher nicht so geplant. Was war geschehen? Wie konnte sich der Protest eines 15-jährigen Mädchens in Schweden zu einer bis dahin niemals gesehenen, anhaltenden Massenmobilisierung entwickeln, die Menschen weltweit auf die Straße brachte? Dieses Kapitel erklärt, dass Gretas Protest zentrale Merkmale für die Entstehung einer sozialen Bewegung aufwies: Durch Greta wurde jungen Menschen bewusst, dass sie eine Gemeinsamkeit haben. Sie alle gehören einer Generation an, die stark von der Klimakrise betroffen sein wird oder es bereits ist. Sie fingen an, sich als Gruppe zu verstehen – als »wir«. Wenig später begannen sie, als Gruppe zu handeln: »Wir sind hier, wir sind laut, weil ihr uns die Zukunft klaut!« **Solch ein Wir-Gefühl ist die Grundlage, um der Klimakrise gemeinsam mutig entgegenzutreten. Es ist unsere soziale Identifikation.**

Wenn wir gefragt werden, wer wir sind, beschreiben wir uns in der Regel mit persönlichen Merkmalen (z.B. Name, Alter oder Interessen) in Kombination mit Gruppen, denen wir uns zugehörig fühlen (z.B. unser Beruf oder die Zugehörigkeit zu einer sozialen Bewegung). Die Fähigkeit, uns entweder als einzigartige Individuen oder als Mitglieder einer Gruppe zu verstehen, ist der Ausgangspunkt für eine der einflussreichsten Theorien in der Psychologie, der sozialen Identitätstheorie.[1] Sie baut auf dem Gedanken auf, dass die Gruppen, mit denen wir uns identifizieren, eine Erweiterung unserer individuellen Identität darstellen. Aus dem »Ich« wird ein »Wir«.[2] Soziale Identifikation beinhaltet zwei Aspekte: unsere Wahrnehmung, zu welchen Gruppen wir gehören – sozusagen die Schubladen, in die wir uns selbst stecken – und unsere emotionale Verbindung zu diesen Gruppen.[3] Diese beiden Aspekte können, aber müssen nicht übereinstimmen. Beispielsweise könnte eine Person formal ankreuzen, Kölnerin zu sein, weil sie derzeit in Köln lebt. Gleichzeitig ist sie aber gerade erst in diese Stadt gezogen und kennt weder die Stadt noch die

Menschen gut, weshalb sie sich emotional (noch) nicht sehr verbunden mit Köln fühlt. Eine andere Person hat vielleicht schon lange von einem Leben in Köln geträumt, zieht ihren Freund*innen nach Köln hinterher und fühlt sich schon beim Einzug mit der Gruppe der Kölner*innen verbunden. Auch wenn beide formal das Kästchen ankreuzen, Kölnerin zu sein, kann ihre emotionale Verbundenheit unterschiedlich sein.

In unserem Leben gibt es eine unendliche Zahl von Gruppen. Einige Gruppen werden uns aufgrund von wahrgenommenen Merkmalen wie Alter, Ethnizität, Klasse oder Geschlecht zugeschrieben. Andere Gruppen stehen für das, was wir im Leben tun, wie unser Beruf oder dass wir Fahrrad fahren. Gruppen können aber auch auf gemeinsamen Erfahrungen beruhen, beispielsweise, wenn wir uns als Teil einer Gruppe begreifen, die von struktureller Diskriminierung betroffen ist. Unsere Zugehörigkeit zu einer Gruppe kann außerdem auf gemeinsamen Meinungen beruhen, zum Beispiel der Überzeugung, dass ein Systemwandel notwendig ist, um dem Klimawandel effektiv entgegenzuwirken.[4]

All diese Gruppen beeinflussen unsere Wahrnehmung und Interpretation der Realität, mit teils guten und teils schlechten Auswirkungen auf die Klimabewegung. Wenn eine Person zum Beispiel Gemeinsamkeiten mit Menschen wahrnimmt, die von der Klimakrise betroffen sind, ist sie eher dazu bereit, sich mit ihnen zu solidarisieren. Wenn sie sich jedoch als anders wahrnimmt, wird sie sich eher distanzieren.[5] Soziale Identifikation ist die Basis einer jeden Gruppe, die einen Systemwandel fordert und die Klimakrise ernst nimmt. Sie hält aber auch diejenigen zusammen, die den Klimawandel leugnen oder den Status quo verteidigen.[6]

Von sozialer Identifikation zum kollektiven Klimahandeln

Eine Vielzahl von Studien zeigt, dass unser Klimaengagement damit zusammenhängt, inwieweit wir uns mit Gruppen identifizieren, die gegen die Klimakrise aktiv werden.[7,8] Sie haben herausgefunden, dass Menschen, die sich stärker mit einer Klimagruppe identifizierten, sich eher an Protesten von Fridays for Future[9–11] und Extinction Rebellion[12] beteiligten und sich mit höherer Wahrscheinlichkeit in einem iranischen Naturschutzprogramm,[13] in nachhaltigen Hochschulinitiativen[14] oder bei der Transition Town Bewegung[15] engagierten. Vielleicht denkst du jetzt: »Ich identifiziere mich nicht mit einer bestimmten Klimagruppe, bin aber trotzdem motiviert, mich an Klimaprotest und Engagement zu beteiligen.« Das könnte daran liegen, dass auch die persönliche Identifikation als Umweltaktivist*in oder Umweltschützer*in mit kollektivem Klimahandeln in Verbindung steht.[16,17] Ob soziale Identifikation tatsächlich zu Klimaschutz beiträgt, hängt vor allem davon ab, was es genau bedeutet, Mitglied einer Gruppe zu sein – diese Bedeutung nennen Psycholog*innen soziale Normen.

Soziale Normen formen unser Verständnis von sozialen Gruppen. Sie sagen uns, was Gruppenmitglieder typischerweise tun (IST-Norm oder deskriptive Norm) **oder was Gruppenmitglieder gut finden** (SOLL-Norm oder injunktive Norm), sodass die Gruppe oder sogar alle Menschen dies tun sollten.[18] Soziale Normen geben Mitgliedern einer Gruppe Orientierung, wie sie sich verhalten und wie sie über ein Thema denken sollten.[2] So können sie ein wichtiges Bindeglied zwischen sozialer Identifikation und kollektivem Klimahandeln darstellen. Haben zum Beispiel viele Mitglieder einer lokalen Naturfreundejugend-Gruppe vor, zum Klimastreik zu gehen (IST-Norm), fühlt sich ein weiteres Mitglied vielleicht innerlich verpflichtet, sich ihnen anzuschließen. Kommt die Gruppe während des Klimastreiks dann in einer gemeinsamen Diskussion zu der allgemeinen Übereinstimmung, dass der Kapitalismus die systemische Ursache der Klimakrise ist (SOLL-Norm), könnte das eine Mitglied geneigt sein, ihnen zuzustimmen, und daraufhin beginnen, seinen eigenen Glauben an Lösungen durch grünes Wirtschaftswachstum kritischer zu hinterfragen. Obwohl sich die Forschung zu sozialen Normen bisher meist auf privates Klimaschutzverhalten konzentriert hat,[19] fand eine Studie heraus, dass Menschen eher bereit waren, in einer Nachbar*innenschaftsinitiative für den Klimaschutz aktiv zu werden, wenn sie davon ausgingen, dass ihre Nachbar*innen sich ebenfalls beteiligten und von ihnen das gleiche erwarteten.[20]

Jedoch ist es nicht die Identifikation mit *irgendeiner* Gruppe, die Menschen zu kollektivem Handeln bewegt, sondern die Identifikation mit **Gruppen, die handlungsorientierte soziale Normen haben** (und dadurch zu sogenannten politisierten Identitäten werden). Dies lässt sich gut an einem Beispiel aus einem anderen Bereich kollektiven Handelns verdeutlichen: Menschen, die sich mit dem deutschen Schwulenverband identifizierten, schlossen sich viel eher Schwulenrechts-Demonstrationen an als Menschen, die sich lediglich mit der beschreibenden Kategorie der Homosexuellen identifizierten.[21] Der Grund, warum die Identifikation mit sozialen Bewegungen eine so starke Basis für kollektives Klimahandeln ist, liegt möglicherweise an den handlungsorientierten sozialen Normen dieser Gruppen.[22] Die Klimabewegung ist eine handlungsorientierte Gruppe, deren soziale Normen besagen, dass Menschen an Klimaprotesten teilnehmen oder sich anderweitig für den Klimaschutz engagieren sollten (SOLL-Norm) und deren Mitglieder dies auch tatsächlich tun (IST-Norm).[7] Dadurch fühlen sich die Mitglieder der Klimabewegung auch innerlich verpflichtet, sich auf diese Weise politisch zu beteiligen.[21,22] Mit anderen Worten: **Handlungsorientierte soziale Normen machen aus einer Gruppe, der die Klimakrise *wichtig ist*, eine Gruppe, die *für* kollektives Klimahandeln steht – eine Klimagruppe.** Aus diesem Grund kann die Identifikation mit Klimagruppen wie Fridays for Future besonders fördernd für kollektives Klimahandeln sein.

Unsere sozialen Identitäten beeinflussen außerdem, wie wir soziale Normen wahrnehmen und uns daran anpassen. Als soziale Wesen nehmen wir ständig die sozialen Normen in unserer Umgebung wahr. Ob sich diese Normen tatsächlich in unserem Handeln niederschlagen, hängt davon ab, wie viel Aufmerksamkeit wir ihnen schenken[18] und wie sehr wir uns mit der Gruppe identifizieren, die sie vertritt.[23] Wenn sich eine Person stark mit Fridays for Future identifiziert, wird sie wahrscheinlich versuchen, am Klimastreik teilzunehmen. Ist ihr Fridays for Future jedoch nicht so wichtig, dann wird die Gruppe einen geringeren Einfluss auf ihre Entscheidungen haben. Dieses Beispiel verdeutlicht, dass soziale Identifikation und soziale Normen auf komplexe Weise miteinander verwoben sind. Vielleicht war es dir bisher nicht bewusst, aber wenn du dich mit einer Klimagruppe identifizierst, ist die Wahrscheinlichkeit groß, dass dein eigenes Denken und Handeln davon beeinflusst ist, wie du das Denken und Handeln anderer Gruppenmitglieder wahrnimmst.

Zum Glück ist die Art und Weise, wie soziale Identitäten und soziale Normen unser Klimahandeln beeinflussen, nicht in Stein gemeißelt, sondern kann sich flexibel mit unserer Wahrnehmung ändern. Rabinovich und Kolleg*innen[24] haben herausgefunden, dass sich Brit*innen, die ihr eigenes Land (Großbritannien) mit einem eher umweltschädlichen Land (den USA) verglichen, Großbritannien als umweltfreundlicher wahrnahmen und eher bereit waren, sich klimaschützend zu verhalten. Verglichen sie dagegen Großbritannien mit einem eher umweltschützenden Land (Schweden), hielten sie Großbritannien für weniger umweltfreundlich und ihre Handlungsmotivation nahm ab. Diese Studie zeigt, dass die Identifikation mit ein und derselben Gruppe je nach Bezugspunkt unterschiedliche Auswirkungen auf kollektives Klimahandeln haben kann. Der nächste Abschnitt erklärt anhand vieler Beispiele, wie die soziale Identifikation mit Klimagruppen, zum Beispiel durch soziale Normen, gefördert werden kann.

Annahmen in der psychologischen Forschung: An dieser Stelle möchten wir Autor*innen einmal betonen, dass bei psychologischen Erkenntnissen meistens von *durchschnittlichen Effekten* gesprochen wird und es stets um Wahrscheinlichkeiten geht. Menschen, die sich mit einer Gruppe identifizieren, schließen sich im Durchschnitt eher Klimaprotest und Engagement in dieser Gruppe an. Es gibt jedoch auch Menschen, bei denen dies nicht der Fall ist. Zum Beispiel könnte eine Person ihre gesamte Handlungsmotivation auf die Wirksamkeit von Aktionen ausrichten, so dass jede Handlungsentscheidung auf ihrer wahrgenommenen Erfolgs- oder Misserfolgswahrscheinlichkeit beruht – ohne dass sich diese Person einer Gruppe zugehörig fühlen muss. Psychologische Modelle und Ergebnisse können uns helfen, Menschen im Allgemeinen zu verstehen und bestimmte Faustregeln auszumachen, aber diese lassen sich definitiv nicht auf jedes Individuum übertragen. Außerdem erklären sie oft Teile von Verhalten, kleinere Zusammenhänge und Trends, aber nicht alles. Es bleiben immer viele Fragezeichen übrig, wenn wir die Frage stellen, was kollektives Klimahandeln motiviert. Modelle können zwar dabei helfen, die Realität zu verstehen, sie sind aber nie ein vollständiges Abbild der Realität.

Wie können wir die Identifikation mit Klimagruppen stärken?

Ob wir uns mit einer Gruppe identifizieren, hängt von zwei sozialpsychologischen Prozessen ab: Erstens müssen wir uns als Teil einer Gruppe sehen (Psycholog*innen nennen dies »Selbstkategorisierung«).[25] Beim ersten Ansatz geht es darum, Menschen aufzuzeigen, dass sie (bereits) einer Gruppe angehören, die sich für den Klimaschutz einsetzt, was auf Gemeinsamkeiten mit anderen Gruppenmitgliedern begründet sein kann. Zweitens müssen wir uns emotional mit einer Gruppe verbunden fühlen und motiviert sein, Mitglied der Gruppe zu sein oder zu werden. Der zweite Ansatz besteht darin, Gruppen so zu gestalten, dass sie unseren Bedürfnissen entsprechen, damit die Motivation, sich mit der Gruppe zu identifizieren, geweckt und aufrechterhalten wird. In diesem Kapitel lernst du verschiedene Strategien kennen, die auf diesen beiden Ansätzen aufbauen.

Menschen zeigen, dass sie (bereits) einer Klimagruppe angehören

▸ Gemeinsamkeiten mit Klimagruppen finden

Wir identifizieren uns stärker mit einer Klimagruppe, **wenn wir mehr Gemeinsamkeiten als Unterschiede zwischen uns und anderen Mitgliedern der Gruppe sehen**. Vielleicht hast du Lust, an dieser Stelle ein Gedankenexperiment zu machen und dich zu fragen: Siehst du viele Gemeinsamkeiten zwischen dir selbst und Mitgliedern von Extinction Rebellion (XR)? Passt der Schwerpunkt von XR auf das Artensterben dazu, wie du die Klimakrise wahrnimmst? Sehen Mitglieder von XR ähnlich aus und verhalten sich ähnlich wie du?

Je mehr dieser Fragen du mit »Ja« beantwortet hast, desto wahrscheinlicher ist es, dass du dich (zumindest teilweise) mit XR identifizierst. Wenn du auf diese Fragen mit »Nein« geantwortet hast, ist es sehr wahrscheinlich, dass du dich nicht mit dieser Klimagruppe identifizierst. Die Fragen repräsentieren verschiedene Strategien, um Menschen ihre Gemeinsamkeiten mit Klimagruppen aufzuzeigen: ein gemeinsames Schicksal hervorzuheben und Gemeinsamkeiten mit typischen Gruppenmitgliedern und Gruppenvertreter*innen zu suchen. Diese Strategien können genutzt werden, um die Zugehörigkeit zu bereits bestehenden Klimagruppen zu stärken, aber auch, um neue Gruppen zu bilden.

Ein gemeinsames Schicksal und geteilte Missstände sind oft der Ausgangspunkt dafür, dass Menschen sich als Teil derselben sozialen Bewegung sehen.[26] Eine erste Möglichkeit, um Menschen ihre Gemeinsamkeiten aufzuzeigen, ist daher, die öffentliche Aufmerksamkeit auf diese Gemeinsamkeiten zu lenken. Hier kann es einfach darum gehen, zu zeigen, dass eine Gruppe von Personen bereits wichtige Erfahrungen, Überzeugungen oder Ziele bezüglich der Klimakrise teilt. Die Gründung der Fridays for Future Bewegung ist ein Beispiel dafür, wie dieser Prozess von einer Gruppenvertreterin initiiert wurde. Bevor Greta Thunberg an die Öffentlichkeit trat, gab es unter Jugendlichen keine gemeinsame Gruppenidentität als Klimagruppe. Gretas Protest lenkte die öffentliche Aufmerksamkeit auf das gemeinsame Schicksal junger Menschen als potenzielle Leidtragende, deren Leben durch die Klimakrise stark beeinträchtigt wird. Damit verwandelte sie die lose Gruppe der »jungen Leute« in eine soziale Bewegung mit dem geteilten Schicksal, vom Klimawandel betroffen zu sein und gemeinsam etwas dagegen unternehmen zu wollen.[27]

Oft ist dieser gemeinsam empfundene Missstand mit einem **»Wir-gegen-die-anderen«**-Konflikt verbunden, der traditionell als eine der Grundlagen für soziale Identifikation und kollektives Handeln gilt.[7] Erst in Abgrenzung zu »den anderen« wird deutlich, wer »wir« als Gruppe sind und wofür wir stehen.[28] Greta verwendet bei ihren medialen Auftritten häufig »wir gegen sie« Botschaften, indem sie klarstellt, wer »wir« sind – jüngere Menschen, die das gemeinsame Schicksal der Klimakrise teilen – und wer »die anderen« sind – politische und wirtschaftliche Eliten, die für die Krise verantwortlich sind.[27] Auch Menschen aus dem Globalen Süden können die extremen globalen Klima-Ungerechtigkeiten, die ihre eigenen Gruppen strukturell benachteiligen, als ihren geteilten Missstand wahrnehmen (wir), der sie von privilegierten Menschen im Globalen Norden (den anderen) abgrenzt. Die Förderung dieser Art von »Wir-gegen-die-anderen«-Botschaften könnte ein möglicher Weg sein, um zu verdeutlichen, dass die Klimakrise nicht nur das persönliche Schicksal von Einzelnen ist, sondern ein gemeinsames Schicksal einer großen Gruppe von Menschen darstellt. Botschaften wie diese haben jedoch auch ihre Tücken. Wie du in den folgenden Strategien sehen wirst, gibt es eine Reihe von Gründen, warum es eher sinnvoll sein könnte, »die anderen« als Teil eines gemeinsamen Kampfes in die »wir«-Gruppe mit einzubeziehen.

Eine weitere wichtige Möglichkeit, um herauszufinden, ob wir Teil einer Gruppe sind, besteht darin, **uns mit einem von uns als typisch wahrgenommenen Gruppenmitglied zu vergleichen.**[25] Eine Person kann sich zum Beispiel als Teil der Klimabewegung sehen, weil ein typisches Mitglied an Demonstrationen zu Klimagerechtigkeit teilnimmt und die Person dies auch regelmäßig tut. Eine andere Person könnte sich der Klimabewegung zugehörig fühlen, weil sie einen ähnlichen Kleidungsstil hat.[29] Im Austausch mit Menschen, die bereits viele Gemeinsamkeiten mit dem typischen Gruppenmitglied haben, könnte es deshalb nützlich sein, diese Gemeinsamkeiten noch weiter zu betonen. Um eine interessierte Person in einer Klimagruppe willkommen zu heißen, könnte es beispielsweise Sinn ergeben, dass dies eine Person übernimmt, die Gemeinsamkeiten mit der interessierten Person hat.

Um ein »typisches Gruppenmitglied« zu charakterisieren, sind **Führungspersonen und offizielle Vertreter*innen wichtig.** Oft stehen sie dafür, wie ein typisches Gruppenmitglied ist oder sein sollte. Hat eine Führungsperson Eigenschaften, die mit der zu mobilisierenden Zielgruppe übereinstimmen, kann dies eine gute Grundlage für Gruppenidentifikation sein. Studien haben gezeigt, dass eine Führungsperson vor allem dann motivierend wirkte, wenn sie (1) als typisches Gruppenmitglied wahrgenommen wurde und (2) durch ihre eigene Identifikation mit der Gruppe ein »Wir-Gefühl« erzeugte.[30] Darüber hinaus können Führungspersonen als Vorbilder fungieren und anderen Gleichgesinnten zeigen, was es bedeutet, ein Mitglied der Gruppe zu sein.[31] Umfragen zu den großen 2019er Klimastreiks in Deutschland deuten zum Beispiel darauf hin, dass Greta Thunberg für andere junge Frauen als Vorbild fungierte. Als Antwort auf die Frage, warum sie zu den Demonstrationen kamen, nannten junge Frauen Greta als besonders einflussreich für ihre Entscheidung, während junge Männer dies seltener taten.[32]

Es lohnt sich, einen Blick auf das typische Gruppenmitglied, den Gruppenprototyp der Klimabewegung, zu werfen. Ein Überblicksartikel von Vestergren und Kolleg*innen[33] hat herausgearbeitet, dass es in der Tat einige typische Merkmale von Aktivist*innen gibt (generell, nicht nur Klima-Aktivist*innen): Im Durchschnitt haben Aktivist*innen einen höheren Bildungsgrad, einen Job in einem wissenschaftlichen, sozialen oder kreativen Bereich, ein geringeres Einkommen, weniger Kinder, mehr Stress in Beziehungen außerhalb ihres Aktivismus und sind seltener verheiratet und häufiger geschieden. Gleichzeitig haben sie in der Regel ein höheres Selbstwertgefühl, mehr Wohlbefinden und weniger persönliche Sorgen, berichten aber auch häufiger über Burnout, was möglicherweise auf ihre Berufswahl zurückzuführen sein könnte. Die Teilnehmenden von Fridays for Future Protesten sind eher linksorientiert und kommen aus Haushalten mit mehr Büchern – was als Indikator für den sozioökonomischen Hintergrund einer Person herangezogen werden kann.[10] Erkennst du dich in diesen Merkmalen wieder? Während einige dieser

Merkmale durch Bewegungsengagement entstehen könnten, ist es auch wahrscheinlich, dass sie beeinflussen, welche Personen sich leichter für die Klimabewegung mobilisieren lassen.

Neben diesen typischen Eigenschaften gibt es jedoch auch **Stereotype, die Menschen mit Umweltschützer*innen assoziieren**. In zwei qualitativen Studien wurde erforscht, welche Begriffe und Eigenschaften Amerikaner*innen typischerweise mit Umweltschützer*innen in Verbindung bringen (hier von positiv zu negativ sortiert).[34,35] Begriffe reichten von sich um die Umwelt sorgend, altruistisch, aufopferungsvoll, gebildet, zielstrebig, intelligent, hilfsbereit über vegetarisch, links-liberal, Drogenkonsument*in, Hippie, haarig bis hin zu unhygienisch, unmodisch, überreagierend, exzentrisch, stur, selbstgerecht, dumm, extrem, aggressiv und militant. Mit welchen dieser Eigenschaften kannst du dich jetzt identifizieren?

Dies sind »nur« Stereotype, die nicht unbedingt die reale Welt abbilden. Sie sind dennoch wichtig, da sie beeinflussen, ob Menschen Gemeinsamkeiten mit Klimagruppen wahrnehmen oder ob sie nicht mit ihnen in Verbindung gebracht werden wollen. Eine Person kann zum Beispiel zu dem Schluss kommen, dass sie nicht zur Gruppe der Klimaaktivist*innen gehört, weil sie typische Klimaaktivist*innen als extremer wahrnimmt als sich selbst. Oder sie möchte nicht mit dieser Gruppe in Verbindung gebracht werden, aus Angst, was ihre Freund*innen darüber denken könnten. Dies hat sich in Interviews mit Vogelbeobachter*innen gezeigt, die sich aufgrund negativer Stereotype nicht mit der Gruppe der Umweltaktivist*innen identifizierten.[36,37] Eine noch unveröffentlichte Studie von Gruber und Kolleg*innen[38] hat außerdem ergeben, dass die Studienteilnehmenden eine geringere Identifikation mit Personen angaben, wenn diese einen für die Klimabewegung typischen Kleidungsstil hatten (bunte Kleidung mit abstrakten Mustern und grober Textur). Wie Klimaaktivist*innen wahrgenommen werden, ist entscheidend für den Einfluss, den sie haben können. So war die Motivation für privates Klimaschutzverhalten in einer Studie geringer, wenn eine typische Umweltaktivistin dafür warb.[34] Eine weniger prototypische Umweltaktivistin konnte hingegen besser überzeugen, da sie mit weniger negativen Stereotypen verknüpft war.

Diese Ergebnisse deuten darauf hin, dass es in der Kommunikation mit einer weniger protestaffinen Zielgruppe sinnvoll sein könnte, die Vielfältigkeit einer Klimagruppe zu betonen: eine Gruppe, die eine Vielzahl von Aktionsformen und Personen mit unterschiedlichen Eigenschaften umfasst. Dies kann sich darin widerspiegeln, wie Kampagnenfotos gestaltet werden, wie Menschen über ihr eigenes Klimaengagement sprechen oder wer bei einer Demonstration auf der Bühne spricht. Eine Auflockerung des typischen Bildes von Umweltaktivist*innen könnte es mehr Menschen erleichtern, sich mit Klimagruppen zu identifizieren. Da es viele (auch schlechte) Stereotype über Aktivist*innen gibt, kann es ratsam sein, Gruppenmitglieder nicht als »Klimaaktivist*innen« zu bezeichnen, wenn wir eine Zielgruppe einbeziehen wollen, die einige dieser Stereotype glauben könnte. Neben strukturellen Ursachen und eigener Themensetzung sind wahrgenommene Gemeinsamkeiten wohl ein weiterer Grund dafür, dass Fridays for Future zumindest in Europa bisher eine Bewegung von überwiegend *weißen*, gebildeten Menschen aus der Mittelschicht geblieben ist.[39] Bewegungen wie Black Lives Matter haben bereits gezeigt, dass Prominente aus marginalisierten Gruppen ein wichtiger Hebel sein können, um Teilnehmende aus eben diesen Gruppen anzusprechen und zu mobilisieren.[40,41]

Darüber hinaus könnte es hilfreich sein, einige der Stereotype über Umweltschützer*innen abzubauen, um Klimagruppen für Außenstehende attraktiver zu machen. Eine Strategie, um dies zu erreichen, ist positiver Kontakt[42]: mit anderen reden und ihnen zeigen, wie die Mitglieder der Klimabewegung wirklich sind. Ein Beispiel hierfür ist die mancherorts enge Zusammenarbeit zwischen Anti-Kohle-Aktivist*innen in Deutschland mit jenen, die von dieser Industrie am meisten betroffen sind: den Menschen, deren Dörfer abgebaggert werden sollen. Klimaaktivist*innen und Menschen aus diesen Dörfern kommen oft aus unterschiedlichen sozialen Gruppen, wurden unterschiedlich sozialisiert, haben unterschiedliche Wertvorstellungen und führen völlig unterschiedliche Leben. Einer der Autoren konnte beobachten, dass trotz anfänglicher Skepsis aufgrund der Unterschiede nicht viel Zeit verging, bis viele Dorfbewohner*innen ihr Bild anpassten. Wahrscheinlich erkannten sie, dass die Aktivist*innen ihnen zwar ein wenig seltsam erschienen, aber vor allem freundliche, kompetente und fleißige Verbündete im bevorstehenden Kampf waren. Nach einer Weile arbeiteten Menschen aus beiden Gruppen – den Dorfbewohner*innen und den Aktivist*innen – eng zusammen und es rückte immer mehr in den Hintergrund, dass sie aus unterschiedlichen Lebensrealitäten kamen.

Fazit: Um die Identifikation mit Klimagruppen zu fördern, müssen Menschen entdecken, dass sie etwas mit diesen Gruppen gemeinsam haben. Dies kann erreicht werden, indem ein gemeinsames Schicksal hervorgehoben wird, durch typische Gruppenmitglieder, die für die Zielgruppe nahbar sind, und dadurch, dass bestehende Stereotype abgebaut und kritisch reflektiert werden. Führungspersonen können dabei eine wichtige Rolle spielen, sofern sie ein gemeinsames Gruppenschicksal betonen und sich als typisches Gruppenmitglied präsentieren.

▸ Bestehende und neue Gruppen mit dem Kampf gegen die Klimakrise verknüpfen

Da die Identifikation mit einer Klimagruppe wie Fridays for Future eine so starke Motivation für kollektives Klimahandeln ist, könnte nun der Eindruck entstehen, dass lediglich die Gemeinsamkeiten mit dieser Gruppe aufgezeigt werden müssen. Während dies eine vielversprechende Strategie für Zielgruppen sein mag, die dem sozial-ökologischen Wandel bereits positiv gegenüberstehen, werden sich große Teile der Gesellschaft nicht ohne Weiteres als Teil einer Gruppe sehen wollen, die sich im Kern durch Klimaschutz definiert. Um mit diesem Problem umzugehen, besteht eine weitere Strategie darin, auf bereits bestehende soziale Identitäten aufzubauen und diese mit dem Kampf gegen die Klimakrise zu kombinieren.

Indem **eine bestehende soziale Gruppe mit dem Kampf gegen die Klimakrise verknüpft wird**, können Personen erkennen, dass die Normen ihrer Gruppen (z. B. Nachbar*innen, Eltern oder Mitglieder eines Sportvereins) bereits mit Klimaschutz Hand in Hand gehen. Parents for Future konzentriert sich zum Beispiel darauf, Eltern zu organisieren und diese soziale Identität mit dem Kampf gegen die Klimakrise zusammenzubringen. Einer der Erfolgsfaktoren von Fridays for Future könnte darin liegen, dass sie Untergruppen gebildet haben, die mit bestehenden gesellschaftlichen Kategorien verbunden sind (z. B. Entrepreneurs for Future, Scientists for Future, Churches for Future, Engineers for Future, Teachers for Future, Saarland for Future, Grandparents for Future, Artists for Future, Architects for Future, Psychologists for Future und viele mehr).[43]

Eine Strategie, um so eine solche Verbindung herzustellen, ist die **wertebasierte Kommunikation**. Dabei wird der Klimaschutz mit den Zielen, Überzeugungen und Werten gekoppelt, die bestimmte soziale Gruppen in der Gesellschaft bereits mitbringen. Hurst und Stern[44] haben diesen Ansatz getestet, indem sie zwei Textversionen verglichen, die für erneuerbare Energien und die Abkehr von fossilen Brennstoffen in den USA warben. Die Hälfte der Teilnehmenden bekam einen Text, in dem fünf relevante Werte von Konservativen angesprochen wurden (Heiligkeit, Autorität, Loyalität, Fürsorge und Gerechtigkeit), während die andere Hälfte einen Text erhielt, in dem nur zwei der Werte genannt wurden, die typischerweise für Links-Liberale relevant sind (Fürsorge und Gerechtigkeit). Insbesondere konservative Teilnehmende zeigten nach dem Lesen des Textes mit den konservativen Werten eine höhere Unterstützung für erneuerbare Energien, als wenn sie den anderen Text gelesen hatten.

Ist es das Ziel, Menschen aus einer bestimmten sozialen Gruppe zu mobilisieren, kann es also hilfreich sein, Botschaften auf ihre bereits bestehenden sozialen Identitäten und Normen zuzuschneiden. Konkret bedeutet das, nach Überschneidungen zwischen der Klimakrise und den für eine Zielgruppe bereits bestehenden wichtigen Anliegen zu suchen. So kann ihnen gezeigt werden, dass Klimaschutz ein wichtiger Teil dessen ist, wofür sie (bereits) stehen. Zur wertebasierten Klimakommunikation gibt es viele Bildungsmaterialien, die helfen zu verstehen, was bestimmten Gruppen wichtig ist (z. B. »Übers Klima Reden« von Climate Outreach[45,46]).

Um bestehende soziale Identitäten mit Klimaprotest und Engagement zu verknüpfen, können auch Verbündete aus gewissen Zielgruppen als Kommunikator*innen eingesetzt werden. Dieser Ansatz wird auch als **Block-Leader-Ansatz** bezeichnet.[6] In einer Studie von Schultz und Fielding[47] kam heraus, dass Informationen zum Wassersparen eine größere Wirkung auf die Zielgruppe hatten, wenn sie von einer Person der eigenen Gruppe (z. B. der Heimatstadt) vermittelt wurden, als wenn sie von einer außenstehenden Person (z. B. Wissenschaftler*in) kamen. Es kann daher sinnvoll sein, Verbündete ausfindig zu machen, die bei der Verbreitung von Klimabotschaften leichter Erfolg haben könnten, da sie als glaubwürdiger und vertrauenswürdiger wahrgenommen werden.[6] In Anbetracht der begrenzten kollektiven Ressourcen der Klimabewegung könnte es manchmal effizienter sein, zu versuchen, eine einflussreiche

Person einer bestimmten Gruppe für sich zu gewinnen, anstatt alle selbst von der Dringlichkeit der Klimakrise überzeugen zu wollen.

Besteht das Ziel jedoch darin, alle gleichsam einzubeziehen, was einen weniger hierarchischen Prozess darstellen kann, könnte die Verbindung zu bestehenden Gruppenidentitäten durch **eine übergeordnete Gruppe** hergestellt werden.[6] Übergeordnete Gruppen umfassen mehrere kleinere Gruppen, zum Beispiel können Fridays for Future und Extinction Rebellion durch die übergeordnete Gruppe der Klimabewegung verbunden werden. Vor allem in polarisierten Kontexten, in denen Identitäten durch ein »wir gegen die anderen« definiert sind, kann diese Strategie nützlich sein, um eine gemeinsame Basis zu schaffen. In einer Studie von Samuelson und Kolleg*innen[48] wurde ein Rat für ein Wassereinzugsgebiet gegründet, dessen Mitglieder sich aus unterschiedlichen Interessengruppen mit teils konkurrierenden Ansichten zusammensetzten. Trotz ihrer Unterschiede bildete die gemeinsame Identität als institutionalisierter Rat die Grundlage dafür, dass gemeinsam Empfehlungen zur Wassernutzung in dem Gebiet entwickelt wurden. Wie in diesem Prozess kann es sich manchmal lohnen, Interessenvertreter*innen aus Gruppen, die sich zunächst gegen Klimaschutz zu stellen scheinen, in Prozesse einzubinden, in denen sie eine Stimme haben und sich gemeinsam mit den anderen als Teil einer größeren Gruppe wahrnehmen. Eine gute Moderation und Institutionalisierung von derartigen Treffen kann dabei entscheidend sein.

Der Ansatz übergeordneter Gruppen kommt in der Klimabewegung häufig gut an, da das Ziel meist ist, alle in die globale Herausforderung der Klimakrise mit einzubeziehen. Dabei wird oft die Identifikation mit der gesamten Menschheit betont. Diese besondere Art der sozialen Identifikation wurde bereits mit klimaschützendem Verhalten in Verbindung gebracht.[49] Studien haben in der Tat gezeigt, dass Menschen, die sich stärker mit der gesamten Menschheit identifizierten, die Umweltbewegung mehr unterstützten und eher für Umweltorganisationen spendeten.[50–52]

Fazit: Um für den Klimaschutz zu mobilisieren, können bestehende soziale Identitäten genutzt werden. Dies kann geschehen, indem auf bereits existierenden Gruppen aufgebaut und deutlich gemacht wird, inwieweit das Gruppenselbstverständnis bereits mit Klimaschutz übereinstimmt. Eine besonders vielversprechende Strategie ist auch, Vertreter*innen dieser Gruppen zu finden, die sich für den Klimaschutz engagieren wollen, und übergeordnete Gruppen zu suchen oder zu gründen.

Disclaimer zur sozialen Identifikation: Dieser Abschnitt hat gezeigt, dass es nicht den einen richtigen Weg gibt, um soziale Identifikation und soziale Normen zu nutzen. Einerseits können sie dazu beitragen, Menschen anzusprechen, die sonst von Klimagruppen nicht erreicht werden. Andererseits kann das Hervorheben einer bestimmten Gruppenidentität auch den Nebeneffekt haben, diese Identität zu verstärken. In der Sozialpsychologie wird immer wieder darüber diskutiert, ob Interventionen auf der nationalen Identität (z. B. Deutsche) aufbauen sollten, da sie in den meisten Ländern noch immer zu den einflussreichsten Identitäten gehört, oder ob nur übergeordnete und integrativere Identitäten in den Fokus genommen werden sollten. Es ist deshalb wichtig zu bedenken, dass das Hervorheben einer Identität diese auch stärken (und andere damit potentiell schwächen) könnte.

▸ Handlungsorientierte soziale Normen im Klimaschutz hervorheben

Eine entscheidende Komponente bei der Verknüpfung bestehender Gruppen mit Klimaschutz ist es, **handlungsorientierte soziale Normen in diesen Gruppen zu etablieren**. Ob in der Nachbar*innenschaft, an der Uni oder am Arbeitsplatz: Wenn wir handlungsorientierte Normen in unserer Gruppe wahrnehmen und sehen, dass andere Mitglieder Klimaschutz unterstützen und sich engagieren, steigt die Wahrscheinlichkeit, dass wir uns selbst als Teil einer Klimagruppe sehen. Diese Strategie beinhaltet deshalb, die sozialen Normen einer Gruppe aktiv (neu) zu definieren. Ein Beispiel für den Einsatz dieser Strategie sind die ersten öffentlichen Auftritte von Greta Thunberg in den Jahren 2018 und 2019. Greta etablierte eine neue handlungsorientierte Norm unter Jugendlichen, indem sie immer wieder darauf hinwies, dass »wir, die jungen Leute, jetzt handeln müssen« (SOLL-Norm).[53] Sie machte deutlich, dass junge Menschen Druck auf Politiker*innen ausüben müssen, damit diese die notwendigen Veränderungen anstoßen.[54] Dabei definierte sie junge Menschen als handlungsorientierte Klimagruppe. Gleichzeitig nahm sie selbst jeden Freitag an den Demonstrationen teil (IST-Norm). Zwar nicht alle, aber doch ein erheblicher Teil der Jugendlichen wurde durch die handlungsorientierte Norm von Greta beeinflusst.

Im Allgemeinen können soziale Normen auf (mindestens) drei vorteilhafte Weisen kommuniziert werden.[55] Es kann **eine SOLL-Norm etabliert und definiert werden, um zu zeigen, wofür eine Gruppe steht**. Die Organisation »No Fly Climate Sci«[56] besteht zum Beispiel aus Wissenschaftler*innen, die »das Bedürfnis verspüren, den unnötigen Verbrauch fossiler Brennstoffe zu reduzieren« (SOLL-Norm) und deshalb auf Flüge verzichten. Es kann auch **eine IST-Norm hervorgehoben werden – jedoch nur, wenn klar aus ihr hervorgeht, dass die Mehrheit einer Gruppe bereits Maßnahmen gegen die Klimakrise ergriffen hat**. Zum Beispiel: »60 % der Bewohner*innen unserer Gemeinde haben sich am Klimastreik beteiligt.« Bei kollektivem Klimahandeln kann es jedoch schwierig werden, solche mehrheitlichen Aussagen zu treffen. Als Alternative können **Trend-Normen kommuniziert werden**, die einen positiven Trend sichtbar machen, der zeigt, dass sich immer mehr Menschen kollektivem Klimahandeln anschließen. Diese Strategie ist insbesondere wichtig, da manche Trends sonst unbemerkt bleiben würden. Ein Beispiel hierfür

› Kampagne »Climate Action Now« (2022)[I]

ist eine Kampagne aus dem Osten Australiens im Jahr 2022. Nach einer der schlimmsten Überschwemmungen des Landes und einer nationalen Wahl im selben Jahr waren plötzlich viele Gebäude mit Schildern versehen, auf denen »CLIMATE ACTION NOW« zu lesen war. Diese Schilder zeigten mittels einer handlungsorientierten Norm, dass es in diesen Vierteln eine Mehrheit oder zumindest eine wachsende Zahl von Menschen gibt, denen eine konsequentere Klimapolitik wichtig ist und die vermutlich auch dafür stimmen würden. Zu erleben, dass viele Nachbar*innen – Mitglieder derselben Gruppe – sich für Klimaschutz aussprechen, kann einen starken Einfluss auf das Gruppenselbstverständnis der Nachbar*innenschaft haben und nahelegen, dass »wir als Gemeinschaft für den Klimaschutz stehen«.

Fazit: Handlungsorientierte Normen können Personen dabei helfen, zu sehen, dass sie bereits Teil einer Klimagruppe sind, zum Beispiel, indem betont wird, dass viele Gruppenmitglieder Klimaschutz unterstützen und sich (zunehmend) in diesem Kontext engagieren – egal ob es sich um die Nachbar*innenschaft, den lokalen Vogelbeobachtungsverein oder die Fußballmannschaft handelt. Da Normen und Trends oft unbemerkt bleiben, besteht eine wichtige Strategie darin, sie im richtigen Moment hervorzuheben. So verändert sich das Verständnis dessen, was es bedeutet, ein Gruppenmitglied zu sein, und damit auch die eigene Motivation.

▸ Durch Interaktion und gemeinsame Erfahrungen eine Gruppenidentität schaffen

Damit wir ein gemeinsames Verständnis davon entwickeln können, wofür »wir als Gruppe« stehen, müssen wir wissen, wie andere unsere geteilte Realität wahrnehmen. Eine Strategie zur Entwicklung gemeinsamer Gruppenidentitäten ist daher **Interaktion – in einen konstruktiven Dialog mit anderen zu treten.**[57] Historisch gesehen sind soziale Bewegungen oft an Orten entstanden, an denen Menschen sich austauschen, beispielsweise an Universitäten oder, wie im Fall von Fridays for Future, auch an Schulen.[58] Andere Bewegungen haben eine gemeinsame Gruppenidentität rund um gewisse Orte des Protests entwickelt – besetzte Gebiete und Protest-Camps. So wurde der Zuccotti Park in New York zum Schauplatz der Occupy-Bewegung,[59] Versammlungen im Istanbuler Taksim Gezi Park spielten eine zentrale Rolle bei der Entstehung der Protestbewegung gegen den sich verschärfenden Autoritarismus in der Türkei[60] und die deutsche Anti-Kohle-Bewegung ist auf Camps, Besetzungen und an weiteren Orten des Protests entstanden, in der Nähe der Wälder und Dörfer, die für den Braunkohletagebau zerstört werden sollten[61].

Emma Thomas und Kolleg*innen[62] veranschaulichten, wie stark persönliche Interaktion zur Bildung neuer Gruppenidentitäten beitragen kann. In ihrem Experiment erhielten die Teilnehmenden Informationen über die »Water for Life«-Bewegung, die das Ziel hat, Menschen in von Armut betroffenen Ländern mit sauberem Trinkwasser zu versorgen. Zuvor wurde überprüft, dass auch alle Teilnehmenden dem generellen Ziel der Bewegung positiv gegenüberstanden. Die Hälfte der Teilnehmenden sollte daraufhin alleine Strategien zur Förderung dieser neuen Bewegung entwickeln, während die andere Hälfte in kleinen Gruppen von drei bis fünf Personen arbeitete. Es stellte sich heraus, dass die Identifikation mit der Bewegung und ebenfalls die Bereitschaft für kollektives Handeln größer waren, wenn Teilnehmende mit anderen diskutierten, als wenn sie die Aufgabe alleine lösten. Es scheint also ein wichtiger Schritt für die Identitätsbildung zu sein, ein gemeinsames Verständnis darüber zu finden, wie sich Gesellschaft verändern sollte, und gemeinsam Strategien dafür zu erarbeiten.[57] Interessanterweise könnten Gruppendiskussionen besonders geeignet sein, um zu nicht-normativem Handeln wie zivilem Ungehorsam zu motivieren.[63]

Um eine gemeinsame Gruppenidentität mit handlungsorientierten Normen zu fördern, ist es daher sinnvoll, Veranstaltungen zu organisieren oder permanente Räume zu schaffen, in denen Personen in konstruktivem Dialog über Klimapolitik treten können. Wird die Bildung einer Klimagruppe dabei als Bottom-Up-Prozess wahrgenommen, kann dies Identifikation und kollektives Klimahandeln stärken.[64] Im Kontext der Energiewende kann der Bottom-Up-Ansatz durch Bürger*innen sogar Außenstehende dazu motivieren, Energiegenossenschaften beizutreten und diese zu unterstützen.[65,66] Menschen zusammenzubringen, um ihr Selbstverständnis als Klimagruppe zu stärken, ist jedoch nur dann sinnvoll, wenn die Teilnehmenden dazu in der Lage sind, konstruktiv miteinander umzugehen und dadurch eine gemeinsame Basis für Klima-Aktionen finden können. Es gibt zwei Ansätze, um dies zu gewährleisten. Zum einen könnten gleichgesinnte Menschen zusammengebracht werden, die in der Lage sind, mit ihren Differenzen konstruktiv umzugehen, zum Beispiel in Klimacamps oder auf internen Konferenzen der Bewegung. Zum anderen könnte dafür gesorgt werden, dass Gespräche durch eine gute Moderation konstruktiv bleiben, zum Beispiel in Bürger*innenversammlungen oder moderierten Gruppendiskussionen.

Eine weitere Strategie, um eine geteilte – oder sogar übergreifende – Gruppenidentität zu entwickeln, besteht darin, **gemeinsame Erfahrungen mit anderen Menschen und Gruppen zu machen**. Solche Erfahrungen können der nötige Impuls sein, um ein Band zwischen vorher getrennten Gruppen zu knüpfen. Das zeigt die Arbeit von John Drury und Steve Reicher,[67] die mehrere qualitative Studien veröffentlichten, in denen Menschen durch die gemeinsame Teilnahme an Protesten eine geteilte Gruppenidentität entwickelten. In einer dieser Studien protestierten Anwohner*innen und Umweltaktivist*innen gegen den Bau einer Straße in Großbritannien.[68] Obwohl diese beiden Gruppen anfangs noch durch ihre unterschiedlichen Formen des Protests getrennt waren, differenzierte die Polizei nicht zwischen ihnen und behandelte sie als eine Gruppe. Die Polizei wurde so zum gemeinsamen Gegner und trug dazu bei, dass eine übergeordnete Gruppe entstand, die sowohl Anwohner*innen als auch Aktivist*innen umfasste. Da einige den Polizeieinsatz als unrechtmäßig empfanden, schloss sich die Menge zusammen, um sich gegen die Polizei und die dahinter stehenden Behörden zu wehren. Es entstand ein neues »wir gegen die anderen«. Weil sie von der Polizei als »Radikale« behandelt wurde, entwickelte die Gruppe daraufhin auch radikalere handlungsorientierte Normen, selbst unter den Teilnehmenden, die sich ursprünglich als gemäßigt eingestuft hatten (→Wie friedliche Proteste eskalieren können).

Aus Sicht von uns Autor*innen sollte die Verantwortung für funktionierende Gruppen und Gemeinschaften und die Anwendung der in diesem Kapitel beschriebenen Strategien nicht allein bei Klimagruppen liegen. Es kann auch die Aufgabe von Regierungen, Unternehmen und andere Akteur*innen sein. Beispielsweise argumentieren Forscher*innen (auch aus unserem Autor*innen-Team), dass Regierungen die nötigen Strukturen und Unterstützungsmaßnahmen für eine gerechte und nachhaltige Energiewende bereitstellen müssen, damit Menschen als Mitglieder von Energiegenossenschaften eine aktive Rolle bei der Energiewende einnehmen können.[69]

Fazit: Der Auf- und Ausbau einer gemeinsamen Gruppenidentität kann auf zwei Arten unterstützt werden: durch die Errichtung von Räumen, in denen Menschen konstruktiv miteinander interagieren und gemeinsam Strategien zur Bewältigung der Klimakrise entwickeln können, und durch die Zusammenführung verschiedener Teile einer Bewegung in gemeinsamen (Protest-)Erfahrungen.

▸ Wie friedliche Proteste eskalieren können

Ein anschauliches Beispiel dafür, wie ein friedlicher Protest eskalieren kann, ist der Poll Tax Aufstand in London aus dem Jahr 1990. Die Psychologen Clifford Stott und John Drury[70] haben Feldnotizen, Videodaten, Interviews mit Teilnehmenden, schriftliche Berichte und sogar Polizeiquellen und -interviews zusammengetragen, um die Ausschreitungen zu analysieren. Es begann friedlich: Am 31. März 1990 wurde eine Demonstration organisiert, um gegen ein umstrittenes Steuersystem zu protestieren, von dem Menschen mit geringerem Einkommen unverhältnismäßig stark betroffen gewesen wären. Eine teilnehmende Person beschrieb: »Wir haben eine Abstimmung veranstaltet, um zu zeigen, dass Demonstrierende einen friedlichen Protestmarsch wollen. Es sah so aus, als ob jede Hand im Park gehoben war.«[70] Obwohl alle Teilnehmenden gegen das umstrittene Steuersystem demonstrierten, waren sie zu diesem Zeitpunkt noch keine einheitliche Gruppe. Die eindeutige Mehrheit protestierte friedlich. Es gab jedoch auch eine konfrontativere Minderheit, die einige Gegenstände in Richtung der Polizei warf – aber die meisten Demonstrierenden distanzierten sich von dieser Gruppe.

Nach einer Weile starteten einige der Demonstrierenden eine Sitzblockade, die von ihnen selbst als gewaltfrei und legitim wahrgenommen und beschrieben wurde. »Die einzige kleine Konfrontation gab es, als ich zur Downing Street kam, wo die Leute gerade mit der Sitzblockade begonnen hatten. Alle zehn Minuten konnte ich eine klappernde leere Bierdose hören, die etwa zehn Meter vor der Polizei auf dem Bürgersteig landete. Es gab keine wirkliche Störung der öffentlichen Ordnung oder so etwas.«[70] Die Polizei sah die Situation jedoch anders. Die leichten Konfrontationen und die Sitzblockade wurden als Störung der öffentlichen Ordnung und damit als unrechtmäßig angesehen. Außerdem nahmen sie die konfrontative Minderheit als repräsentativ für die gesamte Versammlung wahr. Diese andere Auffassung der Situation veranlasste die Polizei dazu, einzugreifen. Da sie die Situation als gefährlich einschätzte, machte sie von ihrer Macht Gebrauch und begann, die Demonstrierenden in Richtung Trafalgar Square zu drängen. Dabei fokussierten die Polizeikräfte sich nicht nur auf die konfrontative Minderheit, sondern auf die gesamte Gruppe. »Sie schlugen einfach auf alle ein und waren so gewalttätig gegenüber allen. Ich glaube, was mich am meisten getroffen hat, war, dass Leute da waren, die keinen Ärger wollten, die nur für die Sache an sich da waren, und nun verprügelt wurden.«[70] In diesem Moment eskalierte der Konflikt endgültig.

Der Polizeieinsatz veränderte die Dynamik der Gruppe. Da die Polizei gegen alle gleichermaßen vorging, wurde ihr Einsatz als ungerecht empfunden. Diese kollektive Erfahrung von wahlloser Polizeigewalt einte die Demonstrierenden. Plötzlich teilten sie eine neue soziale Identität und begannen, die Polizei als »gemeinsamen Gegner« zu betrachten. »Als wir der Polizei gegenüberstanden, schrien die Leute die ganze Zeit ›ihr Bastarde‹. Die ganze Menge stand zusammen. Alle waren wütend, waren in einem bestimmten Gefühlszustand und agierten gemeinsam.«[70] Außerdem wurde die ehemals konfrontative Minderheit zu einem einflussreichen Teil der Gruppe, wodurch sich die sozialen Normen der Gruppe verschoben. Selbstverteidigung gegen die Polizei wurde nun als legitim angesehen. Die geeinten Teilnehmenden hatten auch das Gefühl, mit ihrer Gruppe wirksam zu sein: »Die Menge ging vorwärts, weil wir so viele Menschen waren, und dabei gab es ein starkes Gefühl der Macht, so eine große Gruppe zu sein.«[70]

Der wachsende Widerstand der Demonstrierenden wiederum bestätigte die zuvor ungerechtfertigten Wahrnehmungen der Polizei, was zu einer Eskalationsspirale sowohl bei den Demonstrierenden als auch bei der Polizei führte. »Die Menge […] schlug zurück und warf mit Stöcken, Fahnenstangen, Flaschen – mit allem, was sie finden konnte. Junge Leute, die nur mit Plakaten bewaffnet waren, kämpften direkt mit der Polizei. Einige Demonstrierende wurden mit Knüppeln niedergeschlagen, anderen wurden Schutzschilde ins Gesicht gestoßen.«[71] Am Ende waren bis zu 5.000 Menschen an den Aufständen beteiligt, bei denen es auch zu Plünderungen und Sachbeschädigungen durch die Protestierenden kam.

1. Anfänglich friedlicher Protest

Die Mehrheit demonstriert auf friedliche und legitime Weise

Konfrontative Minderheit

Die Polizei nimmt die konfrontative Minderheit als repräsentativ für die Gruppe wahr und deshalb den Protest als illegitim

2. Beginn des Konfliktes

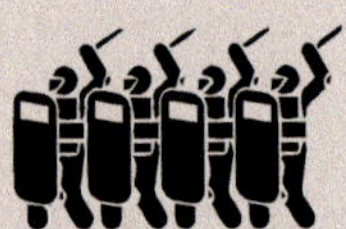

Demonstrierende nehmen den Polizeieinsatz als illegitim wahr

Die Polizei agiert gegen die gesamte Menge

3. Der Protest eskaliert

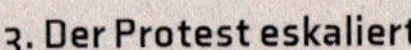

Demonstrierende werden zu einer Gruppe und nehmen Selbstverteidigung als legitime Handlung wahr

Die Eskalation bestätigt die Wahrnehmung der Polizei und legt weitere Taktiken nahe, die eine Eskalation noch mehr befeuern

› Abbildung 3. Typisches Eskalationsmuster eines Protests.[II]

Was kannst du aus diesem eskalierten Protest lernen? Basierend auf ihren Untersuchungen haben Stott und Drury[70] die Annahme aufgestellt, dass zwei Bedingungen erfüllt sein müssen, damit Proteste auf diese Weise eskalieren: Erstens muss es (mindestens) zwei Gruppen geben, die unterschiedliche Auffassungen von der Situation und ihrer Legitimität haben. Zweitens braucht es ein Machtgefälle, wie es typischerweise zwischen der Polizei und Demonstrierenden der Fall ist. In Abbildung 3 ist der Eskalationsprozess zusammengefasst. Die Psychologen betonen jedoch auch, dass dies nur ein typisches Muster der Eskalation ist – es ist nicht das einzig mögliche und tritt nicht zwangsläufig auf. Insgesamt mag es für erfahrene Aktivist*innen keine Überraschung sein, dass das Verhalten der Polizei eine wichtige Rolle bei der Eskalation von Protesten spielt. Dennoch ist es eine wertvolle Lektion für alle, die nur wenig Erfahrung mit Protesten haben. Plant eine Gruppe einen Protest oder eine nicht-normative Aktion, erscheint es daher unerlässlich, die Teilnehmenden darauf vorzubereiten, dass solche Situationen unter bestimmten Bedingungen eskalieren können. Sie sollten sich der Tatsache bewusst sein, dass es zu Gewalt kommen kann, auch wenn diese nicht beabsichtigt ist und nicht von ihnen ausgeht.

Wie in dieser Studie gezeigt wurde, kann eine solche Eskalation tatsächlich den positiven Effekt mit sich bringen, dass sich die soziale Identifikation der Beteiligten verändert und ein gemeinsames Gruppengefühl entsteht. Allerdings haben viele Klimagruppen wohl kaum das Ziel, eine Eskalation hervorzurufen. Will eine Gruppe eine Eskalation vermeiden, kann es daher hilfreich sein, Aktionstrainings durchzuführen, deeskalierende Kommunikationsformen einzuüben und vor und während Aktionen einen klaren Aktionskonsens zu vertreten.

Gruppen gestalten, die unseren Bedürfnissen entsprechen

Die Identifikation mit einer Klimagruppe erfordert mehr, als sich nur als Teil dieser Gruppe zu sehen. Wir brauchen auch eine emotionale Bindung sowie die Motivation, uns als Mitglied der Gruppe fühlen zu wollen. Diese Motivation wird unter anderem dadurch beeinflusst, wie sehr eine Gruppe unsere psychologischen Bedürfnisse erfüllt.[72,73] Bedürfnisse sind unsere grundlegendste Motivationsquelle. Sie lenken unser Denken und Handeln auf die Befriedigung dieser Bedürfnisse. Bedürfnisse gehen also über bloße Wünsche hinaus. Sind unsere psychologischen Grundbedürfnisse befriedigt, fühlen wir uns wohl, sind sie nicht befriedigt, fühlen wir uns unwohl oder gestresst.[74,75]

Es gibt vier Bedürfnisse, die du in diesem Kapitel kennenlernst: Das Bedürfnis nach Zugehörigkeit, Selbstwertgefühl, Sinn im Leben und Kontrolle (siehe Abbildung 4). In der sozialen Identitätsforschung wurden Bedürfnisse wiederholt in dieser spezifischen Zusammensetzung beschrieben[76–78] und empirisch auf ihren Zusammenhang mit sozialer Identität überprüft.[74] Das Bedürfnis nach Zugehörigkeit wird als übergreifend dargestellt, weil es als unser grundlegendstes soziales Bedürfnis angesehen wird.[76]

Wenn du überprüfen willst, wie sehr du dich mit der Klimabewegung identifizierst, kannst du dir die folgenden Fragen stellen: Gibt dir die Klimabewegung ein Gefühl der Zugehörigkeit? Hilft sie dir, soziale Beziehungen aufzubauen und aufrechtzuerhalten? Bist du froh, Teil der Bewegung zu sein, und fühlst du dich gut, weil du ein Mitglied bist? Gibt dir die Bewegung einen klaren Sinn im Leben? Empfindest du deine Mitgliedschaft in der Bewegung als sinnstiftende Aufgabe? Ist die Bewegung eine Quelle der Wirksamkeit für dich? Gibt dir die Mitgliedschaft ein Gefühl der Kontrolle angesichts der ansonsten unkontrollierbaren Klimakrise? Je nachdem, wie deine Antworten auf diese Fragen ausgefallen sind, identifizierst du dich wahrscheinlich stärker oder schwächer mit der Klimabewegung.

Die gleichen Annahmen gelten für Menschen, die erst noch für Klimaprotest und Engagement begeistert werden müssen. Je mehr eine Klimagruppe die Bedürfnisse ihrer Mitglieder erfüllt, desto mehr identifizieren sich diese mit ihr. Je mehr eine Klimagruppe von interessierten Außenstehenden als be-

› Landbesetzung und Gemeinschaftsgarten in Heathrow, London UK (2014)[III]

dürfniserfüllend wahrgenommen wird, desto mehr werden sie sich wohl mit ihr identifizieren wollen. Leider gibt es bisher kaum Forschung zur Rolle von Bedürfnissen in Klimagruppen. Deshalb werden in den folgenden Empfehlungen viele praktische Beispiele zur Veranschaulichung herangezogen.

Zugehörigkeit
Bedürfnis nach starken und stabilen Beziehungen

Selbstwertgefühl	**Sinn**	**Kontrolle**
Bedürfnis nach positiver Bewertung der eigenen Person und Gruppen	Bedürfnis nach einem klaren Sinn und Bedeutung im Leben	Bedürfnis, Dinge den eigenen Wünschen entsprechend beeinflussen zu können

▸ Abbildung 4. Übersicht zu den vier psychologischen Grundbedürfnissen, die soziale Identifikation fördern können, angelehnt an Greenaway und Kolleg*innen.[74]

▸ Zugehörigkeitsgefühle fördern

Sich Gruppen zugehörig fühlen zu wollen, ist eine grundlegende menschliche Eigenschaft.[79] **Das Bedürfnis nach Zugehörigkeit, also unser Bedürfnis, stabile Beziehungen zu anderen aufzubauen und aufrechtzuerhalten, gilt daher als unser grundlegendstes soziales Bedürfnis.**[76] Im Kontext kollektiven Klimahandelns zeigen sowohl veröffentlichte Forschungsarbeiten als auch unsere eigenen noch unveröffentlichten Studien, dass Gefühle der Nähe, Zugehörigkeit und Verbundenheit mit sozialer Identifikation und kollektivem Klimahandeln zusammenhängen.[80,81] Wollen wir also, dass sich Menschen mit einer Klimagruppe identifizieren, müssen sie erleben, dass diese Gruppe ihnen ein Gefühl der Zugehörigkeit gibt. Im Folgenden findest du vier wichtige Strategien, um das Gefühl der Zugehörigkeit zu fördern: Verbundenheit miteinander erleben, Solidarität kultivieren, eine einladende und wohlwollende Gruppenkultur praktizieren und Raum für spaßige Aktivitäten lassen.

Der erste wichtige Aspekt beim Aufbau eines Zugehörigkeitsgefühls besteht darin, dass Personen **ihre Verbundenheit miteinander erleben**. Forschung aus dem Klima- und Umweltbereich hat gezeigt, dass Menschen eher dazu neigten, sich zu engagieren, wenn die Aktivitäten der Gruppe soziale Interaktion beinhalteten,[82] wenn sie dort neue Leute kennenlernen,[83,84] sich gemeinsam mit Freund*innen engagieren und bekannte Gesichter sehen konnten[81,84]. Passend dazu identifizierten sich Studienteilnehmende stärker mit Fridays for Future, wenn sie wahrnahmen, dass für sie wichtige Personen ebenfalls an diesen Protesten teilnahmen (IST-Norm) und diese guthießen (SOLL-Norm).[10] Daher sollten Klimagruppen manchmal den »Effizienzmodus« verlassen und sich auf den Aufbau echter und dauerhafter Beziehungen zwischen ihren Mitgliedern konzentrieren, um Engagement langfristig aufrechtzuerhalten. Eine gute Veranschaulichung bietet eine Interviewstudie von Anna Reznickova und Lydia Zepeda,[85] in der sowohl Praktikant*innen als auch Führungspersonen der Initiative »Slow Food« der Universität Wisconsin-Madison befragt wurden. »Slow Food« organisiert Veranstaltungen wie Slow-Food-Cafés und Familienessen und macht Öffentlichkeitsarbeit für ihr Konzept. In einem Interview beschrieb ein Mitglied die eigenen Zugehörigkeitsgefühle sehr lebhaft: »Mein erstes Studienjahr war wirklich schwierig, und ich hatte Probleme, Leute zu finden, die wirklich zu mir passen und ähnliche Interessen haben wie ich. … Und es lag, ich weiß nicht, einfach an den Leuten dort [bei der Slow Food Initiative]. … Du hattest das Gefühl, Teil einer großen Familie zu sein.«[85]

Gestaltet sich der persönliche Kontakt zu anderen Mitgliedern jedoch schwieriger, kann dies Zugehörigkeitsgefühle gefährden. In der Interviewstudie wurde festgestellt, dass es umso herausfordernder scheint, Zugehörigkeitsgefühle aufrechtzuerhalten, je größer die Gruppe wird.[85] Das könnte bedeuten, dass es in einer bestimmten Entwicklungsphase einer Klimagruppe sinnvoll sein kann, sich in kleinere (Bezugs-)Gruppen aufzuteilen, in denen eine enge Verbundenheit leichter möglich ist. Ein ähnliches Problem ergab sich durch die COVID-19-Pandemie: Viele Menschen gingen den Klimagruppen während dieser Zeit verloren, in der soziale Kontakte eingeschränkt und Gruppentreffen pausiert werden mussten. Dies könnte dazu geführt haben, dass Gefühle der Distanz zu anderen Gruppenmitgliedern zunahmen und es weniger Möglichkeiten gab, eine Verbundenheit mit anderen Gleichgesinnten zu erleben. Was kannst du daraus ableiten? Um die Identifikation mit Klimagruppen zu fördern, braucht es Räume, in denen Mitglieder Verbundenheit mit anderen erleben können. Das kann bedeuten, sich regelmäßig als lokale Gruppe zu treffen, ein Plenum mit der Frage »Wie geht es dir heute?« zu beginnen und mit »Wofür bist du heute dankbar?« zu beenden. Im Wandelwerk nutzen wir dafür einige online Fragen-Generatoren, die hier[86–88] zu finden sind. Eine größere Verbundenheit kann auch in den seltenen, aber wichtigen Momenten des Zusammenkommens der Klimabewegung auf Konferenzen und Camps ermöglicht werden.

Eine zweite Strategie, um ein Gefühl der Zugehörigkeit zu schaffen, ist die **Förderung von Solidarität innerhalb der Klimagruppen**. Solidarität spielt eine wichtige Rolle bei der Bildung und dem Zusammenhalt von sozialen Gruppen.[89] Um Zugehörigkeitsgefühle zu Klimagruppen zu stärken, sollten Gruppen eine Gemeinschaft bieten, die auf solidarischen Prinzipien beruht. Die Entwicklung dauerhafter Solidaritätsstrukturen kann dabei zentral sein. Ein Beispiel hierfür ist die Rote Hilfe, eine Organisation, die Menschen aus linken und progressiven sozialen Bewegungen unterstützt, die aufgrund ihres Aktivismus in einen Gesetzeskonflikt geraten sind. Die Rote Hilfe finanziert sich aus den Beiträgen ihrer fast 11.000 Mitglieder. Im Laufe der Jahre hat sie auch zahlreiche Anwaltskosten, Bußgelder und Kosten von Menschen bezahlt, die sich in Deutschland für Klimagerechtigkeit einsetzen, und unterstützt auch diejenigen, die selbst keine Mitglieder sind.

Solidarität kann auch gelebt werden, indem jene **Menschen unterstützt werden, deren Beteiligungsmöglichkeiten durch alltägliche Verpflichtungen oder aufgrund von Marginalisierung oder Diskriminierung eingeschränkt sind.** Zum Beispiel sind Frauen und Personen mit niedrigem Einkommen seltener in Energiegenossenschaften aktiv. Ein Forschungsbericht von Kolleg*innen von uns Autor*innen legt jedoch nahe, dass dies nicht (wie oft angenommen) an mangelnder Motivation liegt: Gründe sind eher, dass Mitglieder dieser beiden Gruppen nicht das Gefühl haben, der Energiegenossenschaft überhaupt beitreten zu können (eventuell aufgrund von fehlenden zeitlichen und finanziellen Ressourcen) und dass sie wenig Kontakt zu Mitgliedern haben.[65]

Daraus entsteht die elementare Aufgabe für Klimagruppen, dafür zu sorgen, dass sich Menschen unabhängig von ihren Privilegien willkommen fühlen und teilhaben können. Kinderbetreuung während Gruppenaktivitäten anzubieten, kann Eltern überhaupt erst die Teilnahme ermöglichen. Wenn Menschen mit strukturellen Diskriminierungserfahrungen, sei es aufgrund körperlicher oder geistiger Gesundheit, sexueller Orientierung, Geschlechtsidentität, Ethnizität oder Klasse, Teil von Klimagruppen sein sollen, müssen Angebote geschaffen werden, die dies ermöglichen. Forschung zeigt, dass es für Gruppen nützlich sein kann, ein empowerndes Gruppenselbstkonzept zu entwickeln, in dem sich marginalisierte Gruppenmitglieder wiederfinden.[90] Dies kann durch Stellungnahmen auf der Homepage der Gruppe geschehen oder durch kritische Reflexion der eigenen Praktiken. So könnte sich die Gruppe beispielsweise an einem Ort treffen, an dem sich niemand durch die Verbindung zur Hochschulbildung (Universitäten) oder aufgrund von Geldmangel (Treffen in einem Café oder einer Bar) ausgeschlossen fühlt. Alle Klimagruppen können darüber nachdenken, welche Gruppenmitglieder gegebenenfalls als Vertreter*innen der Gruppe wahrgenommen werden und welche Eigenschaften damit verbunden sind. Eine Studie aus einem anderen Bereich kollektiven Handelns hat ergeben, dass Führungspersonen, deren Gruppenzugehörigkeiten mit hohem Status verknüpft war (z. B. *weiße* Männer), einen demotivierenden Einfluss auf marginalisierte Gruppenmitglieder hatten.[91] Möchte eine Gruppe unsere diverse Gesellschaft abbilden, sollte sie Vertreter*innen mit vielfältigen Hintergründen wählen, um so auch für Personen mit weniger Privilegien und vielen persönlichen Verantwortlichkeiten zugänglich zu sein.

Die dritte Strategie zur Förderung des Zugehörigkeitsgefühls in Klimagruppen besteht darin, **einladend, wohlwollend und respektvoll zu sein.**[51,92] Das mag erst einmal trivial klingen, aber laut einem Überblicksartikel australischer Studien waren negative Interaktionen mit anderen einer der Hauptgründe, warum sich Menschen aus Freiwilligenorganisationen zurückzogen.[93] Bekommen sie das Gefühl, dass andere sie dort nicht haben wollen oder sie ihnen gleichgültig sind, können sie keine Zugehörigkeitsgefühle entwickeln. Dieser Punkt ist sehr wichtig, denn linke Gruppen werden oft nicht als einladend für neue Mitglieder wahrgenommen. In ihrem Buch »Joyful Militancy« (Fröhliche Militanz) wählen Carla Bergman und Nick Montgomery[94] den Begriff des »rigiden Radikalismus« als Ursache für dieses Problem. Rigider Radikalismus tritt auf, wenn Gruppenmitglieder nach einem radikalen Ideal streben, zum Beispiel durch die Art und Weise, wie sie sprechen und sich verhalten. Dies sind zwar meist gut gemeinte Versuche, um Räume mit weniger struktureller Gewalt zu schaffen. Ihre starre Durchsetzung kann jedoch dazu führen, dass sich alle darauf konzentrieren, die Fehler anderer zu finden, anstatt sie dort abzuholen, wo sie sind. So kann eine verunsichernde und exklusive Gruppenkultur entstehen. Bergman und Montgomery[94] argumentieren, dass rigider Radikalismus einer der Gründe ist, warum Sprache und Verhalten in vielen linken sozialen Bewegungen so intensiv überprüft werden und warum diejenigen oft ausgeschlossen werden, die diese Regeln noch nicht beherrschen. So werden Personen auf das reduziert, was sie in einer bestimmten Situation gesagt oder getan haben. Dies kann dazu führen, dass sie als bloße Symptome struktureller Gewalt dastehen, anstatt als die komplexen und sich verändernden Wesen, die sie sind.

An dieser Stelle ist es wichtig anzumerken, dass weder Bergman und Mongomery[94] noch wir Autor*innen dagegen sind, Unterdrückung zu benennen und klare Grenzen aufzuzeigen. Neben diesem Augenmerk sollte es jedoch eine Gruppenkultur geben, die sich mit Unterschieden auseinandersetzt und bei der neue Mitglieder auf konstruktive und wohlwollende Weise in die Ideen und Praktiken der Gruppe eingeführt werden. Oder wie Malcolm X es ausdrückte: »Sei nicht zu schnell dabei, eine Person zu verurteilen, weil sie nicht das tut, was du tust, oder nicht so denkt oder so schnell denkt wie du. Es gab eine Zeit, in der du noch nicht wusstest, was du heute weißt.«[95]

Willkommenskultur bedeutet auch, neuen Mitgliedern besondere Aufmerksamkeit zu schenken, sie zu fragen, was sie gerne machen und wie sie sich einbringen möchten, und sie von Anfang an in Aktivitäten einzubeziehen. Zwei Zitate aus den Interviews der Slow-Food-Initiative verdeutlichen diesen Punkt: »Ich erinnere mich, dass ich dort hinkam und sofort eingeladen wurde, beim Kochen zu helfen.«[85] Eine andere engagierte Person merkte an: »Sie geben dir einen Raum, in dem du Leute auf eine Weise kennenlernen kannst, die nicht einschüchternd ist. … Wenn ich neben einer Person sitzend [Gemüse] schnipple, ist es viel einfacher, mit ihr ins Gespräch zu kommen, als wenn ich neben ihr im Bus sitze.« Dieses Zitat passt zu den Empfehlungen eines inspirierenden TED-Talks mit dem Titel »Activism needs introverts« (Aktivismus braucht Introvertierte).[96] Darin erklärt die Aktivistin Sarah Corbett, dass es sinnvoll sein kann, hin und wieder Veranstaltungen zu planen, bei denen sich eher introvertierte Neuankömmlinge nicht direkt in Gespräche begeben müssen, sondern an einer gemeinsamen Aufgabe mitwirken können, wie zum Beispiel Gemüse zu sortieren. Auf diese Weise können sie entscheiden, ob sie reden oder zuhören wollen, und fühlen sich in der Gruppe direkt wohler.

Eine vierte **einfache, aber wichtige Strategie ist: Spaß!** In einer noch unveröffentlichten Studie unseres Autor*innen-Teams hat sich herausgestellt, dass sich Engagierte mehr mit einer bestimmten Klimagruppe identifizierten, wenn sie ihr Engagement als spaßig empfanden.[81] Gruppen sollten deshalb überlegen, welche potentiell spaßigen Elemente sie in ihre Veranstaltungen und Treffen in- und außerhalb des Klimaengagements einbauen können. Im Wandelwerk versuchen wir, viele Energizer einzusetzen – kleine lockere (Bewegungs-)Spiele, die Körper und Geist aktivieren. Eine unserer Autorinnen erinnert sich an einen Workshop, in dem die Gruppe eine große Begeisterung für Energizer entwickelte. Zunächst hatte sie nur wenige eingeplant, da die Gruppe altersmäßig sehr unterschiedlich und ihre Einstellung zu Energizern schwer einzuschätzen war. Als sie die Begeisterung der Teilnehmenden bemerkte, änderte sie ihren Workshop-Plan und legte einen Schwerpunkt darauf – diese spielerische Art des Kennenlernens und der Zugehörigkeit schien zu dem Zeitpunkt das wichtigste Bedürfnis der Gruppe zu sein. Das Wandelwerk organisiert auch immer mal kleine gemeinsame Spaßtreffen, um die Routine der rein organisatorischen Treffen zu unterbrechen und Gelegenheiten für lustige und belohnende gemeinsame Erlebnisse zu schaffen. Diese Strategie, spaßige Elemente in Gruppenaktivitäten einzubauen, ist sehr hilfreich, um resiliente Gruppen zu schaffen, in denen sich Mitglieder auch wirklich zugehörig fühlen wollen.

Fazit: Damit Menschen sich mit Klimagruppen identifizieren, müssen sie Zugehörigkeitsgefühle entwickeln und aufrechterhalten. Dies kann durch gemeinsame Aktionen oder Freund*innenschaften geschehen, durch aktive Solidarität, insbesondere mit marginalisierten Gruppen, dadurch, dass Gruppen eine respektvolle, wohlwollende Kultur pflegen, und dass sie Aktivitäten planen, die ihren Mitgliedern Spaß bereiten.

▸ Mitgliedern ein gutes Gefühl zur Gruppe geben

Wir alle haben das psychologische Bedürfnis, ein allgemein positives Selbstbild zu haben.[76] Wie in Abbildung 4 dargestellt, streben wir danach, uns gut zu fühlen und einen gewissen Selbstwert aufrechtzuerhalten. Das Bedürfnis nach Selbstwert kann auch unsere Identifikation mit Gruppen lenken[3,97]: Wir sind motiviert, uns mit Gruppen zu identifizieren, die uns ein positives Bild von uns selbst vermitteln,[98,99] und wir vermeiden Gruppen, die unserem

Selbstwertgefühl schaden[100,101]. Forschung zu ehrenamtlichen Umwelt- und Klimaschützer*innen hat ergeben, dass das Bedürfnis nach persönlichem Selbstwert für kollektives Klimahandeln weniger wichtig war als andere Bedürfnisse (z. B. dem Bedürfnis nach Sinn).[81,83,102] Dennoch scheint der Selbstwert, den Menschen aus ihrer Gruppenzugehörigkeit ziehen, wichtig zu sein. Wollen Klimagruppen ihren Mitgliedern einen gruppenbezogenen Selbstwert vermitteln oder für neue Mitglieder attraktiv werden, können sie mehrere Strategien anwenden: Mitglieder akzeptieren und respektieren, den Wert eigener und anderer Klimagruppen als Teil der Klimabewegung anerkennen und Klimagruppen als wichtigen Teil der Gesellschaft hervorheben.

Unser Selbstwert wird von der **Wahrnehmung unserer sozialen Stellung und Akzeptanz** innerhalb unserer Gruppen beeinflusst. Er ist eng mit unserem Bedürfnis nach Zugehörigkeit verbunden. Es ist nicht überraschend, dass wir uns eher mit Gruppen identifizieren, in denen wir akzeptiert und mit Respekt behandelt werden.[103] Klimagruppen können bewusst Wertschätzung ausdrücken, zum Beispiel indem sie ihren Mitgliedern zu bestimmten Anlässen ein Dankeschön schenken.

Sich mit einer Gruppe zu identifizieren, bedeutet oft auch, froh oder sogar stolz zu sein, zu dieser Gruppe zu gehören.[104] Dementsprechend hat eine Vielzahl von Studien gezeigt, dass der wahrgenommene soziale Status einer Gruppe, also das Ausmaß, in dem die Gruppenmitglieder von anderen respektiert und bewundert werden,[105] für die Identifikation mit der Gruppe entscheidend war. Wird eine Klimagruppe also **innerhalb der breiteren Klimabewegung geschätzt**, kann dies zur Identifikation beitragen. Da diese Logik für alle Klimagruppen gilt, scheinen Respekt und Wertschätzung zwischen verschiedenen Gruppen, die für dieselbe Sache einstehen, von großer Bedeutung zu sein – auch wenn ihre Aktionen auf unterschiedlichen Analysen beruhen und unterschiedliche Strategien verfolgen. Neueste Studien zur gesellschaftlichen Wirkung sozialer Bewegungen legen nahe, dass die Klimabewegung davon profitiert, dass es eine Vielzahl von Gruppen mit unterschiedlichen Taktiken gibt[106] – solche Hinweise können eine gute Grundlage für gegenseitige Anerkennung sein.

Respekt und Wertschätzung für verschiedene Klimagruppen zu zeigen, bedeutet nicht, dass wir mit dem, was andere Gruppen tun, einverstanden sein müssen. Vielmehr sollten aus Sicht von uns Autor*innen unterschiedliche Analysen, Strategien und Taktiken diskutiert werden, um so gemeinsam auf die Ziele als Bewegung hinzuarbeiten. Wichtig dabei ist, dass **Kritik in Solidarität mit anderen Gruppen formuliert sein sollte**, um so die Bewegung als Ganzes zu stärken. Auf jeden Fall sollte destruktive Kritik vermieden werden, die bestimmte Gruppen lächerlich macht, weil sie Dinge anders machen. Ein aktuelles Beispiel für solch destruktive Kritik sind die Reaktionen innerhalb der Klimabewegung auf die Letzte Generation als neue Klimagruppe in Deutschland, die unter anderem Autoverkehr blockiert, um für eine konsequentere Klimapolitik zu protestieren. Beim Aufkommen der Gruppe waren viele Mitglieder der Klimabewegung mit der Taktik der Gruppe nicht einverstanden. Einige bezweifelten, dass Blockaden des Individualverkehrs ein effektiver Weg sind, um für strukturelle Veränderungen zu kämpfen. Andere befürchteten, dass die Konfrontationstaktik der Gruppe nach hinten losgeht. Das sind zwar alles legitime Gründe für Kritik, jedoch wurde diese Kritik oft nicht in Solidarität geäußert, sondern eher auf spöttische Weise. Solch destruktive Kritik schadet dem Selbstwertgefühl der Mitglieder einer Gruppe. Warum sollte sich jemand mit einer Klimagruppe identifizieren wollen, die als naiv und dumm dargestellt wird?

Solche Kritik ist keine Seltenheit und die Letzte Generation nicht die einzige Klimagruppe, die mit Kritik konfrontiert wurde. Eine E-Mail, die sich gegen die destruktive Kritik an Extinction Rebellion richtete, wurde im August 2022 über eine öffentliche E-Mail-Liste der deutschen Klimabewegung verschickt. Hier siehst du einen Auszug, wie destruktive Kritik aussehen kann: »Trotzdem ist da immer so ein ungutes Gefühl. XR Leute die nach Aktionstagen oder nach Klimacamps zurück in die XR Räume kommen erzählen von FUCK XR Zetteln im Klo, es wurden Leute geschnitten, es wurden Augen gerollt. Nach den Gerechtigkeit Jetzt Aktionstagen letzten Herbst in Berlin bekam ich von einer Person das Feedback, dass es als unangenehm empfunden wurde, dass ›so viele XR Leute‹ hier rum laufen. Als würde ›XR den gesamten Raum kapern oder vereinnahmen‹ wollen. Klar das war nur ne Einzelperson. Ich hab mich danach dabei ertappt, mich zu schämen, so viele bekannte XR Gesichter bei Gerechtigkeit Jetzt zu sehen. Wie abgefuckt ist das?« Die Quintessenz ist: Mangelnde Akzeptanz und destruktive Kritik von anderen, die für dieselbe Sache kämpfen, können den Selbstwert von Gruppenmitgliedern zerstören. Dies könnte die Identifikationsbasis von Klimagruppen schwächen und wiederum andere Menschen davon abhalten, sich dieser oder auch anderen Klimagruppen anzuschließen.

Auf gesellschaftlicher Ebene hängt die Identifikationsbereitschaft mit Klimagruppen wahrscheinlich vom sozialen Ansehen dieser Gruppen ab. Um Identifikation zu fördern, könnten sie daher **hervorheben, dass soziale Bewegungen ein wertvoller und akzeptierter Teil unserer Gesellschaft sind**. Es wird oft vergessen, dass soziale Bewegungen im Laufe der Geschichte Fortschritt immer entscheidend vorangetrieben haben, egal, ob es um politische,[107] wirtschaftliche[108] oder kulturelle Themen[109] ging. Zu ihrer damaligen Zeit stießen alle diese Bewegungen auf Widerstand.[110,111] Heute würden die meisten Menschen jedoch zustimmen, dass es sich gelohnt hat, für bessere Arbeitsbedingungen, das Frauenwahlrecht, die Inklusion von Menschen mit Behinderung und gegen rassistische Diskriminierung zu kämpfen. Gelingt es, dass die aktuelle Klimabewegung in eine Reihe anderer sozialer Bewegungen eingeordnet wird, die unsere Gesellschaft verbessert haben, so wird der Wert von Klimagruppen ersichtlicher.

Der gesellschaftliche Wert der Klimabewegung kann auch durch Personen betont werden, die in unserer Gesellschaft bewundert oder hoch angesehen werden, wie Ärzt*innen oder Wissenschaftler*innen, kulturelle oder religiöse Führungspersonen, aber auch Prominente aus Sport oder Popkultur.[112] Es gibt Belege dafür, dass diese beliebten Personen sogar Klimabewusstsein bei Gruppen wecken konnten, die sonst eher gegen Klimaschutz waren (z. B. Konservative in den USA).[113] Die Wirkung auf Identifikation mit Klimagruppen ist zwar noch nicht untersucht worden, doch es gibt Grund zu der Annahme, dass die Glaubwürdigkeit hoch angesehener Menschen, die sich als Teil einer Klimagruppe darstellen, auf die Gruppe abfärben könnte.[6]

Fazit: Eine der Grundlagen für soziale Identifikation ist unser psychologisches Bedürfnis, einen positiven Selbstwert aufrechtzuerhalten. Klimagruppen können dazu beitragen, indem sie eine Kultur des Respekts und der Wertschätzung innerhalb ihrer eigenen Gruppe und zwischen Gruppen innerhalb der Bewegung leben. Es kann ebenfalls nützlich sein, zu zeigen, dass Klimagruppen ein geschätzter Teil der Gesellschaft sind, indem sie in eine Reihe mit bisherigen angesehenen Bewegungen gestellt werden oder auf Mitglieder aus der Bewegung aufmerksam gemacht wird, die in unserer Gesellschaft ein hohes Ansehen haben.

▸ **Gruppen und Tätigkeiten einen tieferen Sinn geben**

Als Menschen haben wir den angeborenen Drang, uns selbst und unsere (soziale) Umwelt zu verstehen. Kein Wunder daher, dass wir uns Klarheit darüber verschaffen wollen, wer wir sind, wie wir uns verhalten sollen und was wir über die Welt denken sollen. Deshalb ist das Bedürfnis nach einem klaren Sinn im Leben,[114] wie in Abbildung 4 dargestellt, in Zusammenhang mit kollektivem Klimahandeln von großer Bedeutung. Dieses Bedürfnis kann Unsicherheiten verringern, leitet und bestärkt uns in unserem Denken, Fühlen und Handeln und fördert unsere Identifikation mit Gruppen, durch die wir einen Sinn im Leben finden können.[115]

In zwei Studien wurde gezeigt, dass Mitglieder der amerikanischen und deutschen Umwelt- und Klimabewegung stärker motiviert waren, sich ehrenamtlich zu engagieren, wenn sie aus ihrem Engagement Sinn für ihr Leben zogen.[81,102] Dieses Bedürfnis nach Sinn war in diesen Studien wichtiger als alle anderen untersuchten Bedürfnisse und scheint daher für kollektives Klimahandeln sehr zentral zu sein. Gruppen können uns helfen, einen klaren Sinn zu finden, denn die Identifikation als Gruppenmitglied gibt uns gemeinsamen Sinn, Orientierung und Bestätigung. Dafür lassen sich drei Strategien unterscheiden: Gruppen eindeutig erkennbar machen, das Gruppenselbstverständnis klären und (neuen) Sinn finden.

Eine erste Strategie zur Förderung der Identifikation besteht darin, **eine Gruppe eindeutig als Gruppe erkennbar zu machen**. Mit anderen Worten: Eine Gruppe wird als klare Gruppe wahrgenommen, wenn ihre Mitglieder sichtbar miteinander verbunden sind und eindeutige, relevante Merkmale teilen.[116,117] So können Gruppensymbole automatisch die Wahrnehmung stärken, dass es sich bei mehreren Menschen um eine Gruppe mit gemeinsamer Bedeutung handelt.[118] Gruppensymbole, so scheint es, können selbst eine vielfältige und ansonsten lose Ansammlung von Individuen in eine klare Gruppe verwandeln. Es könnte also nützlich für Klimagruppen sein, eine klare öffentliche Identität zu entwickeln, einschließlich eines Namens, eines Logos und vielleicht sogar eines unverwechselbaren »Looks«.

Ein Beispiel für die Kraft einer solchen Symbolik ist das Anti-Atomkraft-Logo »Atomkraft? Nein danke«. Die endgültige Version des Logos wurde 1975 von Anne Lund in Dänemark erstellt. Sie wollte ein Logo entwerfen, das so viele Menschen wie möglich repräsentiert, die gegen Atomkraft sind, »ein Zeichen, das eine Frau mittleren Alters auf ihrem Trenchcoat tragen würde«.[119] Das Logo wurde schnell zu einem ikonischen Bild der Anti-Atomkraft-Bewegung weltweit[120] und wird auch heute noch häufig verwendet. Es in verschiedenen Teilen der Gesellschaft und an verschiedensten Personen zu sehen, hat wahrscheinlich dazu beigetragen, dass die Anti-Atomkraft-Bewegung Wiedererkennungswert hat und zu einer bedeutenden Umweltgruppe wurde.

› Das »Atomkraft, nein danke«-Logo[IV]

Die Entwicklung klarer Gruppenidentitäten und -normen kann ein weiterer Hebel sein, um gemeinsamen Sinn zu stiften und Unsicherheit zu verringern. Gruppenidentifikation und -normen funktionieren dann am besten, wenn die charakteristischen Merkmale einer Gruppe »einfach, klar, eindeutig, fokussiert und einvernehmlich« sind.[121,122] Du magst dich jetzt fragen: Wie können wir als Klimagruppe zu einer so klaren und übereinstimmenden Identität kommen? Eine Möglichkeit, Klarheit und eine gemeinsame Basis in eurer Gruppenidentität zu finden, besteht darin, in einem partizipativen Prozess zu definieren, wofür ihr gemeinsam steht. Du kannst dir diesen Prozess so ähnlich vorstellen wie das gemeinsame Verfassen und Überarbeiten eines Organisationsleitbildes[123]. In solch einem Gruppenselbstverständnis wird der Zweck der Gruppe definiert, sodass Gruppenmitglieder viele Möglichkeiten haben, ihren persönlichen Platz innerhalb dieser gemeinsamen Identität zu finden. Die Idee dahinter ist, eine klare Definition zu entwickeln, wofür die Klimagruppe steht, um den Mitgliedern Klarheit darüber zu geben, was es bedeutet, Teil der Gruppe zu sein. Dabei ist es wichtig, solche gemeinsamen Identitäten nicht mit Gleichförmigkeit zu verwechseln. Wir Menschen wollen uns schließlich nicht nur mit Gruppen identifizieren, sondern auch bestimmte Rollen innerhalb dieser Gruppen einnehmen und uns frei äußern können. Deshalb identifizieren wir uns gerne mit Gruppen, in denen auch eine gewisse Vielfalt willkommen ist.[124]

Ein praktisches Beispiel für solch einen partizipativen Prozess ist die Entwicklung eines Aktionskonsenses für die Massenaktionen des zivilen Ungehorsams von »Ende Gelände« in Deutschland. Ende Gelände ist ein Bündnis aus vielen unabhängigen Klimagruppen, Bezugsgruppen und Einzelaktivist*innen. Im Vorfeld einer Aktion finden mehrere Plena statt, um gemeinsame Normen festzulegen, einen klaren »Aktionskonsens« für alle Teilnehmenden.[125] Darin wird festgelegt, wofür »wir als Ende Gelände« stehen und was die Teilnehmenden während der Aktionstage tun und nicht tun sollten. Hier ist ein Beispiel: »Unsere Aktionsformen sind vielfältig und können angekündigt sein. Grundsätzlich werden wir uns ruhig und besonnen verhalten; wir gefährden keine Menschen. Wir werden mit unseren Körpern blockieren und besetzen. […] In den Aktionen wird von uns keine Eskalation ausgehen. Unsere Aktionen richten sich nicht gegen die Arbeiter*innen von RWE oder deren Sub-Unternehmen. Ebenso wenig richten sich unsere Aktionen gegen die einzelnen Polizist*innen vor Ort, wobei wir die Institution der Polizei dabei entschieden kritisieren und nicht legitimieren. Die Sicherheit aller Beteiligten und Anwesenden hat für uns oberste Priorität.«[125]

Sinn im Leben zu finden und zu verfolgen, kann für uns eine selbsttragende Quelle von Bedeutung sein.[126] Lebenssinn ist wie ein Kompass, der wichtige Ziele und ein generelles Gefühl für eine Richtung im Leben beinhaltet.[127] Um Identifikation zu fördern, könnten Klimagruppen für ihre Mitglieder daher

Räume schaffen, in denen sie gemeinsam über die Bedeutung des kollektiven Klimahandelns für ihr Leben reflektieren. Mitglieder könnten sich zum Beispiel paarweise zu ihren grundlegenden Überzeugungen, Werten und Zielen befragen, die sie mit ihrer Arbeit verfolgen.[128] Dies kann ihnen dabei helfen, weiterhin den Sinn ihres Handelns als Gruppenmitglieder zu sehen und die Identifikation mit ihrer Klimagruppe auf lange Sicht aufrechtzuerhalten. Studien aus einem nicht klimabezogenen Bereich haben außerdem ergeben, dass Spiritualität Menschen oft einen Sinn im Leben gibt.[129] Klimagruppen könnten auch bestimmte Rituale pflegen, wie Veranstaltungen im Freien, bei denen die Mitglieder gemeinsam den (oft genannten) Auslöser ihres Engagements erkunden, der wiederum auch beim Loslösen von negativen Gefühlen hilft: die Natur.[130]

Ein Beispiel dafür, wie Menschen ihre Rolle im sozial-ökologischen Wandel entdecken und dadurch einen klaren Sinn im Leben finden können, ist die Arbeit von Iron & Earth, einer von Arbeiter*innen geführten gemeinnützigen Organisation aus Kanada, die es sich zur Aufgabe gemacht hat, Arbeiter*innen der fossilen Brennstoffindustrie bei einem Übergang zum Erneuerbare-Energien-Sektor zu unterstützen. Ihr Imagefilm[131] ist ein Best-Practice-Beispiel dafür, wie Personen aus einer bestimmten Gruppe aufgezeigt werden kann, welche Rolle und Bedeutung sie für sozial-ökologischen Wandel haben können. Das Video stellt die transformative Reise von Ölsandarbeiter*innen dar, die ihre wertvollen Fähigkeiten in den Bereich der erneuerbaren Energien übertragen, um dort zu Katalysator*innen des Wandels zu werden. In diesem Video bekommen Zuschauende durch kurze Interviews einen Einblick in die Lebensgeschichte der Ölsandarbeiter*innen und ihre Anpassungsfähigkeit, Resilienz und Entschlossenheit. Insgesamt wird damit aufgezeigt, welche Rolle Arbeiter*innen der fossilen Energiewirtschaft spielen können und welches Potenzial sie haben, um beim Übergang in eine emissionsfreie Wirtschaft einen Sinn zu finden.

Fazit: Es ist wahrscheinlicher, dass Menschen sich mit Klimagruppen identifizieren, wenn sie ihnen einen (gemeinsamen) Sinn im Leben geben. Deshalb sollten Klimagruppen ihren Mitgliedern dabei helfen, Bedeutung und die eigene Rolle in den Herausforderungen des sozial-ökologischen Wandels zu finden. Wenn Gruppen über klare und einvernehmliche Gruppennormen verfügen, die zum Beispiel in einer Vision und Mission niedergeschrieben sind, und wenn sie klar erkennbar sind, zum Beispiel durch Gruppensymbole, sind gute Grundlagen für Gruppenidentifikation geschaffen.

▸ Wahrnehmung von Kontrolle ermöglichen

Wir alle haben ein angeborenes Bedürfnis nach Kontrolle, wie in Abbildung 4 dargestellt ist. Um das Bedürfnis nach Kontrolle besser zu verstehen, kann es sinnvoll sein, das Bedürfnis nach Wirksamkeit und das Bedürfnis nach Autonomie getrennt zu betrachten, da diese auch in der Selbstbestimmungstheorie von Deci und Ryan[132] als unabhängige Bedürfnisse untersucht werden. Wir sind motiviert, uns mit Gruppen zu identifizieren, die uns ein Gefühl der Selbstwirksamkeit innerhalb der Gruppe vermitteln. Wir suchen auch nach einem Gefühl kollektiver Wirksamkeit, um in der Lage zu sein, auf wirkungsvolle Art und Weise kollektiv für Klimaschutz zu handeln.[73] Das bedeutet konkret, dass wir einen klaren Zusammenhang zwischen unserem Handeln und den Folgen unseres Handelns wahrnehmen wollen.[76] Ist unsere Selbstwirksamkeit bedroht, neigen wir dazu, nach wirksamen Gruppen zu suchen oder aber Gruppen, denen wir bereits angehören, als wirksamer wahrzunehmen.[133] Die Mitgliedschaft in einer wirksamen Gruppe kann uns dabei helfen, ein Gefühl der kollektiven Kontrolle über (politisches) Geschehen zurückzugewinnen.[134] Das Bedürfnis nach Wirksamkeit und die damit verbundenen Überzeugungen sind so zentral für kollektives Klimahandeln, dass ihnen ein ganzes Kapitel gewidmet ist (Kapitel 5).

Neben dem Bedürfnis nach Wirksamkeit streben Menschen auch nach einem selbstbestimmten Leben, nach Autonomie. Gruppenmitglieder sollten das Gefühl haben, dass sie **über ihre Handlungen selbst bestimmen können**, ohne dass ihnen vorgeschrieben wird, was sie tun sollen. Dies spiegelt sich in einer Vielzahl von Studien zu psychologischen Bedürfnissen wider.[132] Zitate aus der oben erwähnten Slow-Food-Initiative veranschaulichen, dass das Gefühl von Selbstbestimmung in eine Gruppenkultur integriert werden kann und dadurch die Erfahrung von Mitgliedern potentiell tiefgreifend beeinflusst wird.[85] Führungsperson: »Das Beste daran war die Zusammenarbeit mit den Praktikant*innen, und mein besonderer Führungsstil war: ›Du hast eine

Idee? Toll, dann lass sie uns umsetzen.‹ Und ich habe den Praktikant*innen wirklich erlaubt, das zu tun, was sie wollten, und sich ihr Praktikum zu eigen zu machen«.[85] Praktikant*in: »[Die Initiative] ist einzigartig in der Weise, dass uns niemand gesagt hat, dass wir machen können, was wir wollen, aber wir haben irgendwie einfach gemacht, was wir wollten. Und so konnten wir jede Art von Erfahrung sammeln, die wir brauchten, um […] das Beste draus zu machen«.[85] Zu so einer Kultur können eine autonomiefördernde Sprache (Formulierungen mit »kann« oder »könnte« statt »muss« oder »sollte«), nicht-hierarchische Strukturen und eine kollektive Entscheidungsfindung beitragen, um dem Bedürfnis nach Selbstbestimmtheit nachzukommen.[135]

Interessanterweise zeigen die Interviews von Reznickova und Zepeda[85] auch, wie die **verschiedenen Bedürfnisse, die bisher beschrieben wurden, miteinander verwoben sein können**. Kann eine Person zum Beispiel ihre Aufgaben selbst auswählen (Bedürfnis nach Selbstbestimmung), wird sie wahrscheinlich auch Aufgaben wählen, die sie erfolgreich meistern kann (Bedürfnis nach Wirksamkeit) und die ihr ein Gefühl von Sinn geben (Bedürfnis nach Sinn). Erfolgserlebnisse können dann noch verstärkt werden, wenn sie diese mit anderen Gruppenmitgliedern teilt (Bedürfnis nach Zugehörigkeit), was ihr ein gutes Gefühl für sich selbst und ihre Gruppe geben kann (Bedürfnis nach Selbstwertgefühl). Wenn diese Person sich dann wiederum mit anderen Gruppenmitgliedern verbunden fühlt und ihnen vertraut, kann daraus eine Gruppenkultur wachsen, in der sich die Mitglieder trauen, ihre Aufgaben selbst zu gestalten (Bedürfnis nach Selbstbestimmung). Erste Studien konnten zeigen, dass das Bedürfnis nach Wirksamkeit in den frühen Phasen des Engagements besonders wichtig war, während das Bedürfnis nach Zugehörigkeit erst später relevant wurde.[135,136]

Fazit: Wir alle wollen ein gewisses Maß an Kontrolle über unsere soziale Umgebung haben. Deshalb identifizieren wir uns mit Gruppen, um Selbstwirksamkeit zu erfahren und als Gruppe wirksam sein zu können. Um eine Identifikationsbasis zu schaffen, ist es innerhalb von Klimagruppen entscheidend, dass sich die Mitglieder wirksam und selbstbestimmt in ihrem Handeln fühlen.

Deine soziale Identifikation

Wir Autor*innen haben in dieses Buch ein paar Reflexionsaufgaben eingebaut, damit du das Gelesene besser verinnerlichen kannst. Wenn du möchtest, kannst du dir hier ein Bild davon machen, welche Menschen und Gruppen dich beeinflussen und wie es um die Identifikation und Bedürfniserfüllung in verschiedenen (Klima-)Gruppen steht. Für diese Reflexionsaufgabe ist es sinnvoll, ein Blatt Papier und einen Stift zur Hand zu nehmen, aber du kannst auch versuchen, sie im Kopf durchzugehen.

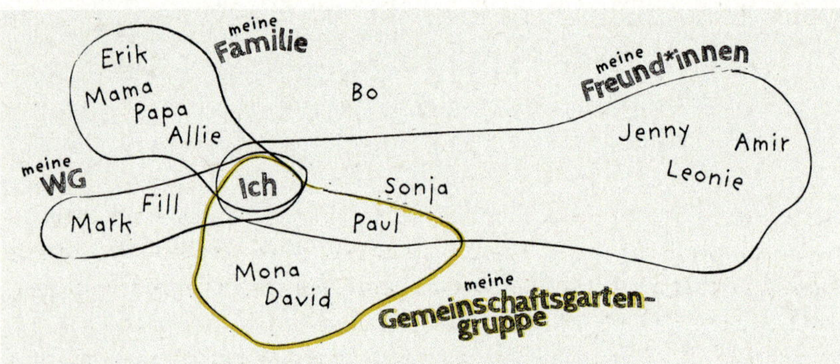

› Abbildung 5. Beispiel für eine Übersicht über das eigene soziale Umfeld.

Teil I: Einen Überblick über dein soziales Umfeld verschaffen

1. Zuerst schreibst du deinen eigenen Namen in die Mitte des Blattes. Du könntest auch eine kleine Figur zeichnen, die dir ähnelt.
2. Schreibe um dich herum die Namen von Menschen auf, die dir wichtig sind, zum Beispiel den Namen deiner besten Freundin. Je näher du dich einer Person fühlst, desto näher sollte diese Person deinem Namen auf dem Blatt sein. Du kannst auch Menschen nennen, mit denen du viel Zeit verbringst, auch wenn du dich ihnen nicht unbedingt nahe fühlst (z. B. bestimmte Kolleg*innen). Es reicht aus, wenn du bis zu zehn Personen aufschreibst, die dir am nächsten stehen, aber du kannst natürlich auch alle anderen aufschreiben, die dir in den Sinn kommen. Als Abwandlung der Übung könntest du auch kleine Namensschilder für Personen und Gruppen ausschneiden, sodass du sie leichter verschieben kannst.

3. Zeichne auf demselben Papier in einer anderen Farbe die Gruppen ein, zu denen du gehörst, zum Beispiel eine Klimagruppe oder deinen Arbeitsplatz. Dies kannst du als Linien darstellen, die verschiedene Menschen umschließen, oder indem du einfach den Gruppennamen schreibst. Es können Gruppen sein, die dir von außen zugeschrieben werden und/oder denen du dich tatsächlich zugehörig fühlst. Je näher du dich der Gruppe fühlst, desto näher an deinem Namen sollten sie auf dem Papier stehen. Personen, die dir nahestehen, können dir helfen, diese Gruppen zu entdecken, da sie ihnen gegebenenfalls auch angehören.

Damit solltest du bereits einen guten Überblick darüber haben, welche Menschen und Gruppen dich beeinflussen. Gleichzeitig sind diese Menschen und Gruppen wahrscheinlich auch dein größter eigener sozialer Einflussbereich.

Teil II: Über die eigenen Gruppen nachdenken

In diesem zweiten Teil kannst du über die von dir identifizierten Gruppen nachdenken. Mach dir bewusst, dass dies manchmal sehr aufwühlend sein kann und dass du dich vielleicht im Nachhinein mit einer Person darüber austauschen möchtest.

4. Schreibe die Gruppen deiner bisherigen Übersicht auf, über die du gerne nachdenken möchtest. Wir empfehlen, mit einer oder zwei zu beginnen, die du unbedingt erkunden möchtest.
5. Welche sozialen Normen gibt es in dieser Gruppe? Wie verhalten sich die Menschen in dieser Gruppe typischerweise? (IST-Norm) Was denken Mitglieder dieser Gruppe, wie sich andere verhalten sollten? (SOLL-Norm)
6. Erfüllt diese Gruppe deine Bedürfnisse? Hast du das Gefühl, dass du wirklich zu dieser Gruppe dazu gehörst und dort willkommen bist? Fühlst du dich in der Gruppe gut und kannst du aus deiner Zugehörigkeit Selbstwert schöpfen? Gibt diese Gruppe deinem Leben einen Sinn? Vermittelt die Gruppe dir ein Gefühl der Kontrolle, indem du dich als Mitglied wirksam und selbstbestimmt fühlst und als Gruppe etwas bewirken kannst? Wenn ja, warum? Wenn nicht, warum nicht?
7. Was gefällt dir daran, wie Gruppenmitglieder miteinander umgehen? Was gefällt dir nicht? Lass dich bei der Reflexion gerne von den in diesem Kapitel erwähnten Strategien inspirieren.

Teil 1

Motivation für kollektives Klimahandeln

Kapitel 3 Moralische Überzeugungen und Emotionen

Was sind moralische Überzeugungen?

»Ich erinnere mich noch lebhaft daran, wie ich zum ersten Mal am Rand der Kohlegrube in der Nähe des Hambacher Forstes stand. Als ich in dieses riesige Loch blickte, das größer war als die Stadt Paris, stieg Wut in mir auf. Wie konnte es sein, dass der Kohleabbau – eine extrem zerstörerische, umweltverschmutzende und sogar ineffiziente Art der Energiegewinnung – Vorrang vor dem Erhalt eines so wertvollen Ökosystems haben sollte? Für mich gab es keinen Zweifel daran, dass hier etwas grundlegend falsch war und dass damit Schluss sein musste.«

› Aktivist mit Blick auf den Tagebau Hambach während der Aktionen von Ende Gelände (2017)[1]

Kannst du dich in diesem Bericht eines Ende Gelände Mitglieds wiederfinden? Oder erinnerst du dich an ein Ereignis, bei dem du auf ähnliche Weise Wut empfunden hast? Dieser Bericht zeigt eine Person, deren moralische Überzeugungen im Zusammenhang mit der Klimakrise verletzt wurden. Solche moralischen Überzeugungen sind eine wichtige Motivationsquelle für kollektives Klimahandeln. Moralische Überzeugungen kommen zum Ausdruck, wenn Protestierende lautstark rufen: »What do we want? Climate justice! When do we want it? Now!« oder wenn Vanessa Nakate, eine Klimaaktivistin aus Uganda, schreibt: »Um das Element der Gerechtigkeit zu berücksichtigen, kannst du nicht die moralische Verantwortung des Globalen Nordens ignorieren, seine Emissionen viel schneller zu reduzieren.«[1] Es erfordert Mut, sich seine moralischen Überzeugungen und die damit verbundene Wut bewusst zu machen und sie zum Ausdruck zu bringen.

Wir alle haben persönliche Überzeugungen, wie zum Beispiel, dass die Erde rund ist oder dass eine plastikfreie regionale Gurke einer plastikverpackten Gurke vorzuziehen ist. **Bei moralischen Überzeugungen handelt es sich um eine besondere Art von persönlichen Überzeugungen, die durch eine sogenannte absolute Haltung charakterisiert sind.** Damit ist gemeint, dass wir eine klare Meinung darüber haben, was richtig oder falsch ist, ohne Abstufungen dazwischen zu sehen. Wir glauben, dass unserer Überzeugung eine moralische Wahrheit zugrunde liegt, die nicht verhandelbar ist und über Zeiten und Raum hinweg Gültigkeit behält.[2] Moralische Überzeugungen erscheinen uns daher oft als selbstverständlich und nicht weiter erklärungsbedürftig. Auf die Frage, warum es verwerflich ist, einer Person absichtlich zu schaden, die einem selbst nichts getan hat, kann die intuitive Antwort sein: »Na, weil das falsch ist!« Unsere moralischen Überzeugungen können einen Bezug zu verschiedenen Bereichen und Akteur*innen der Klimakrise haben. Sie können sich auf die Klimakrise selbst beziehen (Ist der Klimaschutz eine moralische Frage?), auf das Selbst und andere Menschen (Handle ich bzw. handelt eine Person moralisch korrekt?),[3] auf Gruppen und Institutionen (Ist diese Gruppe für Klimaungerechtigkeit verantwortlich?) und auf kollektives Klimahandeln (Ist eine bestimmte Aktionsform moralisch akzeptabel oder nicht?).

Klimaaktivist*innen berichten oft von starken moralischen Überzeugungen in Bezug auf diese Bereiche und Akteur*innen. In einer Interviewstudie beschwerte sich ein*e Aktivist*in darüber, dass der Staat Rentengelder in Unternehmen im Bereich fossiler Brennstoffe investiert: »Das System ist einfach völlig falsch […] insbesondere Politiker*innen, die gewissermaßen eine Verantwortung für unsere gemeinsame Erde haben, sollten auf Grundlage der vorhandenen Warnsignale handeln.«[4] Diese interviewte Person scheint eine klare Vorstellung davon zu haben, was richtig und was falsch ist. **Aber wir teilen nicht alle dieselben moralischen Überzeugungen.** Ein und dieselbe Situation kann von einer Person als grundlegend falsch empfunden werden und von einer anderen als völlig unproblematisch. Die im Zitat erwähnten Politiker*innen schienen es nicht für moralisch verwerflich zu halten, Rentengelder in fossile Unternehmen zu investieren. Grundlegende Wertesysteme können helfen, zu verstehen, wie solche Unterschiede in moralischen Überzeugungen zustande kommen.

Moralische Überzeugungen spiegeln unsere Werte wider und können uns motivieren, sie in konkreten Situationen zum Ausdruck zu bringen oder für sie einzustehen. **Dabei stehen Werte für das, was uns im Leben wichtig ist.**[5] Sie sind unsere Leitlinien und nehmen oft die Form von recht abstrakten Zielen an, nach denen wir streben. Die Psychologie interessiert sich schon lange für Werte, einer der bekanntesten Ansätze ist die Theorie der Grundwerte von Schwartz.[6] Er und sein Forschungsteam analysierten Daten aus 20 Ländern und kamen dabei auf zehn Grundwerte, die über Kulturen und Kontexte hinweg wichtig erschienen, selbst wenn sich Personen auch innerhalb dieser Kontexte unterscheiden können. In Abbildung 6 findest du das Wertenetz, mit dem du dir einen Überblick über diese Werte verschaffen kannst.

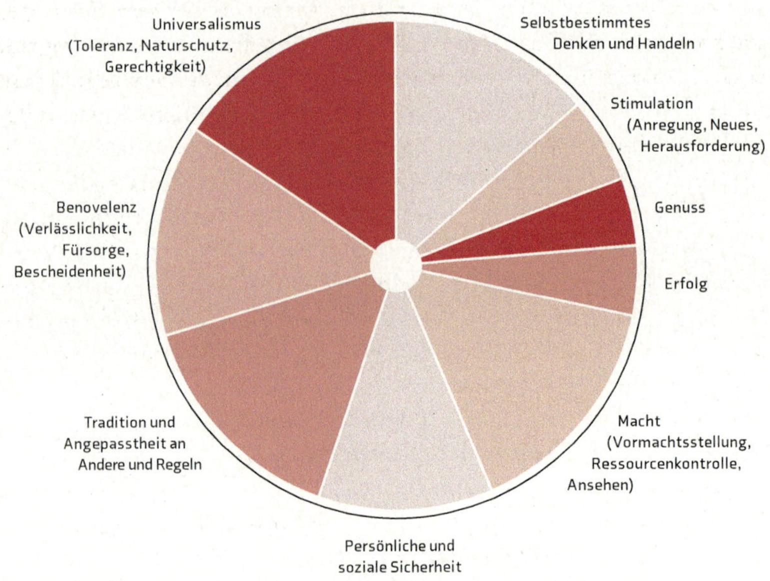

› Abbildung 6. Das Wertenetz, angepasst von Schwartz und Kolleg*innen.[7]

Menschen unterscheiden sich darin, welche Werte für sie im Leben am wichtigsten sind. Für manche sind **die Werte von besonderer Bedeutung, die über das eigene Selbst hinausgehen**. Eine Person kann zum Beispiel von universalistischen Werten wie dem Streben nach einer intakten Natur, Toleranz und Gerechtigkeit für alle Menschen geleitet werden. Es ist sehr wahrscheinlich, dass solche Menschen im Privaten umweltfreundlich handeln[8] oder in der Klimabewegung aktiv sind[9–12]. Werte wie diese werden auch oft in den Selbstbeschreibungen von Klimagruppen genannt, zum Beispiel: »Friends of the Earth ist eine mutige Stimme für Gerechtigkeit und den Planeten.«[13] In der sozialen Arbeit werden womöglich häufiger Menschen angetroffen, denen das Wohlergehen anderer am Herzen liegt (Benevolenz). Sie legen Wert darauf, sich um andere zu kümmern, verlässlich und bescheiden zu sein – besonders in solchen Gruppen, mit denen sie sich identifizieren. **Andere Menschen schätzen Offenheit für Veränderungen.** Für eine Person kann es besonders relevant sein, sich frei ausdrücken und die eigenen Gedanken äußern zu können. Dies ist ein Wert, der sich auf der Homepage von Transition Town zeigt: »Eine Bewegung von Gemeinschaften, die zusammenkommen, um unsere Welt neu zu gestalten und aufzubauen.«[14] Eine andere Person strebt nach Anregung und Neuartigem und ist immer auf der Suche nach der nächsten Herausforderung. Das sind zum Beispiel die Weltenbummler*innen, die allen zeigen wollen, dass es möglich ist, per Anhalter[15] oder nur mit Solarenergie[16] um die Welt zu reisen. **Für manche Menschen stehen egoistische Werte im Vordergrund**, die sie nach Leistung und Erfolg, Macht über andere Menschen und Ressourcen oder nach einem hedonistischen Lebensstil streben lassen. Dann wiederum gibt es Menschen, die großen **Wert auf Stabilität und die Aufrechterhaltung des Status quo** legen. Für sie stehen meist kulturelle und religiöse Traditionen, Anpassung an andere Personen, Gruppen und Regeln sowie persönliche und soziale Sicherheit im Vordergrund.

Selbstverständlich konzentrieren wir Menschen uns nicht nur auf einen Wert allein, sondern haben viele verschiedene Werte, die uns im Leben wichtig sind. Deshalb werden die Werte in Form eines Netzes dargestellt. Dabei gilt: Je näher die Werte in dem Wertenetz beieinander liegen, desto wahrscheinlicher ist es, dass eine Person beide Werte priorisiert.[5] Schätzt eine Person zum Beispiel den Naturschutz, ist es wahrscheinlich, dass sie ebenfalls großen Wert darauf legt, selbstbestimmt denken und handeln zu können. Im Umkehrschluss bedeutet dies, dass Werte, die am weitesten voneinander entfernt sind, am wenigsten miteinander einhergehen: Ist die Natur von großem Wert für eine Person, ist es eher unwahrscheinlich, dass sie auch ein hohes Ansehen anstrebt. Über die eigenen Grundwerte im Wertenetz nachzudenken, kann uns helfen zu verstehen, wen wir typischerweise in Klimagruppen antreffen und warum sich andere von Klimagruppen abgestoßen fühlen. Werte sind jedoch nicht in Stein gemeißelt und können sich im Laufe der Zeit ändern, auch auf gesellschaftlicher Ebene. Tatsächlich zeigen die Ergebnisse weltweiter Umfragen[17] eine vielversprechende Verschiebung weg von materialistischen Werten, die wirtschaftliche und körperliche Sicherheit in den Vordergrund stellen, hin zu postmaterialistischen Werten, die Autonomie oder Entscheidungsfreiheit in den Fokus rücken.

Von moralischen Überzeugungen zum kollektiven Klimahandeln

Soziale Identifikation und moralische Überzeugungen sind »die zwei Kammern des schlagenden Herzens«[18] von Menschen, die sich in Bewegungen für soziale und ökologische Gerechtigkeit engagieren. Studienergebnisse zu kollektivem Handeln zeigen, dass moralische Überzeugungen Menschen dazu motivieren können, aktiv zu werden.[18] Das gilt auch für kollektives Klimahandeln.[19–21] So hatten Demonstrierende bei Klimaprotesten in der Schweiz stärkere moralische Überzeugungen bezüglich der Notwendigkeit von Klimaschutzmaßnahmen als jene, die nicht demonstrierten.[22] Moralische Überzeugungen tragen bereits eine motivationale Kraft in sich,[23,24] da sie uns ein Gefühl von Sinnhaftigkeit geben[25]. Außerdem berichteten Mitglieder der norwegischen Umweltbewegung, dass es ihnen ein Gefühl der Selbstachtung vermittelte, wenn sie im Einklang mit ihren Werten handelten.[23]

Moralische Überzeugungen bringen uns jedoch nicht automatisch ins Handeln. Unsere moralischen Überzeugungen sind nicht rund um die Uhr in unseren Köpfen und wir kennen vermutlich alle Situationen aus unserem Leben, in denen wir uns selbst nicht in Übereinstimmung mit ihnen verhalten haben. Oft werden moralische Überzeugungen erst dann relevant, wenn wir **eine Verletzung unserer moralischen Überzeugungen beobachten oder selbst erleben.** So haben Studien im Zusammenhang mit Erdbeben durch Gas-Förderung,[26] dem Zugang zu sauberem Wasser,[27] Umweltproblemen im Iran[28] und Trumps Ausstieg aus dem Pariser Klimaabkommen[29] ergeben, dass Menschen motivierter waren, sich an politischen Bewegungen zu beteiligen, wenn ihre Moralvorstellungen verletzt wurden.[30]

Hier ist ein praktisches Beispiel: Im Jahr 2022 berichtete ein Online-Artikel darüber, dass Prominente zwischen Januar und Juli 2022 allein mit ihren Privatjetflügen mehr als das 400-fache der jährlichen Treibhausgasemissionen einer Durchschnittsperson verursacht hatten.[31] Viele Leser*innen reagierten darauf mit Unverständnis und Empörung, die sie in sozialen Medien zum Ausdruck brachten. So schrieb zum Beispiel die Nutzerin Nora: »Während allen anderen gesagt wird, Autofahren zu vermeiden, öffentliche Verkehrsmittel zu nutzen und sich für kommerzielle Flugreisen zu schämen, dürfen Menschen mit beträchtlichem Reichtum so viel fliegen, wie sie wollen. [Eine Prominente] besaß sogar die Dreistigkeit, darüber zu scherzen, dass sie ihren Hund mit einem Privatjet zu sich fliegen ließ, weil sie ihn vermisste. Diese Art von unverantwortlichem Verhalten sollte nicht erlaubt sein.«[32] Klimagruppen in mehr als 13 Ländern starteten Proteste, die ein Verbot von Privatjets fordern. Derzeit läuft eine europäische Petition, die bereits von 76.090 Menschen unterzeichnet wurde.[32]

In diesem Beispiel bezog sich die empfundene Ungerechtigkeit auf die Vorteile einer bestimmten Einkommensgruppe (reiche Menschen). Ungerechtigkeitsempfinden kann sich auch **auf andere Konflikte zwischen unterschiedlich privilegierten Gruppen beziehen**, aufgrund der geografischen Lage, der Generation, des Geschlechts oder anderer Ungleichheiten. Um nur ein paar Beispiele zu nennen: Menschen auf den Fidschi-Inseln sind durch den klimabedingten Anstieg des Meeresspiegels besonders gefährdet[33] und empfinden den derzeitigen Lebensstil des Globalen Nordens womöglich als ungerecht. Das Bundesverfassungsgericht[34] befand das Klimaschutzgesetz der Bundesregierung für teilweise verfassungswidrig, weil es die Grundrechte zukünftiger Generationen bedroht, was wiederum junge Klimaschützer*innen dazu veranlasste, die aktuelle Politik als Bedrohung für Generationengerechtigkeit wahrzunehmen. Und strukturelle Ungleichheiten erschweren es Frauen im Vergleich zu Männern, Regionen zu verlassen, die von Naturkatastrophen bedroht sind,[33] was zu einer Wahrnehmung von klimabedingter Geschlechterungerechtigkeit führen kann.

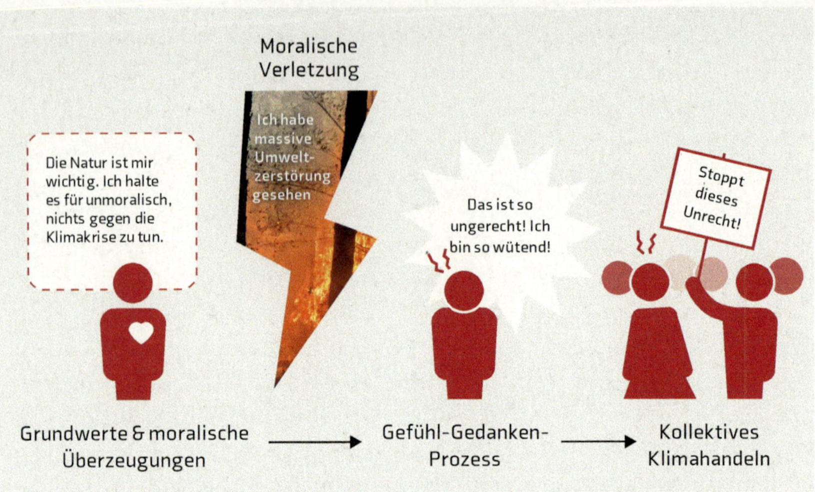

› Abbildung 7. Der Weg von moralischen Überzeugungen und Werten zum Handeln.[II]

Moralische Überzeugungen und Ungerechtigkeiten haben aber nicht nur mit unseren rationalen Wahrnehmungen und Gedanken zu tun. Ganz im Gegenteil. Zwei Meta-Analysen haben gezeigt, dass **Emotionen wie Wut, Empörung und Ärger über Ungerechtigkeit mit kollektivem Handeln in Verbindung standen.**[18,35] Gefühle und Gedanken gehen in der Regel miteinander einher, weshalb wir Autor*innen von Gefühl-Gedanken-Prozessen rund um Ungerechtigkeit sprechen.[36] Abbildung 7 zeigt, wie der Weg von moralischen Überzeugungen zum kollektiven Handeln aussehen kann. Wenn eine Person mit universalistischen Werten und entsprechenden moralischen Überzeugungen eine moralische Verletzung wahrnimmt, kann dies zu einem Ungerechtigkeitsempfinden führen, das wiederum zu kollektivem Klimahandeln motiviert.[24,37,38] Denken wir zurück an den Aktivisten vor dem Tagebau: Wenn eine Person, die mit viel Kontakt zur Natur aufgewachsen ist und diese sehr schätzt, einen großen Kohletagebau besucht, kann sie dies als ungerecht gegenüber zukünftigen Generationen und Leben auf der Erde empfinden, wütend darüber werden und etwas dagegen tun wollen.

Da moralische Emotionen für die Motivation kollektiven Klimahandelns so zentral sind, betrachtet dieses Kapitel zwei von ihnen näher: Schuld und Wut. **Schuldgefühle treten auf, wenn wir uns für ein Fehlverhalten verant-**

wortlich fühlen.[39] In der Klimakrise ist die kollektiv empfundene Schuld besonders essenziell. Sie entsteht, wenn wir das Gefühl haben, dass unsere sozialen Gruppen für klimabedingte Schäden verantwortlich sind.[40] Es gibt jedoch nur wenige Untersuchungen zu diesem Thema. Eine Studie hat ergeben, dass Menschen, die sich kollektiv schuldig fühlten, eher bereit waren, sich einer Klimainitiative in ihrer Nachbar*innenschaft anzuschließen.[41] In einer anderen Studie hat sich gezeigt, dass kollektive Schuldgefühle eine Quelle der sozialen Identifikation mit Fridays for Future waren.[42]

Der Großteil der Forschung hat sich auf die **moralische Emotion der Wut** konzentriert. Aus Gründen der Vereinfachung werden wir nicht zwischen verschiedenen Formen der Wut wie Wut, moralische Wut, moralische Empörung[24] oder Entrüstung[36] differenzieren und die Begriffe synonym verwenden. Wut ist eine von sechs Basisemotionen, die sich dadurch auszeichnen, dass sie auf der ganzen Welt unabhängig vom kulturellen Kontext aufzutreten scheinen.[43] Forschende gehen davon aus, dass Wut universell anzutreffen ist, weil sie einen grundlegenden adaptiven Wert für uns hat – sie signalisiert uns, dass etwas unsere Aufmerksamkeit braucht und dass wir möglicherweise handeln müssen. Wut kann dabei insbesondere unsere Aufmerksamkeit auf die Tatsache lenken, dass gegen unsere moralischen Überzeugungen verstoßen wird, was uns motivieren kann, zu handeln und für unsere Prinzipien einzustehen. Nichtsdestotrotz hat Wut ein ziemlich negatives Image als negative und feindselige Emotion und kann (ironischerweise für eine moralische Emotion) sogar als unmoralisch wahrgenommen werden.[38,44]

In Bezug auf die Klimakrise zeigen Umfragen, dass Wut eine weit verbreitete Emotion unter jungen Menschen in verschiedenen Ländern ist.[45] In Interviews nennen Klimaaktivist*innen Wut häufig als Motivation für ihr Engagement.[4,23,46] Wut ist eine der stärksten Motivationen für kollektives Handeln[18,35] und auch bei kollektivem Klimahandeln relevant,[19,47] zum Beispiel bei Fridays for Future-Protesten[48] oder Umweltkonflikten in Vietnam[20]. So identifizierten sich Personen, die mehr Wut darüber empfanden, wie Menschen mit der Umwelt umgehen, stärker mit Extinction Rebellion und beteiligten sich mehr an kollektivem Klimahandeln.[49] Eine andere Studie hat herausgefunden, dass Wut im Vergleich zu anderen Emotionen wie Trauer, Hoffnung oder Schuld den stärksten Einfluss auf die Bereitschaft hatte, sich einem Klimaprotest anzuschließen.[50] Dabei spielte besonders Wut bezogen auf Eigenschaften von

Menschen (»Die Menschen kümmern sich nicht«) oder auf ihr Verhalten (»Die Menschen tun nichts«) eine große Rolle.

Das Gesamtbild von Studien ist jedoch eher gemischt. Studien mit Teilnehmenden und Befürworter*innen der Hambacher Forst Proteste[51] und von Fridays for Future[52] haben gezeigt, dass Wut im Vergleich zu anderen Einflüssen kein wichtiger Motivator für kollektives Klimahandeln war. Ähnliche Ergebnisse fanden sich im Kontext von Transition Town- und Nachbar*innenschaftsinitiativen.[21,41,44] In einer weiteren Studie konnte das Wutempfinden von Teilnehmenden gesteigert werden, indem ihnen mitgeteilt wurde, dass die öffentliche Wut über die Untätigkeit in Sachen Klima zunimmt.[53] Das gesteigerte Wutempfinden wurde jedoch nicht in Handlungen übersetzt.

Um zu verstehen, wie diese unterschiedlichen Befunde zustande kommen, kann es hilfreich sein, zwischen normativem und nicht-normativem kollektiven Handeln zu unterscheiden.[54] In der Hambacher Forst-Studie[51] berichteten Personen, die an der Waldbesetzung teilgenommen hatten (nicht-normatives kollektives Handeln), ein höheres Wutempfinden als Personen, die stattdessen an Demonstrationen teilgenommen hatten (normatives kollektives Handeln). Möglicherweise führt ein hohes Wutempfinden dazu, dass Menschen den Status quo infrage stellen,[41] sodass nicht-normative Aktionen legitimer erscheinen. Wut könnte daher für jene Aktionsformen von größerer Bedeutung sein, die sich auf nicht-normativen Widerstand, Besetzungen und zivilen Ungehorsam konzentrieren. Ein weiterer Grund für die gemischten Ergebnisse könnte sein, dass die Wut in den Studien auf unterschiedliche Ziele gerichtet war, zum Beispiel auf die Art und Weise, wie Menschen mit der Umwelt umgehen, oder auf Politiker*innen oder große Unternehmen, die den Klimaschutz blockieren. Im nächsten Abschnitt geht es darum, wie moralische Überzeugungen und Emotionen genutzt werden können, um kollektives Klimahandeln zu fördern und Unterstützung zu gewinnen.

Wut als geschlechtsspezifische Emotion: Obwohl viele Klimaprotestierende weiblich[55] und offensichtlich wütend sind,[50] zeigen Untersuchungen, dass Frauen weniger Wut im Kontext der Klimakrise äußern als Männer[56]. Woran kann das liegen? Wut gilt als eine typisch »männliche« Emotion,[57] was dazu führt, dass wütende Frauen anders wahrgenommen werden als wütende Männer.

Wenn Frauen wütend sind, wird dies eher auf ihre Persönlichkeit zurückgeführt als auf die tatsächlichen Umstände.[58] Außerdem wird wütenden Frauen ein niedrigerer sozialer Status zugeschrieben.[58] In der Klimabewegung kann dies dazu führen, dass es für Frauen schwieriger ist, Botschaften über Klimaungerechtigkeit zu formulieren sowie Wutempfinden zuzulassen und auszudrücken.

Wie können wir das Potenzial moralischer Überzeugungen und Emotionen für Klimaprotest und Engagement nutzen?

Wie oben beschrieben, umfasst der Pfad von moralischen Überzeugungen hin zu kollektivem Klimahandeln mehrere Schritte. Deshalb gibt es mehrere Ansatzpunkte, um das Potenzial moralischer Überzeugungen und Emotionen für kollektives Klimahandeln zu nutzen. In diesem Kapitel werden zunächst Strategien behandelt, die darauf abzielen, wutauslösende Situationen zu schaffen. Es sollte jedoch nicht nur die Moral von (potenziell) Klimaengagierten betrachtet werden. Kollektives Handeln wird von Außenstehenden und der Öffentlichkeit bewertet und entweder als moralisch gerechtfertigt oder als inakzeptabel wahrgenommen. Wie Moral bei kollektivem Klimahandeln berücksichtigt wird, kann darüber entscheiden, ob Menschen außerhalb der Klimabewegung für die Sache gewonnen werden können oder ob sie eine ablehnende Haltung entwickeln. Daher befasst sich das Kapitel auch mit Strategien, um die Moral-Empathie-Lücke zu überbrücken und mit Menschen außerhalb der Bewegung in Kontakt zu treten. Außerdem wird eine breitere Perspektive eingenommen und die Frage gestellt, wie kollektive Aktionen im Klimaschutz als legitim wahrgenommen werden können, um öffentliche Unterstützung zu erlangen und aufrechtzuerhalten.

Situationen erzeugen, die Wut auslösen

▸ Aufmerksamkeit auf Ungerechtigkeit und die Verantwortlichen lenken

Obwohl es schwierig sein mag, die moralischen Überzeugungen einer Person wesentlich zu verändern, können moralische Emotionen wie Wut oder Schuldgefühle in bestimmten Situationen aktiv ausgelöst werden, indem

Aufmerksamkeit auf eine Ungerechtigkeit sowie die dafür verantwortlichen Institutionen und Personen gelenkt wird. Eine Möglichkeit, dies zu tun, ist die **strategische Kommunikation mittels Botschaften und Kampagnen.** In einer Studie wurden beispielsweise Ausschnitte aus echten Videoclips verwendet, die von einer Anti-Kohle-Klimagruppe erstellt wurden.[51] Sie zeigten die unfairen Praktiken von Kohlekonzernen und die unethischen Entscheidungen von Politiker*innen (das Video kann hier angesehen werden[59]).Teilnehmende, die dieses Video sahen, fühlten sich wütender und waren eher der Meinung, dass die für die Ungerechtigkeit verantwortlichen Personen für ihre Taten zur Rechenschaft gezogen werden sollten, als Teilnehmende, die lediglich ein Video über wissenschaftliche Fakten anschauten. Außerdem fühlten sich die Teilnehmenden durch das Video bewegt, was wiederum mit einer stärkeren Unterstützung der Kampagne einherging. In einer weiteren Studie empfanden Teilnehmende mehr Schuldgefühle und Wut, wenn sie über Deutschland als Hauptverursacher von Umweltverschmutzung lasen (und nicht als ein Land, das Verantwortung für den Umweltschutz übernimmt).[39]

Filme, Videoclips und Botschaften, wie sie in sozialen Medien zu finden sind, werden von Klimagruppen viel genutzt, um auf Kampagnen aufmerksam zu machen oder um für Unterstützung zu werben. Bei der Planung einer Kommunikationsstrategie für eine Klima-Aktion kann es daher sinnvoll sein, sich zu **überlegen, wie die Aufmerksamkeit auf eine bestimmte Ungerechtigkeit gelenkt werden kann.** Dies gilt insbesondere dann, wenn Verantwortliche benannt werden können. Das Zitat von Greta Thunberg veranschaulicht dies schön: »Wir müssen die Menschen, die in Machtpositionen sind, für das zur Rechenschaft ziehen, was sie uns und zukünftigen Generationen und anderen Lebewesen auf der Erde antun. Und wir müssen wütend werden und verstehen, was auf dem Spiel steht. Und dann müssen wir diese Wut in Taten umsetzen und geeint zusammenstehen und einfach niemals aufgeben.«[60] Ein weiteres praktisches Beispiel, um auf Ungerechtigkeiten aufmerksam zu machen, ist die »Global Coal Exit List« der Organisation Urgewald.[61] Die Global Coal Exit List ist eine Liste, die alle Unternehmen umfasst, die an der weltweiten Kohleindustrie beteiligt sind, von Kohlekraftwerken bis zum Kohletransport und -handel. Sie zeigt jene Unternehmen auf, die am meisten für die CO_2-Emissionen und die damit verbundenen Klimaungerechtigkeiten verantwortlich sind, und wird inzwischen als Leitfaden für ein nachhaltiges Finanzenwesen verwendet.

› Der maledivische Fischerei- und Landwirtschaftsminister Ibrahim Didi unterzeichnet das Dekret der Unterwasser-Kabinettssitzung vor der Insel Girifushi (2009).[III]

Fazit: Der Hinweis darauf, dass und wo Ungerechtigkeiten geschehen und wer für sie verantwortlich ist, kann Emotionen wie Wut und Schuld auslösen. Dies wiederum könnte dazu motivieren, kollektiv aktiv zu werden, um Ungerechtigkeiten zu bekämpfen.

▸ Kommunizieren, dass auch andere wütend sind

Wie du im Kapitel über soziale Identifikation gelesen hast, beeinflussen soziale Normen – das, was andere Menschen (nicht) tun oder (nicht) befürworten – stark unser eigenes Handeln, auch wenn wir uns dessen nicht immer bewusst sind. Dies gilt auch für die Wahrnehmung der Gefühle anderer. In einer Studie wurde untersucht, welche Rolle die Emotionen anderer Menschen bei der Motivation zum Handeln für die bereits beschriebene »Water for Life«-Bewegung spielen.[62] Zuerst lasen Teilnehmende einen Text über den Ungerechtigkeitskontext und über eine Bewegung, die das allgemeine Recht auf sauberes Trinkwasser fordert. Dann fanden sich die Teilnehmenden in kleinen Diskussionsgruppen zusammen, um Strategien zur Unterstützung der Bewegung zu entwickeln. Hierbei wurde einigen Gruppen mitgeteilt, dass moralische Wut wichtig sei, um Menschen zur Unterstützung der Bewegung zu motivieren. Diese Information deutete an, dass Wutgefühle die soziale Norm innerhalb der Bewegung seien. Die Studie ergab, dass Teilnehmende, die diese Wutbotschaft erhielten, selbst mehr Wut empfanden und motivierter waren, zu handeln.

Die Vermittlung einer solchen Wut-Norm in Diskussionen kann ein zentraler Aspekt zur Verstärkung von Wutempfinden sein.[63] In einer repräsentativen deutschlandweiten Umfrage gaben 98 % der Teilnehmenden an, angesichts der von Menschen verursachten Umweltprobleme Empörung zu empfinden.[64] Solche **Aussagen über das Empfinden anderer zu hören, kann es Menschen ermöglichen, eine stärkere Verbindung zu ihren eigenen Werten und Gefühlen der Ungerechtigkeit aufzubauen**. So können sie erkennen, dass sie mit ihrer Wut nicht alleine sind, sondern dass sie diese Wut mit vielen anderen Menschen teilen, die gegen die Klimakrise kämpfen.

Klimagruppen könnten Themen wie Wut, Moral und Werte in ihren Sitzungen diskutieren. Solche Diskussionen könnten Menschen, die noch keinen Zugang zu ihrer Wut gefunden haben, dabei helfen, diesen auf der Grundlage ihrer eigenen Werte zu entdecken. Personen, die wiederum durch ihre eigene Wut belastet oder überfordert sind, können mit anderen darüber ins Gespräch kommen, wie ein angemessener Umgang mit dieser aussehen kann. In einer unveröffentlichten Studie von uns Autor*innen haben wir Menschen befragt, die sich in der sozial-ökologischen Bewegung engagieren. Unerwartet war, dass sich Engagierte mit stärkeren moralischen Überzeugungen *mit weniger Stunden* in der Bewegung einbrachten als Engagierte mit weniger starken moralischen Überzeugungen.[65] Es könnte sein, dass Engagierte mit besonders starken Überzeugungen eher Konflikte innerhalb von Klimagruppen hervorrufen, die sich dann negativ auf ihr Engagement auswirken. Konstruktive Gespräche darüber, wie die Gruppe und ihre Treffen so gestaltet werden können, dass die moralischen Überzeugungen aller sichtbar werden, ohne dass sich Einzelne durch die moralische Haltung anderer in ihrer eigenen Position bedroht fühlen, könnten daher wichtig für langfristiges Engagement sein.

Die Kommunikation von Wut wird jedoch dadurch komplizierter, dass **manche Menschen Hemmungen haben, über ihre Wut zu sprechen**. In einer Interviewstudie berichteten Klimaaktivist*innen aus dem Globalen Norden, dass sie Wut im Rahmen der Mobilisierung tatsächlich mit Vorsicht einsetzten.[4] Eine Begründung dafür war die Überzeugung der Aktivist*innen, dass

Wut und Anschuldigungen eine negative Atmosphäre schaffen würden, die zu Frustration oder Resignation führt, anstatt zum Handeln zu motivieren. Erfreulicherweise wurden in der Studie auch Aktivist*innen aus dem Globalen Süden befragt, für die Wut eine zentralere Rolle spielte. Für sie war Wut oft darauf bezogen, die Verantwortung des Globalen Nordens als Hauptverursacher der Klimakrise zu betonen.[4] Es kann also leichter fallen, die eigene Wut zuzulassen, wenn Menschen von Klimaungerechtigkeit betroffen sind – ob persönlich oder als Teil einer Gruppe einer bestimmten Region, Einkommensklasse oder Geschlechtsidentität.

Ein praktisches Beispiel dafür ist die Kampagne »Debt for Climate« (Schulden fürs Klima),[66] die den Erlass finanzieller Schulden des Globalen Südens fordert, damit diese Länder sozial-ökologischen Wandel selbstbestimmt gestalten können. Verschuldete Länder des Globalen Südens sind oft gezwungen, fossile Energieträger zu fördern, um Schulden im Globalen Norden zu begleichen, und tragen damit ungewollt zur Klimakrise bei. Initiiert und geleitet von Aktivist*innen des Globalen Südens stellt Debt for Climate die Stimmen jener Menschen und Regionen in den Mittelpunkt, die am meisten von der Klimakrise betroffen sind – um diese fundamentale Ungerechtigkeit anzuprangern. Ihr Mobilisierungs-Video ist voll von wütenden Protestredner*innen und Personen, die klar und deutlich formulieren: »Wir fordern den IWF [Internationaler Währungsfonds] und die Weltbank auf, alle Schulden des Globalen Südens zu streichen und diese Mittel in Klimaschutzmaßnahmen zu investieren.«[67] Eines der wichtigsten historischen Beispiele für den Erlass von Schulden ist tatsächlich Deutschland nach dem Zweiten Weltkrieg. Dieser Schuldenerlass ermöglichte einen raschen wirtschaftlichen Aufschwung.

Fazit: Die Botschaft, dass moralische Wut weit verbreitet und hilfreich für kollektives Klimahandeln ist, kann es weiteren Menschen erleichtern, einen Zugang zu ihrer eigenen Wut und Handlungsmotivation zu entwickeln. Menschen, die persönlich und kollektiv am stärksten von der Klimakrise betroffen sind, könnten besonders offen dafür sein, über ihre Wut zu sprechen.

Den Einfluss moralischer Überzeugungen und Wut auf die öffentliche Wahrnehmung beachten

Bisher haben sich viele Abschnitte dieses Buches mit der Frage beschäftigt, wie mehr Menschen dazu bewegt werden können, sich aktiv für einen sozial-ökologischen Wandel einzusetzen. Leider werden jedoch nicht alle den Kampf gegen die Klimakrise zu ihrem persönlichen Lebensinhalt machen. Ganz im Gegenteil, es gibt sogar Untersuchungen, die gezeigt haben, dass manche Menschen vor allem wütend waren, weil sie Klimaschutzmaßnahmen skeptisch gegenüberstanden und die Klimakrise für sie kein Problem darstellte.[50] Es gibt aber auch eine weitere Gruppe, deren Einfluss wir nicht unterschätzen sollten: die Unterstützenden der Bewegung. In der Vergangenheit gab es immer wieder soziale Bewegungen mit Beteiligungsquoten im niedrigen Prozentbereich, die erhebliche politische Veränderungen erreichen konnten (siehe »3,5-Prozent-Regel«[68]). Es müssen also nicht alle aktive Mitglieder der Bewegung sein, auch passive Unterstützung ist essenziell. Deshalb ist die Schaffung eines öffentlichen Momentums oft ein wesentliches Element sozialen Wandels.[69–71] Wissenschaftler*innen argumentieren, dass öffentliche Unterstützung dabei helfen kann, mehr Mittel für politische Arbeit zu sammeln und politischen Einfluss zu nehmen.[72] Daraus ergibt sich die Frage: Wie kann eine Klima-Aktion so gestaltet sein, dass sie auch bei den Menschen Unterstützung findet, die sich vielleicht nie aktiv an politischen Aktionen beteiligen würden?

▸ Durch direkten Kontakt die Moral-Empathie-Lücke verkleinern

Dass wir unterschiedliche Meinungen zu Themen wie unseren Urlaubsvorlieben haben, erscheint uns in der Regel ganz natürlich. Meist sehen wir darin kein Problem. Geht es um Moral, so sind wir jedoch der Meinung, dass unsere Überzeugungen »richtig« sind und dass alle anderen ihnen ebenfalls folgen sollten.[2] Dadurch fällt es eventuell schwer, die Perspektive anderer einzunehmen und Empathie für andere zu entwickeln, die zu anderen moralischen Schlussfolgerungen kommen. Dieses Phänomen wird als **Moral-Empathie-Lücke** bezeichnet.[73]

Die Moral-Empathie-Lücke konnte beispielsweise im Kontext von nicht-normativen Klima-Aktionen beobachtet werden.[73] Klimaengagierte, die sich selbst an solchen Aktionen beteiligten, waren überzeugt, dass diese in der

Öffentlichkeit Zustimmung finden würden, wahrscheinlich deshalb, weil sie selbst die Aktionen als moralisch richtig bewerteten. Doch das Gegenteil war der Fall: Personen, die nicht an den Aktionen beteiligt waren, empfanden diese als unmoralisch. Dies zeigt, dass es für Klimagruppen tatsächlich schwierig sein kann, die Perspektive von Außenstehenden einzunehmen und anzuerkennen, dass möglicherweise viele Menschen ihre Aktionen nicht unterstützen werden.

Möchte eine Klimagruppe öffentliche Unterstützung erhalten, sollte sie Strategien finden, um die Moral-Empathie-Lücke zu verkleinern, und sich bewusst machen, wie Außenstehende Klima-Aktionen wahrnehmen. So könnte es helfen, **direkten Kontakt im Alltag zu suchen**, zum Beispiel mit Menschen, die die Aktionen im Fernsehen verfolgen oder darüber in der Zeitung lesen. Dies gilt umso mehr, als die Moral-Empathie-Lücke oft auf Gegenseitigkeit beruht. Menschen außerhalb der Klimagruppe fällt es wahrscheinlich ebenfalls schwer, sich in die moralischen Überzeugungen von Klimaengagierten einzufühlen. Die Kampagne »Deutschland spricht!« ist ein gutes Beispiel dafür, Menschen mit unterschiedlichen Meinungen an einen Tisch zu bringen.[74] Interessierte Teilnehmende beantworteten sieben Fragen zu ihrer Meinung über aktuelle Politik und wurden mit einer Person aus ihrer Region zusammengebracht, die zu einigen dieser Fragen gegenteilige Meinungen vertrat. Nachdem sie die andere Person getroffen hatten, waren die meisten Teilnehmenden mit ihrem Gespräch zufrieden. Während etwa drei Viertel der Teilnehmenden durch die Begegnung in ihren eigenen Ansichten bestärkt wurden, stimmte etwa die Hälfte zu, dass die andere Person sie in einem oder mehreren Punkten überzeugen konnte.

Eine andere Möglichkeit könnte sein, während einer Aktion den direkten Kontakt zu Beobachter*innen zu suchen. Im Fall von kollektivem Klimahandeln ist es nicht unwahrscheinlich, dass gegensätzliche moralische Ansichten aufeinanderprallen. Nehmen wir das Beispiel einer Straßenblockade. Die an der Aktion beteiligte Person könnte denken: »Die Klimakrise ist so ernst und es passiert einfach nichts. Ich fühle mich moralisch verpflichtet, durch diese Straßenblockade Bewusstsein dafür zu schaffen.« Eine autofahrende Person könnte das jedoch anders sehen: »Was machen diese Ökos da? Das ist ja dreist! Sie hindern Leute wie mich daran, ihre Arbeit zu machen, das ist unmoralisch und inakzeptabel.« Wie zu sehen ist, haben beide Personen gegensätzliche moralische Bewertungen der Straßenblockade. Indem eine Klimagruppe ein Öffentlichkeitsarbeits-Team einbezieht oder Aufklärungsmaterial bei einer Aktion verwendet, könnte ein besseres gegenseitiges Verständnis entstehen. Klimaengagierte könnten auch aktiv das Gespräch mit den Autofahrenden suchen, von denen einige deren Aktion vielleicht als unrechtmäßig ansehen, und so zum einen mehr über ihre Ansichten und Perspektiven erfahren. Zum anderen würden sich Autofahrende im Gespräch in ihrem Unmut und Widerstand gesehen fühlen. Gleichzeitig könnten Mitglieder der Klimagruppe versuchen, Verständnis dafür zu schaffen, warum die Protestaktion aus ihrer Sicht notwendig ist, was vielleicht Empathie auf der anderen Seite erzeugen kann. Es soll dabei nicht der Eindruck entstehen, dass jede Person davon überzeugt werden kann, »die Seite zu wechseln« und die Aktion zu unterstützen. Klimaengagierte müssen dafür gewappnet sein, Frustration und Ablehnung zu erfahren, und es kann auch sehr verständlich sein, ein Gespräch zu beenden, wenn es sinnlos erscheint. Dennoch bieten Aktionen auch die Möglichkeit, eine erste gemeinsame Grundlage zu schaffen.

› Flugblatt von Extinction Rebellion, in dem sie sich für die Unannehmlichkeiten entschuldigen, die durch ihre Aktion entstanden sind, und die moralische Rechtfertigung dafür erläutern[IV]

Wenn wir über positiven Kontakt sprechen, sollten wir uns darüber im Klaren sein, dass **er auch bestimmte negative Folgen haben könnte: Er kann Wut und die Handlungsmotivation verringern**. Forschung aus anderen Protestkontexten hat gezeigt, dass positiver Kontakt zwischen benachteiligten und privilegierten Gruppenmitgliedern dazu führte, dass die benachteiligte

Gruppe gegenüber der privilegierten Gruppe mehr Dankbarkeit verspürte. Das wiederum schmälerte ihre Protest-Motivation, da der Zündstoff für ihre Beteiligung etwas verringert wurde.[75] Es kann also sein, dass positiver Kontakt mit Mitgliedern einer Gruppe, die als verantwortlich für Klimaungerechtigkeit wahrgenommen wird (z. B. Politiker*innen oder Vertreter*innen großer Unternehmen), auch Wut und Handlungsmotivation verringert. Auf diese Weise könnte auch positiver Kontakt zwischen Menschen aus dem Globalen Süden und Menschen aus dem Globalen Norden kollektives Klimahandeln unter gewissen Bedingungen verhindern. Doch auch wenn positiver Kontakt Wut und Protestteilnahme verringert, kann er ebenso den Weg für viele andere Schritte in Richtung Klimagerechtigkeit ebnen und möglicherweise andere Formen des kollektiven Klimahandelns fördern.

Fazit: Mitglieder von Klimagruppen haben ihren eigenen starken moralischen Kompass. Daher kann es schwerfallen, die Perspektive von Menschen außerhalb von Klimagruppen einzunehmen, die ihre moralischen Überzeugungen und Werte vielleicht nicht teilen. Direkter Kontakt mit Außenstehenden könnte dazu beitragen, ein Bewusstsein zu schaffen und die Moral-Empathie-Lücke von beiden Seiten zu verringern – der Seite der Klimagruppe und der Seite der Menschen außerhalb der Klimabewegung.

▸ Das moralische Selbstbild von anderen herausfordern, aber nicht gefährden

Oben haben wir gesehen, dass Klimaengagierte ausgeprägt starke moralische Überzeugungen haben. Es ist daher naheliegend, dass sie auch in Alltagsgesprächen ihre moralischen Überzeugungen zur Sprache bringen. Das Anführen moralischer Argumente kann jedoch bei Personen, die sich (noch) nicht aktiv für den Klimaschutz engagieren, auch Abwehrreaktionen hervorrufen. Eine unserer Autorinnen hat in ihrem persönlichen Umfeld einige Erfahrungen damit gemacht. Allein die bloße Auswahl eines veganen Gerichts, ohne dies explizit anzusprechen, konnte manchmal dazu führen, dass ihre Mensa-Kolleg*innen auf unterschiedliche Weise reagierten, von »Ich hätte das vegane Gericht auch gewählt, wenn es heute leckerer ausgesehen hätte« bis hin zu »Verurteile mich nicht, nur weil ich den Burger gewählt habe!«. Dies sind Beispiele für Abwehrreaktionen von Menschen, die offenbar meinen, ihre Entscheidung rechtfertigen zu müssen. Ein Grund für Abwehrreaktionen kann der Eindruck sein, gegen die eigenen moralischen Überzeugungen oder die anderer Menschen verstoßen zu haben, was zu Schuld- und Schamgefühlen führt – das **eigene moralische Selbstbild ist bedroht**.[76] Kannst du dich an eine Situation erinnern, in der du nicht im Einklang mit deinen moralischen Überzeugungen gehandelt hast und von jemandem darauf hingewiesen wurdest? Wie hast du dich dabei gefühlt?

Forschende haben diese Prozesse anhand des Konzepts von »moralischen Rebell*innen« untersucht. Moralische Rebell*innen sind Personen, die sich weigern, etwas zu tun, weil es ihre moralischen Werte verletzen würde. Der für die Untersuchung dieses Konzepts entwickelte Versuchsaufbau ist einfach: Teilnehmende wurden aufgefordert, eine Aufgabe zu erfüllen, zum Beispiel ein Spiel zu spielen, das rassistische Elemente enthielt. Eine Person, die als moralische*r Rebell*in charakterisiert war, weigerte sich, die Aufgabe weiter auszuführen, da sie gegen ihre moralischen Werte verstieß. Interessanterweise hing die Beurteilung dieser Person davon ab, ob Teilnehmende die Aufgabe selbst bereits durchgeführt hatten oder nicht. Während Teilnehmende, die die Situation einfach nur beobachtet hatten, die Person positiv beurteilten, weil sie für ihre Prinzipien einstand, bewerteten Teilnehmende, die die problematische Aufgabe bereits durchgeführt hatten und erst im Nachhinein von der Verweigerung erfuhren, die Person negativ.[77] Eine mögliche Erklärung für dieses Ergebnis ist, dass sich Teilnehmende in ihrem moralischen Selbstbild bedroht fühlten, weil sie sich selbst nicht geweigert hatten, die unmoralische Aufgabe auszuführen.

Um Abwehrreaktionen zu vermeiden, könnte also darauf verzichtet werden, Personen mit ihrem eigenen, moralisch fragwürdigen Verhalten zu konfrontieren. Darüber hinaus haben Forschende mehrere Kommunikationsstrategien vorgeschlagen, die dabei unterstützen können, Selbstwirksamkeit wiederzuerlangen und möglicherweise zu Veränderungen zu motivieren.[78] Eine dieser Strategien besagt, dass es einfacher sein kann, mit einer Person über **moralisch fragwürdiges Klimaverhalten anderer** oder über größere Strukturen zu sprechen, anstatt ihr eigenes Verhalten zu kritisieren. Auf diese Weise hat sie die Gelegenheit, kritisch über das jeweilige Thema nachzudenken, ohne sich selbst bedroht zu fühlen. Die Illustrationen in diesem Buch, in denen Tiere anstelle von Menschen abgebildet sind, folgen genau dieser Idee: Es kann einfacher sein, sich in Klimaprotest, Engagement und die damit verbundenen Ungerechtigkeiten einzufühlen, wenn kein zu starker Appell an das eigene Verhalten verspürt wird. Eine andere Strategie sieht vor, **nicht den Charakter, sondern die Handlungen einer Person infrage zu stellen.**[78] Anstatt eine Person als »Klimasünder*in« zu beschimpfen, können beispielsweise ihre regelmäßigen Flugreisen als problematisches Verhalten in den Fokus genommen werden. Es kann außerdem betont werden, dass **Fähigkeiten entwickelt werden können und keine festen Eigenschaften sind.**[78] So könnte eine klimaengagierte Person über ihren eigenen Weg hin zu mehr Klimaschutz berichten und dabei hervorheben, dass viele kleine Schritte und Veränderungen über einen längeren Zeitraum hinweg notwendig waren und sich dabei Fähigkeiten erst nach und nach entwickelt haben. Ein Beispiel aus dem Bereich des privaten Klimaschutzverhaltens wäre eine Person aus einer fahrradfreundlichen Stadt, die beginnt, immer weniger mit dem Auto zu fahren und nachhaltigere Mobilitätsformen wie Fahrradfahren und öffentliche Verkehrsmittel auszuprobieren, bevor sie ihr privates Auto ganz abschafft. Es könnte motivierend sein, zu betonen, dass das in dieser Stadt tatsächlich alle tun können. Eine weitere Strategie besteht darin, zu erklären, dass **Veränderung nicht auf einmal geschehen muss.**[78] Die meisten Verhaltensweisen können Schritt für Schritt geändert werden und erfordern keine drastischen Veränderungen von heute auf morgen, um ein größeres Ziel zu erreichen, wie sich vegan zu ernähren oder sich in der Klimabewegung zu engagieren. Hier sollten auch kleine Anstrengungen wertgeschätzt werden, anstatt sich dafür fertig zu machen, nicht auf Anhieb immer komplett nach den eigenen Moralvorstellungen zu leben. Die Forschung zu privatem Klimaschutzverhalten zeigt allerdings auch, dass solche Veränderungsprozesse am besten funktionieren könnten, wenn Menschen sich nicht auf ihren kleinen Anstrengungen ausruhen, nach dem Motto: »Jetzt habe ich es mir verdient, etwas Klimaschädliches zu tun«, sondern dass ein erfolgreicher Veränderungsprozess immer die größeren Ziele und Werte betonen sollte.[79]

Die **gewaltfreie Kommunikation** kann eine Hilfestellung bieten, um die Moral-Empathie-Lücke zu verringern. Das Ziel der gewaltfreien Kommunikation[80] ist es, empathisches Zuhören und einen offenen Dialog zu fördern und Urteile und Schuldzuweisungen zu verringern, um so zu Konfliktlösung beizutragen. Hierbei ist eine Kernannahme, dass alle Menschen ähnliche Bedürfnisse haben und dass wir auf dieser Ebene einander (anfangen können zu) verstehen. Gewaltfreie Kommunikation ist eine bewährte Methode, um Empathie, verständnisvolle Beziehungen und Zusammenarbeit in Gruppen zu fördern[81,82] und dabei den Selbstwert der Beteiligten zu stärken[83]. Sie konzentriert sich auf vier Schlüsselkomponenten:

- Beobachtung: **Als Erstes werden bestimmte Handlungen oder Verhaltensweisen beschrieben**, ohne zu urteilen oder zu bewerten.
- Gefühle: **Als Zweites werden verschiedene Gefühle wahrgenommen und angesprochen**, die als Reaktion auf die Beobachtung entstanden sind. Dies geht bei der gewaltfreien Kommunikation weit über die Beschreibung von »gut/schlecht« oder »richtig/falsch« hinaus. Beispiele für verschiedene Gefühle sind: zufrieden, dankbar, frei, glücklich, erfüllt, bewegt, begeistert, fröhlich, interessiert, friedlich, freudig, entspannt, heiter, erfrischt, ängstlich, deprimiert, gefühllos, einsam, melancholisch, wütend, hilflos, traurig, verbittert, antriebslos, nervös, frustriert, verzweifelt, besorgt oder niedergeschlagen.
- Bedürfnisse: **Als Drittes werden die eigenen Bedürfnisse genannt**, die unseren Gefühlen zugrunde liegen, ohne dass auf die Strategien zur Befriedigung der Bedürfnisse eingegangen wird oder diese bewertet werden. Beispiele für vielfältige Bedürfnisse sind: Authentizität, Individualität, Sicherheit, Klarheit, Struktur, Selbstwert, Wertschätzung, Zugehörigkeit, Ehrlichkeit, Solidarität, Achtsamkeit, Aufmerksamkeit, Entspannung, Harmonie, Inspiration, Vielfalt, Glück, Feiern, Lernen, Beitragen, Wirksamkeit, Wachstum, Erfolg, Kreativität oder Sinn.
- Bitte: **Als Viertes werden klare, positive und umsetzbare Bitten formuliert**, die die eigene Lebensqualität verbessern würden. Dabei ist es wichtig, offen dafür zu sein, dass die Antwort auch »nein« lauten kann.

Nehmen wir ein Beispiel, das ein Mitglied des Wandelwerks entwickelt hat. Bei einem Familientreffen sagt Onkel Heinz, der weiß, dass sich seine Nichte in Klimagruppen engagiert: »Die CO_2-Steuer nervt mich!« Gewaltfreie Kommunikation gibt einen Rahmen, wie die Nichte empathisch zuhören kann, indem sie Onkel Heinz fragt: »Wenn du sagst, dass dich die CO_2-Steuer nervt

(Beobachtung), fühlst du dich dann wütend (Gefühl)? Oder frustriert (Gefühl)? Geht es hier um Gerechtigkeit für dich (Bedürfnis)? Wünschst du dir, dass du darauf vertrauen kannst, dass es auch in Zukunft genügend Rente gibt (Bedürfnis)? Oder machst du dir Sorgen, dass sich viele Dinge ändern werden und du dich damit nicht mehr wohlfühlen wirst (Bedürfnis)?« Natürlich sollte die Person ihren Onkel im besten Fall nicht mit all diesen Fragen auf einmal überfallen, aber einige von ihnen könnten Heinz signalisieren, dass seine Nichte ihn versteht, sodass er beginnt, sich sicherer und entspannter zu fühlen. Auf dieser Grundlage könnte es dann für die Nichte an der Zeit sein, einige ihrer eigenen Ansichten zum Thema mit Onkel Heinz zu teilen: »Wenn du sagst, dass dich die CO_2-Steuer nervt (Beobachtung), merke ich, wie ich selbst wütend werde (Gefühl). Ich sehe in den Nachrichten im Moment so viel Leid, das durch die Klimakrise verursacht wird (Beobachtung). Ich möchte darauf vertrauen können, dass wir allen Menschen auf dieser Erde gegenüber verantwortungsvoll handeln (Bedürfnis). Ich möchte, dass sich *alle* Menschen genauso frei entwickeln können wie ich (Bedürfnis). Ich möchte dich bitten, zu versuchen, mich in diesem Punkt zu verstehen (Bitte).« Wahrscheinlich wird Onkel Heinz etwas perplex sein, aber zumindest hat er die Möglichkeit zu verstehen, was mit seiner Nichte los ist. Es ist nicht unwahrscheinlich, dass sie ihm im nächsten Schritt wieder Empathie geben muss.

Bei der Betrachtung der gewaltfreien Kommunikation und ihrer Bestandteile wird deutlich, dass es einige Überschneidungen mit den in diesem Buch behandelten psychologischen Konzepten gibt und dass einige Konzepte anders verstanden und gebraucht werden. Während die gewaltfreie Kommunikation die Vielfalt von Emotionen und Bedürfnissen hervorhebt und als Methode nutzt, suchen Wissenschaftler*innen meist nach den *grundlegendsten* Bedürfnissen und den *zentralsten* Emotionen unter gewissen Umständen. Darüber hinaus verzichtet die gewaltfreie Kommunikation auf eine Richtig-oder-Falsch-Logik, auf der jedoch moralische Überzeugungen beruhen. Zudem stellt sie Bedürfnisse in den Mittelpunkt, die von allen Menschen geteilt werden. Werte rücken dabei in den Hintergrund, da sie als unterschiedliche persönliche und gesellschaftliche Strategien zur Bedürfnisbefriedigung gesehen werden können. Es ist deshalb fraglich, ob gewaltfreie Kommunikation ein Hilfsmittel sein kann, um zu kollektivem Klimahandeln zu motivieren oder andere von der Klimakrise zu überzeugen. Doch dies ist tatsächlich auch nicht die Absicht von gewaltfreier Kommunikation. Ihr Ziel ist es, positive Beziehungen zwischen Menschen zu schaffen, und nicht, andere zu überzeugen. Dennoch kann sie dabei unterstützen, die Moral-Empathie-Lücke zu überwinden und die Gefühle und Bedürfnisse einer anderen Person zu verstehen – ohne ihr zustimmen zu müssen. Außerdem kann gewaltfreie Kommunikation in Stresssituationen hilfreich sein, um sich selbst Empathie zu geben und die eigenen Beobachtungen, Emotionen und Bedürfnisse vor Augen zu führen. Beispielsweise könnte sich eine Person unwohl fühlen, wenn sie mit einer anderen Person spricht, die den Klimawandel leugnet. Um sich in dieser stressigen Situation zu entspannen, könnte es ihr helfen, aktiv anzuerkennen, dass sie frustriert ist und ein Bedürfnis nach Gerechtigkeit für alle hat.

An dieser Stelle sei angemerkt, dass es angesichts der gravierenden Ungerechtigkeiten der Klimakrise stets ein gangbarer Weg ist, das Verhalten von Menschen durch (normativen oder nicht-normativen) Protest infrage zu stellen. Moralische Rebellion kann andere dazu inspirieren, dasselbe zu tun, und zur Verbreitung von Protest als Teil eines sozial-ökologischen Wandels beitragen.[78] Wir Autor*innen möchten dir die Entscheidung überlassen, ob und wann du aktiv protestieren oder moralische Konflikte zugunsten sozialer Harmonie eindämmen möchtest. Die folgenden Abschnitte sollen dir eine Einschätzung erleichtern, welche Arten von kollektiven Aktionen welche öffentliche Wirkung haben können.

Fazit: Werden moralische Klimafragen thematisiert, so kann dies Abwehrreaktionen auslösen, wenn sich Personen dadurch in ihrem Selbstbild als moralischer Mensch bedroht fühlen. Um dem entgegenzuwirken, könnten sich Kommunikationsstrategien darauf konzentrieren, das moralische Verhalten Dritter, Verhaltensweisen anstelle von Charaktereigenschaften, die Entwicklung von Fähigkeiten und schrittweise statt radikale Veränderung hervorzuheben. Zudem kann gewaltfreie Kommunikation eine Hilfestellung sein, um positive Beziehungen aufzubauen und aufrechtzuerhalten, auch wenn Personen nicht einer Meinung sind.

▶ Das Aktivismus-Dilemma: Eine Balance zwischen öffentlicher Wahrnehmung und Medienaufmerksamkeit finden

Im Herbst 2022 wurden die Straßen und Museen Berlins von einer kleinen Gruppe entschlossener Aktivist*innen eingenommen. Sie nennen sich die Letzte Generation. Innerhalb weniger Monate sorgten sie für Aufruhr unter Berliner Bürger*innen. Ihre Strategien reichten vom Festkleben auf Straßen, um den alltäglichen Verkehr zu stören, bis hin zum Bewerfen von hinter Glasscheiben ausgestellten Gemälden in Museen mit Tomatensuppe und Kartoffelbrei. Die Aktionen lösten in der öffentlichen Debatte zwei unmittelbare Reaktionen aus:

Erstens sprachen alle über die Letzte Generation. Wirklich alle. Als eine unserer Autorinnen ein Taxi vom Krankenhaus nahm, war dies das erste Thema, das der Fahrer ansprach. Andere Autor*innen konnten die Beschwerden über die Aktionen der Letzten Generation in Gesprächen von Mitreisenden im Zug oder am Nachbar*innentisch im Restaurant nicht überhören. Obwohl diese Personen mehr über die Aktionen und weniger über das eigentliche Thema der Klimakrise sprachen, redeten sie über Themen, die sie sonst wahrscheinlich nie angesprochen hätten. Tatsächlich haben Umfragedaten aus Deutschland gezeigt, dass die wahrgenommene Dringlichkeit der Klimakrise etwa zu dem Zeitpunkt einen Höhepunkt erreichte, als die Medienaufmerksamkeit für die Aktionen der Letzten Generation am höchsten war.[84] Kurz gesagt: Die Aktionen hatten es wohl geschafft, das Rauschen des schnelllebigen Nachrichtenzyklus zu durchbrechen, der zu dieser Zeit voll mit Meldungen über den Angriffskrieg Russlands und Gasknappheit war.

Zweitens war die Reaktion der Öffentlichkeit auf die Proteste ziemlich negativ. Der Bürgermeister der Stadt Potsdam bezeichnete die Lebensmittelattacke auf ein Monet-Gemälde als »Kulturbarbarei«.[85] Andere nannten die Aktionen kontraproduktiv, anmaßend, potenziell gefährlich und kriminell.[86] Viele Menschen außerhalb der Letzten Generation schienen die Aktionen also als Verstöße gegen ihre moralischen Überzeugungen wahrzunehmen. **Das Phänomen, dass eine kollektive Aktion sowohl positive als auch negative Auswirkungen auf die öffentliche Wahrnehmung haben kann, wird als Aktivismus-Dilemma bezeichnet.**[73]

Das vielleicht wichtigste Merkmal für die Wahrnehmung kollektiven Klimahandelns ist seine Normativität – ob die Aktion normativ ist (z. B. eine friedliche Demonstration), oder nicht-normativ (z. B. ziviler Ungehorsam). Einige neuere, nicht klimabezogene Studien haben die Rolle von Moral im Zusammenhang mit nicht-normativen, extremen Protestaktionen sowie ihre Auswirkungen auf die öffentliche Unterstützung für eine Bewegung untersucht.[73] Es zeigte sich, dass nicht-normative Protestaktionen von Außenstehenden als schädlich für andere oder störend wahrgenommen wurden. Untersuchte Aktionen waren dabei das Befreien von Tieren, Protestchöre, die zur Gewalt gegen die Polizei aufriefen, und das Blockieren des Eingangs einer Abtreibungsklinik. Außenstehende beurteilten diese nicht-normativen Protestaktionen im Vergleich zu normativen Protestaktionen als unmoralischer. Die Teilnehmenden, die die Proteste als unmoralisch ansahen, empfanden auch eine geringere emotionale Bindung und soziale Identifikation mit der Bewegung. Deshalb unterstützten sie die Bewegung auch in geringerem Maße. Dieses Muster wird durch weitere Studien bestätigt: Menschen außerhalb der Bewegung zeigen weniger Unterstützung für nicht-normative Proteste und mehr Unterstützung für normative Proteste.[73,87–89]

Einige Protestaktionen bergen damit das Risiko, die öffentliche Unterstützung für die Klimabewegung zu untergraben. Doch wie du wahrscheinlich weißt, wählen Bewegungen nicht ohne Grund extreme Aktionsformen. Die Klimakrise schreitet in erschreckendem Tempo voran und nicht-normative Protestaktionen ziehen in der Regel mehr Aufmerksamkeit der Medien und Öffentlichkeit auf sich.[90–92] Aus diesem Grund wird der Begriff Aktivismus-Dilemma gewählt, um die Herausforderung zu beschreiben, vor der Klimagruppen stehen: **Während nicht-normative Aktionsformen Aufmerksamkeit erregen oder Druck auf Institutionen ausüben, können sie gleichzeitig die öffentliche Unterstützung für die Klimabewegung untergraben – wenn die Aktionen als unmoralisch angesehen werden.**[73] Daher ist es sinnvoll, bei der Vorbereitung einer Klima-Aktion darüber nachzudenken, was das Ziel der Aktion ist: Soll sie Aufmerksamkeit erregen? Oder geht es darum, Unterstützung zu gewinnen? Wenn Ersteres der Fall ist, scheinen nicht-normative Aktionsformen eine geeignete Strategie zu sein. Im zweiten Fall sind normative Aktionsformen erfolgversprechender. Natürlich versuchen die meisten Aktionen, beide Ziele zu verfolgen. Deshalb werden in den folgenden Abschnitten Strategien vorgestellt, mit denen die Auswirkungen einer Aktion besser verstanden und abgewogen werden können.

Fazit: Das Aktivismus-Dilemma beschreibt, dass nicht-normative Aktionsformen gleichzeitig positive und negative Folgen für die Klimabewegung haben können. Sie können zu erhöhter Medienaufmerksamkeit führen, bergen aber auch das Risiko, aufgrund der oft negativen Medienberichte öffentliche Unterstützung zu verlieren.

▶ Die Auswirkungen einer radikalen Flanke bedenken

In den meisten sozialen Bewegungen gibt es mindestens eine Untergruppe, die radikaler als die anderen, gemäßigteren Gruppen ist und besonders viel Aufmerksamkeit auf sich zieht: **Diese Gruppe wird oft als radikale Flanke bezeichnet.** Das vielleicht berühmteste Beispiel einer radikalen Flanke konnte während des Civil Rights Movements (Bürger*innenrechtsbewegung) in den Vereinigten Staaten Mitte des 20. Jahrhunderts beobachtet werden. Innerhalb des Civil Rights Movements gab es, vereinfacht gesagt, zwei unterschiedliche Lager[93]: Auf der einen Seite stand die Mehrheit des Civil Rights Movements, angeführt von prominenten Persönlichkeiten wie Martin Luther King Jr. und Rosa Parks, die durch friedliche Proteste, zivilen Ungehorsam und rechtliche Anfechtungen die Gleichberechtigung erkämpfen wollten. Auf der anderen Seite standen die *Schwarzen* Radikalen mit bekannten Mitgliedern wie Malcolm X und der Black Panther Party, die glaubten, dass Gewaltlosigkeit und friedliche Proteste nicht ausreichten, um echte Veränderungen herbeizuführen. Sie plädierten für mehr direkte Aktion, Selbstverteidigung und eine radikale Veränderung des Systems.[93] Obwohl sich beide Gruppen in ihren Zielen ähnelten, lassen sie sich klar in eine gemäßigte Fraktion (Civil Rights Mainstream) und eine radikale Flanke (*Schwarze* Radikale) einteilen.

Vielleicht fragst du dich jetzt: Ist meine Klimagruppe eine radikale Flanke? Radikale Flanken können verschiedene Formen annehmen. Ihre Radikalität wird immer in Relation zu der gemäßigten Gruppe definiert. Verglichen mit dieser gemäßigten Gruppe verwendet eine radikale Flanke typischerweise radikalere Aktionsformen (nicht unbedingt gewalttätige oder illegale, nur radikalere), fordert revolutionäre Veränderungen, besitzt eine radikalere Rhetorik und Ideologie und ist weniger kompromissbereit gegenüber politischen Gegner*innen.[94]

Wissenschaftler*innen und Aktivist*innen versuchen gleichermaßen zu verstehen, ob eine radikale Flanke eher positive oder negative Auswirkungen auf eine soziale Bewegung hat. Herbert Haines[93,95,96] war die erste Person, die diese Auswirkungen von Radikalen umfassend untersucht hat und den Begriff des **radikalen Flankeneffekts** einführte. Er erforschte die Dynamik zwischen *Schwarzen* Radikalen und dem Mainstream des Civil Rights Movements und analysierte, wie radikale Gruppen das politische Umfeld für die Gemäßigten veränderten. Entgegen der verbreiteten Meinung stellte Haines fest, dass die Existenz der radikalen Flanke die Spendeneinnahmen der gemäßigten Gruppen in den 1960er Jahren erhöhte.[93] Aktuelle Forschung unterstreicht jedoch die Komplexität dieses Phänomens.

Eine radikale Flanke kann sowohl negative als auch positive Auswirkungen haben. Jedoch ist bei der Bewertung der folgenden Studien zu beachten, dass die meisten von ihnen keine kausalen Schlüsse zulassen. Hinsichtlich der negativen Auswirkungen haben Beobachtungsstudien ergeben, dass eine radikale Flanke die **Aufmerksamkeit vom eigentlichen Ziel der Aktion weglenken** kann. In einer Studie über die von *Schwarzen* angeführten Proteste zwischen 1960 und 1972 neigten gewalttätige Proteste dazu, den öffentlichen Diskurs auf das Thema »soziale Kontrolle« zu lenken, anstatt die Frage der Civil Rights zu diskutieren. Etwas Ähnliches kann im Klimaschutz beobachtet werden, wenn sich die Debatte über die Letzte Generation nicht mehr um die Klimakrise dreht, sondern um strafrechtliche Anschuldigungen gegen die Aktivist*innen. Ebenso kann eine radikale Flanke die Wahrscheinlichkeit und das Ausmaß staatlicher Repression erhöhen[97] und dazu beitragen, dass Menschen **eine Partei wählen, die gegen die kollektive Aktion ist**[98]. So erhielt die Grüne Partei in den USA zwischen 1984 und 2012 weniger Stimmen in Wahlbezirken, in denen es in der Nähe zu gewalttätigen Umweltsabotageakten gekommen war.[99] Andere Untersuchungen deuten darauf hin, dass die Präsenz einer radikalen Flanke mit einer **geringeren Beteiligung von Menschen an der gemäßigten Gruppe** einhergeht.[94] Eine radikale Flanke erschwert also möglicherweise die Mobilisierung für eine soziale Bewegung. Aus der anderen Kausalrichtung betrachtet, könnte es allerdings auch sein, dass eine geringe Beteiligung der Bevölkerung dazu führt, dass eine Gruppe aus Verzweiflung eine radikale Flanke bildet. In derselben Studie wurde auch weder ein allgemein positiver noch ein negativer Effekt radikaler Flanken auf den Erfolg von Kampagnen festgestellt.[94]

Radikale Flanken können jedoch auch eine Reihe von positiven Auswirkungen haben. Die Kampagne »Go Fossil Free: Divest from Fossil Fuels!« (Mach dich frei von Kohle und Öl: Verabschiede dich von fossilen Brennstoffen!) wurde trotz ihrer friedlichen Methoden aufgrund ihrer radikaleren Ziele und Rhetorik als radikale Flanke betrachtet.[100] Sie forderte die Abkehr von fossilen Brennstoffen und die Kohle im Boden zu lassen. Forschende analysierten insgesamt 42.072 Zeitungsartikel und konnten zeigen, dass die Kampagne einen positiven Effekt hatte, indem sie **radikale und links-liberale Themen verstärkt in den Mittelpunkt der Aufmerksamkeit rückte.**[100] Eine andere Studie analysierte den jährlichen Verlauf von politischen Kampagnen aus den Jahren 1945 bis 2006: Eine soziale Bewegung machte mit höherer Wahrscheinlichkeit Fortschritte bei ihren politischen Zielen in einem bestimmten Jahr, wenn sie eine radikale Flanke hatte.[97] Mehrere Studien zeigten auch, dass **radikale Flanken die öffentliche Unterstützung für politische Ziele und gemäßigte Gruppen fördern können.**[101–103] Auch während der Black Lives Matter Proteste im Sommer 2020 wurde ein positiver Effekt der radikalen Flanke festgestellt: Wenn eine Mischung aus gewaltfreien und gewalttätigen Protesten auftrat, gab es eine größere Unterstützung für die politischen Ziele der Bewegung bei Konservativen, die in relativ links-liberalen Gebieten leben.[101] Eine experimentelle Studie, die verschiedene Zeitungsartikel über eine Tierrechtsbewegung und die Klimabewegung verglich, konnte sogar kausale Hinweise dafür finden, dass die Existenz einer radikalen Flanke zu mehr Unterstützung für die gemäßigte Gruppe innerhalb der Bewegung führte.[102] Obwohl die Unterstützung für gemäßigte Gruppen so zunehmen kann, könnte der Kontrast zwischen Gemäßigten und Radikalen auch zu einer abnehmenden Unterstützung für die radikale Flanke selbst führen.[103]

Diese vielfältigen und manchmal unklaren Ergebnisse zeigen, wie schwierig es ist, die richtige Balance zwischen Aufmerksamkeit und öffentlicher Unterstützung zu finden, insbesondere da Klima-Aktionen nicht in einem Vakuum stattfinden. Radikale Flankeneffekte verdeutlichen eindrucksvoll, dass jede Klimagruppe in einem riesigen Netzwerk von Bewegungsgruppen agiert, die sich gegenseitig in ihrem Erfolg und Misserfolg beeinflussen können. Jede Aktion einer Klimagruppe, ob radikaler oder weniger radikal, kann sich darauf auswirken, wie andere Gruppen wahrgenommen werden und wie Außenstehende auf sie reagieren. Aus diesem Grund ist es wichtig, dass Klimagruppen sowohl ihre eigenen Ziele reflektieren, die sie mit einer Aktion erreichen wollen, als auch die Auswirkungen, die ihre Aktion auf die gesamte Bewegung haben könnte. Gespräche und Kooperationen mit verbündeten Klimagruppen könnten diesen Prozess unterstützen.

Fazit: Eine radikale Flanke kann sowohl Hindernis als auch Chance für eine soziale Bewegung sein. Sie kann die Aufmerksamkeit von den eigentlichen Zielen ablenken, Unterstützung bei einer Wahl reduzieren und die Mobilisierungsbemühungen der gemäßigten Gruppe erschweren. Sie kann aber auch radikale Ideen ins Zentrum der Aufmerksamkeit rücken und die öffentliche Unterstützung für ihre politischen Ziele und die gemäßigte Gruppe erhöhen. Eine Erkenntnis, die wir schon jetzt aus dem radikalen Flankeneffekt ziehen können, besteht darin, dass die Strategien einer Klimagruppe unweigerlich mit den Aktionen anderer Gruppen verbunden sind.

▸ Widerstand gegen Klimaziele durch konstruktive Disruption verringern

Bisher wurde gezeigt, wie schwierig es ist, die vielschichtigen Auswirkungen einer radikalen Flanke auszubalancieren. Es gibt jedoch eine Methode, die effektiv sein könnte, um sowohl Aufmerksamkeit *als auch* Unterstützung zu gewinnen, nicht unbedingt für die Gruppe selbst, aber für ihre politischen Ziele: der Einsatz von konstruktiver Disruption.

Eric Shuman und seine Kolleg*innen[104] haben verschiedene Arten kollektiver Aktion sowie deren Wirkung auf Menschen untersucht, die den politischen Forderungen bestimmter sozialer Bewegungen eher abgeneigt sind (in der Studie wurde nicht die Klimabewegung untersucht). Konkret wurde die Wahrnehmung von drei Aktionsformen verglichen: normative gewaltfreie Aktionen (friedliche Demonstrationen, Petitionen), nicht-normative gewaltfreie Aktionen (Streiks, Straßenblockaden, Sit-ins) und nicht-normative gewalttätige Aktionen (Aufstände, Zerstörung von Eigentum). Über verschiedene Bewegungen hinweg stellten die Forschenden fest, dass Teilnehmende besonders dann bereit waren, politische Zugeständnisse zu unterstützen, **wenn die kollektive Aktion nicht-normativ und gewaltfrei war. Die entstehende Dynamik nannten sie »konstruktive Disruption«.**

Eine disruptive Aktion ist in diesem Sinne eine Aktion, die nicht ignoriert werden kann. Die höchstmögliche Disruption, die eine soziale Bewegung erzielen kann, ist wohl eine offene, gewaltsame Rebellion. Doch natürlich gibt es verschiedene Stufen der Disruption. Straßenblockaden oder Sabotageaktionen haben einen höheren Störungsgrad als friedliche Demonstrationen. Wenig disruptive Aktionen können leichter von Personen ignoriert werden, die die Ziele der sozialen Bewegung nicht unterstützen.[104] Daher ist ein gewisses Maß an Disruption nützlich oder sogar notwendig. Allerdings sollte die Disruption in einem ausgewogenen Verhältnis dazu stehen, wie konstruktiv die Absichten einer Aktionsgruppe wahrgenommen werden: Trotz der disruptiven Elemente müssen Außenstehende denken, dass Klimagruppen »konstruktiv« handeln. Außenstehende müssen glauben, dass eine Gruppe **ihre Aktionen beenden wird, sobald ihre Forderungen erfüllt sind, und dass sie nicht nur aus reinem Zerstörungsdrang handelt, sondern eine Verbesserung der Situation für alle anstrebt.** Aus diesem Grund muss immer klar kommuniziert werden, warum kollektives Klimahandeln stattfindet. Abbildung 8 zeigt, wie diese Balance zwischen Disruption und konstruktiven Absichten bei der Planung von Klima-Aktionen beachtet werden kann.

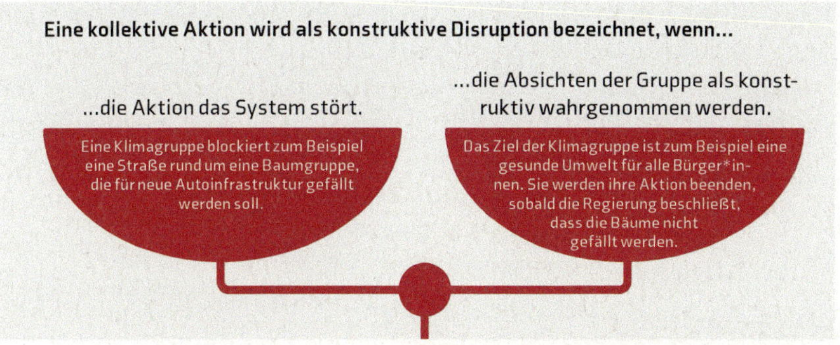

› Abbildung 8. Die Balance zwischen Disruption und konstruktiven Absichten bei kollektivem Klimahandeln.

Um als Gruppe mit konstruktiven Absichten wahrgenommen zu werden, ist es vorteilhaft, Aktionsformen zu wählen, die den Grund für die Aktion leicht erkennen lassen. Einfach ausgedrückt: Manche Protestaktionen sprechen für sich selbst. Es ist zum Beispiel einfacher, nachzuvollziehen, warum Klimagruppen ein Braunkohlekraftwerk blockieren als den öffentlichen Nahverkehr. Erstere Aktion hat eine klare symbolische Wirkung (neben dem direkten Effekt, dass sie Treibhausgasausstöße verhindert). Die zweite Aktion kann hingegen leicht als unkonstruktiv wahrgenommen werden. Extinction Rebellion erlebte diesen unerwünschten Effekt, als einige Gruppenmitglieder den öffentlichen Nahverkehr in London während der Hauptverkehrszeit blockierten.[105,106] Einige Pendler*innen reagierten sehr wütend und sogar gewalttätig auf die Aktivist*innen. Außerdem waren viele Mitglieder von Extinction Rebellion selbst mit der Aktion unzufrieden. Sie bezeichneten die Aktion später als einen Fehler und betonten, sie würden daraus lernen und von dieser Art der Disruption Abstand nehmen. Ein Mitglied teilte mit: »Wir dürfen auf keinen Fall die Augen davor verschließen, dass wir aus dem, was rund um die Tube [Name der Londoner U-Bahn] passiert ist, lernen müssen, vor allem was unsere eigenen internen Entscheidungsprozesse angeht.«[105] Natürlich kann die wahrgenommene Konstruktivität einer Aktion sehr kontextabhängig sein. So mag es in dem einen Kontext als angemessen erscheinen, das gesamte Verkehrssystem für einen Tag stillzulegen, während es in einem anderen Kontext völlig übertrieben scheint. Obwohl Extinction Rebellion mit der Störung des öffentlichen Verkehrssystems Aufmerksamkeit erregt hat, haben sie mit dieser speziellen Aktion offenbar nicht die gewünschte Balance zwischen Disruption und konstruktiven Absichten erreicht. Eine aktuelle Studie legt jedoch nahe, dass die Proteste von Extinction Rebellion im April 2019 in Großbritannien *insgesamt* mit einem reduzierten Widerstand gegen politische Klimaschutzmaßnahmen einhergingen.[107]

Fazit: Wenn kollektives Klimahandeln disruptives Potential hat, gleichzeitig aber als konstruktiv wahrgenommen wird, kann dies Unterstützung für die politischen Gruppenziele fördern – insbesondere bei denjenigen, die diesen Zielen normalerweise eher abgeneigt sind. Nicht-normative gewaltfreie Aktionen wie ziviler Ungehorsam können eine Balance zwischen Disruption und konstruktiven Absichten erreichen, indem sie Außenstehenden zeigen, dass die Aktion auf die Verbesserung der Situation für alle abzielt und beendet wird, sobald die Forderungen der Gruppe erfüllt sind.

▸ Klima-Aktionen als legitim, nahbar und wirksam darstellen

Nicht alle können oder wollen sich an konstruktiver Disruption beteiligen. Selbst wenn Menschen dies tun, ist es möglich, dass Proteste mit konstruktiven Absichten kritisiert werden, weil sie von der Öffentlichkeit fälschlicherweise als unkonstruktiv *wahrgenommen* werden. In der Presse können völlig (oder fast völlig) friedliche Proteste als unmoralisch oder gefährlich dargestellt werden, was der öffentlichen Unterstützung für kollektives Klimahandeln schaden kann. Bei den G20-Protesten in Hamburg im Jahr 2017 kam es zum Beispiel durch eine kleine Gruppe zu Vandalismus, die große Mehrheit blieb jedoch friedlich. Dennoch gab es viel negative Berichterstattung über die Proteste und Gewalt und Kriminalisierung der Proteste standen im Mittelpunkt und prägten die öffentliche Meinung.[108] Neben der Auswahl bestimmter Aktionsformen, die eher als konstruktiv wahrgenommen werden, ist es für Klimagruppen daher wichtig, sich aktiv mit der Gestaltung von Aktionen zu beschäftigen, sodass diese als legitim, nahbar und wirksam wahrgenommen werden.

Eine Klima-Aktion als legitim und begründet darzustellen ist besonders dann wichtig, wenn eine kollektive Aktion eher kontrovers und nicht-normativ ist. Im vorherigen Kapitel hast du bereits gehört, dass die Wahrnehmung der Polizei, ob ein Protest legitim ist oder nicht, Einfluss darauf nehmen kann, ob er eskaliert (→Wie friedliche Proteste eskalieren können). Was die Öffentlichkeit betrifft, so führen kollektive Aktionen, die als legitim,[88,89] begründet[87] und moralisch[73] wahrgenommen werden, zu mehr Unterstützung bei Menschen außerhalb der Bewegung. Daher ist es wichtig, die moralische Ungerechtigkeit, gegen die protestiert wird, klar zu kommunizieren und deutlich zu machen, warum eine bestimmte Aktionsform gewählt wurde und notwendig ist. Typische Beispiele für solche Begründungen sind: »Wir wollen die Ungerechtigkeit direkt dort stoppen, wo sie geschieht« oder »Wir haben alles andere versucht, aber es hat nicht funktioniert. Dies ist unsere letzte Möglichkeit.« Dabei ist entscheidend, dass sich Gruppen auf eine Kommunikationsstrategie einigen, die ihre Aktionen rechtfertigt – eine gemeinsame Geschichte, die die Werte der verschiedenen Zielgruppen im Auge behält. Dabei hervorzuheben, wie zerstörerisch eine umweltfeindliche Praxis oder Struktur ist (z. B. Walfang), kann kollektive Aktionen als legitimer erscheinen lassen, was wiederum Unterstützung fördern könnte.[88]

Ein eindrucksvolles Beispiel dafür sind Ruby Montoya und Jessica Reznicek, die die Dakota Access Pipeline sabotiert haben. Wie der Rolling Stone beschreibt: »[Sie] hatten alles versucht, was sie legal tun konnten, um den Bau der 1.172 Meilen langen Dakota Access Pipeline zu stoppen oder zu verzögern [...]. Sie hatten an öffentlichen Anhörungen teilgenommen, Unterschriften [...] gesammelt und an Protestmärschen, Kundgebungen, Boykotts, Protestcamps und Hungerstreiks teilgenommen. [...] Doch all diese Maßnahmen konnten den Bau nicht dauerhaft stoppen und im Spätherbst verlief eine diagonale Rohrleitung quer durch den gesamten Bundesstaat Iowa. Montoya und Reznicek waren frustriert.«[109] Also beschlossen sie, die Pipeline zu sabotieren. Nachdem ihre Sabotageaktionen in den Medien kaum Beachtung fanden, gaben die beiden öffentlich bekannt, dass sie es waren, die hinter dieser Aktion steckten und übernahmen die volle Verantwortung. Montoya bezeichnete ihre Aktionen als legitim und begründet: »Manche mögen diese Aktionen als gewaltsam ansehen, aber lasst euch nicht täuschen. Wir haben aus vollem Herzen gehandelt und niemals Menschenleben und persönliches Eigentum bedroht. Was wir getan haben, ist, uns gegen ein privates Unternehmen zu wehren, das in unserem Land wütet, Land an sich reißt und die Wasserversorgung unseres Landes verschmutzt. Ihr mögt mit unserer Taktik nicht einverstanden sein, aber ihr könnt ihre Notwendigkeit angesichts der kaputten Bundesregierung und der Konzerne, die sie vertreten, klar erkennen.«[109] Ihnen drohen nun bis zu 20 Jahre Gefängnis.

Kannst du dich mit den beiden identifizieren? Ob wir eine Aktion als legitim wahrnehmen und bereit sind, eine Bewegung oder Gruppe zu unterstützen, **hängt davon ab, ob wir uns mit ihr identifizieren können.**[87] Bewerten Menschen von außerhalb (aber auch innerhalb) der Bewegung eine nicht-normative Klima-Aktion als unmoralisch, dann kann dies zu einer geringeren Identifikation mit der Aktion und ihren Mitgliedern führen. Eine geringere Identifikation kann wiederum eine schwächere Unterstützung der Bewegung und ihrer Ziele zur Folge haben.[73] Tatsächlich haben Studien zu radikalen Flanken ergeben, dass soziale Identifikation eine wichtige Rolle für ihre öffentliche Unterstützung spielen kann. Wird eine radikale Flanke mit einer gemäßigten verglichen, kann dies Identifikation mit und Unterstützung für die radikale Flanke beeinträchtigen. Gleichzeitig kann es aber auch eine Grundlage dafür sein, sich mit der gemäßigteren Gruppe zu identifizieren und sie zu unterstützen.[102,103] Deshalb sollte bei der Planung von Klima-Aktionen darüber nachgedacht werden, wie eine Identifikationsbasis geschaffen werden kann (→ soziale Identität). Vor allem radikale Flanken könnten damit Schwierigkeiten haben und sollten deshalb besonderes Augenmerk darauf legen.

Forschende haben ebenfalls herausgefunden, dass Personen außerhalb der Bewegung eher bereit waren, sich an zukünftigen Protesten zu beteiligen, **wenn sie glaubten, dass die gewählten Taktiken effektiv Veränderung bewirken können** und »Sinn ergeben«.[89] Interessanterweise stellten sie fest, dass Demonstrationen zwar als die legitimste, aber nicht wirksamste Taktik angesehen wurden. Stattdessen wurden nicht-normative friedliche Proteste als wirksamer wahrgenommen, also Aktionen mit konstruktiver Disruption. Klimagruppen sollten daher darauf achten, klar zu kommunizieren, warum sie eine bestimmte Taktik gewählt haben und wie diese zu sozial-ökologischem Wandel beiträgt. Diese hier beschriebene Wahrnehmung ist eng mit Wirksamkeitsüberzeugungen verknüpft, worauf in Kapitel 5 näher eingegangen wird. Das nächste Kapitel beschäftigt sich jedoch erst einmal damit, wie Klima-Themen durch ein bestimmtes Framing am besten kommuniziert werden können, da dies eng mit Werten und Moralvorstellungen verknüpft ist.

Fazit: Normative Aktionsformen erhalten leichter öffentliche Unterstützung, weil sie eher als legitim wahrgenommen werden. Nicht-normative Aktionsformen hingegen müssen sich darum bemühen, als legitim und moralisch gerechtfertigt wahrgenommen zu werden, wenn sie öffentliche Unterstützung erhalten wollen. Eine Gruppe und ihre Aktionen als nahbar, inklusiv und wirksam darzustellen, kann dazu beitragen, diese Unterstützung von außerhalb der Bewegung zu sichern.

Deine moralischen Überzeugungen

Vielleicht hast du dieses Kapitel über moralische Überzeugungen und Wut als etwas intensiv empfunden. Hier hast du nun die Möglichkeit, über deine eigenen Werte und moralischen Grundsätze nachzudenken und dir einen Überblick darüber zu verschaffen, welche Werte dein eigenes Leben leiten:

Teil I: **Einen Überblick über deine Werte gewinnen**

1. Du beginnst, indem du einen Kreis zeichnest und alle dargestellten Werte drum herum schreibst, ähnlich wie in Abbildung 6. Alternativ kannst du auch eine Vorlage von unserer Wandelwerk-Website[110] herunterladen oder versuchen, die Aufgabe gedanklich durchzugehen.
2. Nun kannst du eintragen, wie wichtig dir die einzelnen Werte sind (markiere sie mit einem Punkt, Kreuz oder einem anderen Symbol). Die wichtigsten Werte sollten am Rand des Kreises markiert werden (7), die unwichtigsten in der Mitte (0). Du kannst auch alle Stufen dazwischen verwenden. Wie wichtig ist jeder einzelne Wert für dich?
3. Als nächstes kannst du die Punkte miteinander verbinden, um ein klareres Bild deines eigenen Wertenetzes zu bekommen.

Teil II: **Über die eigenen moralischen Überzeugungen und Werte nachdenken**

4. In einem nächsten Schritt kannst du nun einen andersfarbigen Stift verwenden und eintragen, wie sehr du aktuell schon nach den jeweiligen Werten lebst. Dies ermöglicht dir, Unstimmigkeiten zu entdecken, zum Beispiel, wenn du Gerechtigkeit sehr schätzt (7), sie aber in deinem aktuellen Leben nur eine geringe Rolle spielt (2). Es kann auch passieren, dass du einen Wert mehr auslebst als es dir eigentlich wichtig ist, zum Beispiel, wenn dir Dominanz nicht wichtig ist (1), du jedoch einen Beruf ausübst, der es erfordert, dass du dominante Positionen einnimmst (4). Wie sehr handelst du gemäß der einzelnen Werte?
5. Fragen zum Nachdenken: Gibt es Unterschiede zwischen dem, was du wertschätzt und wie dein jetziges Leben aussieht? Überrascht dich etwas? Gibt es etwas, das dich stört und dein Selbstverständnis bedroht?

6. Bei welchen Werten hast du das Gefühl, dass es ein klares Richtig oder Falsch gibt (deine moralische Überzeugung)? Welche Werte machen dich wütend, wenn sie verletzt werden?
7. Welche der dir wichtigen Werte bringst du in Gesprächen mit Familienmitgliedern, Freund*innen und Kolleg*innen zum Ausdruck? Hast du das Gefühl, dass sie deine moralischen Überzeugungen verstehen? Glaubst du, dass du ebenfalls die Perspektive ihrer moralischen Überzeugungen einnehmen kannst?
8. Beteiligst du dich an bestimmten Klima-Aktionen? Wenn ja, wie spiegeln diese deine Werte wider?

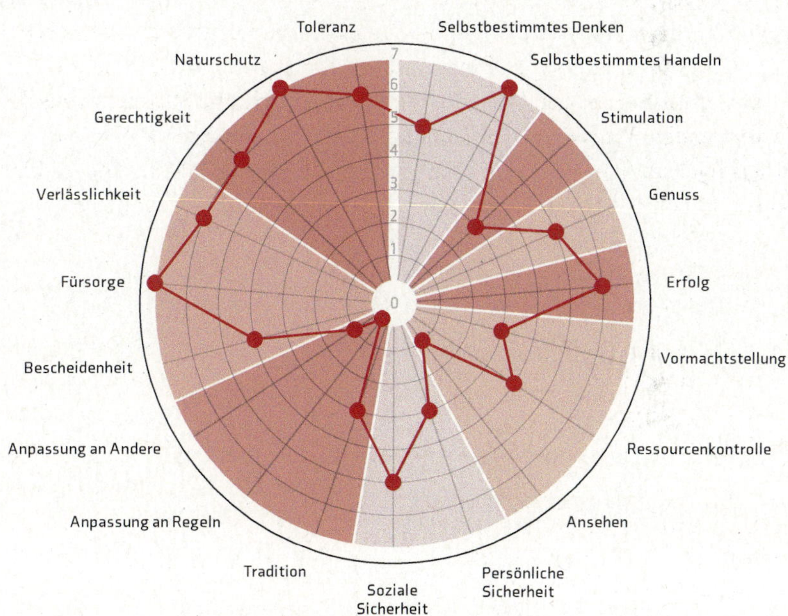

› Abbildung 9. Beispiel für ein ausgefülltes Wertenetz.

Teil 1

Motivation für kollektives Klimahandeln

Kapitel 4 Exkurs: Framing

Was versteckt sich hinter dem Konzept »Framing«?

»Die Art und Weise, wie Menschen sich die Welt vorstellen, bestimmt in jedem Moment, was sie tun werden.«[1] Framing ist zu einem Trendword geworden, das immer beliebter wird – auch in der Klimakommunikation. Da dieses Buch bereits viele Aussagen darüber getroffen hat, welche Aspekte kollektiven Klimahandelns möglicherweise in der Öffentlichkeitskommunikation hervorgehoben werden sollten (z. B. seine Legitimität, Nahbarkeit und Wirksamkeit), ist es an der Zeit, diese Ideen auch mit dem Konzept des Framings zu verbinden. Framing kann in allen Motivationsbereichen des kollektiven Klimahandelns nützlich sein – ob bei sozialer Identifikation, moralischen Überzeugungen, Wirksamkeitsüberzeugungen oder bei anderen Motivationsquellen.

› Aktivist*innen tragen ein Transparent mit der Aufschrift »Es gibt keine Arbeitsplätze auf einem toten Planeten« (2018)[I]

Um zu verstehen, was mit Framing gemeint ist, können die Bestandteile von Framing betrachtet werden: Geschichten. Unser menschliches Gehirn ist so gestrickt, dass durch Geschichten Sinn für uns entstehen kann. Im Jahr 1944 führten Fritz Heider und Mary-Ann Simmel ein einfaches, aber aussagekräftiges Experiment durch, bei dem sie den Teilnehmenden eine Animation zeigten, in der sich zwei Dreiecke und ein Kreis um ein Quadrat herum bewegten.[2,3] Anschließend wurden die Teilnehmenden gebeten, zu beschreiben, was sie darin sahen. Ihre Antworten waren ein **deutliches Beispiel für die Tendenz, automatisch Zusammenhänge und Geschichten zu kreieren.** Einige sagten zum

Beispiel: »Der Kreis jagt das Dreieck«. Wir lassen Geschichten entstehen und werden selbst von Geschichten geprägt. Sie zeigen uns, wer wir sind, was wir tun und was wir glauben sollten – und geben uns dadurch eine Orientierung.

Geschichtenerzählen kann auch auf kollektiver Ebene stattfinden. Durch Geschichtsschreibung und Institutionen können Gruppen Geschichten erschaffen, die ganze Kulturen und kollektive Bedeutungsgebungen prägen. Deshalb ist es wichtig, Geschichten zu hinterfragen, die einem sozial-ökologischen Wandel nicht dienlich sind, vor allem, wenn es stille Annahmen einer dominanten Kultur sind, die Leid verursachen können. Ähnlich wie beim kollektiven Handeln beeinflussen uns Geschichten dadurch, wie wir sie wahrnehmen und welche Bedeutung wir ihnen beimessen – und das hat oft einen stärkeren Einfluss als das, was tatsächlich passiert ist. Als Forscher*innen glauben wir Autor*innen fest an die Macht von Wissen und Fakten. Als Psycholog*innen sehen wir gleichzeitig auch die Notwendigkeit, die Lücke zwischen Information und Handeln zu schließen. Deshalb kann es für Klimagruppen sinnvoll sein, bewusst Erzählungen zu entwickeln, die die Wahrnehmung und das Handeln von Menschen beeinflussen können. Dafür brauchen Geschichten einen kohärenten Rahmen: ein Framing.

Framing hat verschiedene Bedeutungen in Wirtschaft, Politik, Sozialwissenschaften und Ökologie. Dieses Buch konzentriert sich auf das Framing-Konzept des Center for Story-based Strategy (Zentrum für geschichtenbasierte Strategie). **Laut diesem Konzept ist Framing die Gestaltung einer Erzählung mit »Charakteren, Konflikten, Bildern und Vorahnungen, die eine gute Geschichte verstärkt und Bedeutung schafft«.**[4] Diese Definition unterstreicht, dass Framing ein aktiver Prozess ist, der darauf abzielt, Herz und Verstand zu erreichen.

Manchmal reicht es schon aus, die eigene Wortwahl zu ändern und ein Thema so zu framen, dass eine bestimmte Reaktion hervorgerufen wird. So zeigten US-Amerikaner*innen in einer Studie mehr Unterstützung für die Verringerung wirtschaftlicher Ungleichheit, wenn diese als Nachteil von Klassen mit niedrigerem sozioökonomischem Status beschrieben wurde (und nicht als Vorteil der Klassen mit höherem Status).[5] Doch Framing kann viel mehr sein als die reine Wortwahl. Framing findet überall statt, zwischen den Zeilen von Kommunikation, in den ungeschriebenen Regeln von Institutionen oder in den Formen kollektiven Klimahandelns. Beim Framing geht es um die Entscheidung darüber, was Menschen sagen, wie sie es sagen, was sie betonen und was sie unausgesprochen lassen. Dabei prägt Framing die Art und Weise, wie wir alle – oft unbewusst – über das, was um uns herum und in uns geschieht, denken, sprechen und es wahrnehmen. Wir entkommen also nicht der Tatsache, dass wir unsere Themen immer framen, aber wir können dabei strategischer vorgehen.

Klimagruppen könnten versuchen, bestehende Frames zu analysieren, zu verändern und sie zu nutzen, um ihre Geschichten für eine bestimmte Zielgruppe ansprechend zu gestalten. Ein anschauliches Beispiel für das Hinterfragen bestehender Frames ist der Geografieunterricht.[4] Von Anfang an wird uns eine hegemoniale Definition eines Kontinents beigebracht: Kontinente sind eine von Wasser umgebene Landmasse. Wir lernen auch, dass es sieben Kontinente gibt, von denen Europa der zweitkleinste ist. Dabei können wir schnell den Eindruck gewinnen, dass solche geografischen Beschreibungen neutral sind und lediglich das Ergebnis der Anwendung technischer Regeln. Karten im Geografieunterricht sind aber nicht neutral. Es gibt verschiedene Möglichkeiten, unseren Globus zweidimensional auf einer Karte darzustellen. Im Geografieunterricht werden vor allem Bilder verwendet, die Europa größer erscheinen lassen, als es tatsächlich ist (Mercator-Projektion). So entsteht ein Framing, das eventuell von Eurozentrismus und Neokolonialismus geprägt sein könnte. Es ist daher notwendig, bestehende Frames, die unser Weltbild prägen, zu analysieren, um sie gegebenenfalls neu zu formulieren und strategisch neue Geschichten zu entwickeln. Bislang knüpfen Klimagruppen jedoch eher an bestehende Geschichten und Frames an, als dass sie grundlegend neue schaffen. Im nächsten Abschnitt wirst du erfahren, welche Frames den Einfluss kollektiven Klimahandelns erhöhen könnten.

Welche Frames sind sinnvoll für Klimaprotest und Engagement?

Im Allgemeinen sind Frames überzeugender, wenn sie in sich stimmig sind, von der Realität gestützt werden und aus Quellen stammen, die als glaubwürdig und vertrauenswürdig wahrgenommen werden.[6,7] Drei Frames sind typisch für soziale Bewegungen: **die Identifizierung von Problemen und Zuschreibungen (diagnostische Frames), die Vorhersage des wahrscheinlichen Ereignisverlaufes (prognostische Frames) und die Förderung des Wunsches,**

etwas zu bewirken (motivierende Frames).[6] Eine Klimagruppe könnte zum Beispiel einen diagnostischen Frame verwenden, indem sie die Ungerechtigkeiten und moralische Verstöße der großen Ölkonzerne aufzeigt. Während sie selbst finanzielle Gewinne machen, tragen diese Unternehmen zu den zunehmenden Klimakatastrophen bei, die den Globalen Süden und künftige Generationen am härtesten treffen. Einige Gruppen verwenden sogar bestimmte Frames in ihren Namen: Die Klimagruppe »Just Stop Oil« (Öl einfach stoppen) nutzt einen diagnostischen Frame, da sie Ungerechtigkeiten der Ölförderung betont. Ihr deutsches Pendant, die Letzte Generation, enthält einen prognostischen Frame in ihrem Namen, der hervorhebt, dass sie die letzte Generation sei, die eine Eskalation der Klimakrise verhindern kann. Der Name von Fridays for Future kann als motivierender Frame betrachtet werden, da er unterstreicht, dass sie etwas erreichen wollen – eine klimagerechte Zukunft. In einer Studie mit 15 Organisationen, die zu Obdachlosigkeit arbeiten, stellten Forscher*innen fest, dass die Wirksamkeit von Bewegungen durch den Gebrauch diagnostischer und prognostischer Frames erhöht werden kann.[8]

Zusätzlich zu diesen Frames sozialer Bewegungen gibt es Frames, die typischerweise für die Kommunikation des Klimawandels empfohlen werden. Diese könnten auch auf das Framing kollektiven Klimahandelns übertragen werden. Das Buch »The Psychology of Climate Change Communication« (Die Psychologie der Klimawandelkommunikation)[9] bietet hierfür einige Anhaltspunkte. Die Autor*innen des Buches schlagen zunächst vor, verschiedene Motivationsarten gleichzeitig anzusprechen. Wir alle verfolgen unsere Ziele auf unterschiedliche Weise. Während einige von uns eher nach Idealen streben und **Veränderungen vorantreiben wollen** (»Fokus auf Förderung«), beschäftigen sich andere eher damit, was sie tun sollten, und **wollen etwas bewahren oder verhindern** (»Fokus auf Vermeidung«). Wichtig ist, dass beide Herangehensweisen Menschen motivieren können, Klimaschutz anzustreben, aber auf Basis unterschiedlicher Beweggründe. Wenn kollektives Klimahandeln ein breites Spektrum von Menschen motivieren soll, ist es sinnvoll, ein Anliegen in Begriffen der Förderung (z. B. Ideal, Hoffnung, Wunsch, Fortschritt und Chance) und der Vermeidung (z. B. Soll, Erhalt, Verantwortung, Notwendigkeit, Schutz) zu framen. Die Verwendung beider Frames kann auch hilfreich sein, wenn es darum geht, neue und vielfältige Mitglieder für eine Klimagruppe zu gewinnen.

Als Zweites empfehlen die Autor*innen, die **Klimakrise sowohl lokal als auch global zu framen**, indem die Folgen des Klimawandels für das unmittelbare Leben, aber auch für das große Ganze hervorgehoben werden.[10] Für Klimagruppen könnte dies bedeuten, dass sie ihre Aktionen nicht nur im Hinblick auf globale, sondern auch auf lokale Umweltprobleme und Lösungen framen sollten. Ein globaler Klimastreik könnte zum Beispiel gleichzeitig die Schritte aufzeigen, die von der lokalen Regierung unternommen werden müssen, um das Pariser Klimaabkommen zu erfüllen.

Eine dritte Strategie ist das **Framing eines Themas im Hinblick auf gegenwärtige und zukünftige Verluste** – »weniger verlieren im Jetzt anstatt mehr verlieren in der Zukunft«.[9] Statt sich nur auf die Zukunft zu konzentrieren, sollten Frames auch gegenwärtige Verluste einbeziehen. Darüber hinaus könnten diese Verlust-Frames effektiver sein als die Betonung von möglichen Gewinnen. Wenn eine Klimagruppe beispielsweise überlegt, welche Ungerechtigkeiten sie mit einer Demonstration ansprechen will, könnte sie sich für bereits eingetretene lokale Klimaauswirkungen entscheiden und den Betroffenen eine Stimme geben. Die jährlichen »Wir haben es satt«-Demos in Berlin basieren zum Beispiel auf einer Koalition aus Landwirt*innen und Klimagruppen. Sie fordern eine Veränderung der Agrarpolitik angesichts der aktuellen und zukünftigen Klimabedrohungen sowie des Aussterbens von landwirtschaftlichen Betrieben.

Als Viertes schlagen die Autor*innen vor, Klimaprobleme mit anderen Themen zu verbinden, die gesellschaftliche Relevanz haben. Die Klimakrise kann **als Umweltbedrohung, aber auch als Bedrohung der Wirtschaft, der Gesundheit und der nationalen Sicherheit geframt werden**. Solche Framing-Entscheidungen können besonders wichtig sein, wenn Klimagruppen versuchen, Koalitionen mit anderen Gruppen und Bewegungen zu bilden. Wie bereits erwähnt, sollten derartige Bedrohungs-Frames auch der Realität entsprechen und im besten Fall plausibel erscheinen.

Fazit: Bisherige Forschungsergebnisse haben gezeigt, dass soziale Bewegungen effektiv sein können, wenn sie diagnostische Frames (was ist problematisch?), prognostische Frames (was wird passieren?) und motivierende Frames (was können wir erreichen?) verwenden. Außerdem könnten Klimathemen am ehesten ihr Publikum erreichen, wenn sie als lokal begrenzte und gleichzeitig globale Bedrohung dargestellt werden, die mit aktuellen und zukünftigen Verlusten einhergeht – nicht nur für die Umwelt, sondern auch für andere gesellschaftlich relevante Bereiche wie Wirtschaft, Gesundheit und nationale Sicherheit.

Der Klimagerechtigkeits-Frame: Wenn dich interessiert, wie Klima*gerechtigkeit* geframt werden kann, empfehlen wir Autor*innen die Ergebnisse eines 12-monatigen Forschungsprojektes, das Organisator*innen der Klimagerechtigkeitsbewegung in Großbritannien zusammengebracht hat.[11] Die Autor*innen des Forschungsprojektes argumentieren, dass es wichtig sei, Gerechtigkeit in den Mittelpunkt der Klimakommunikation zu stellen. Laut ihnen sollte die Solidarität mit denjenigen bekundet werden, die unverhältnismäßig stark vom Klimawandel betroffen sind, und gleichzeitig anerkannt werden, welche Ungerechtigkeiten innerhalb Großbritanniens existieren. Betroffene Gruppen sollten als zentrale Akteur*innen bei Entscheidungsprozessen dargestellt werden – nach dem Motto »Selbstbestimmung ist entscheidend«. Außerdem sei es wichtig, vorsichtig mit Notfall-Frames umzugehen. Viele Menschen sind sich der Dringlichkeit der Klimakrise bereits bewusst und allzu negative Botschaften könnten das Potenzial für Solidarität beeinträchtigen. Insgesamt empfehlen die Studien-Autor*innen, klare Verbindungen zwischen Klimafragen, Kapitalismus und Kolonialismus herzustellen.

Die Zielgruppe beim Framing berücksichtigen

Es wird nie den einen Frame geben, der alle Probleme löst – wenn es doch nur so einfach wäre! Ob sich eine Klimagruppe an ihre Mitglieder, an gleichgesinnte Gruppen oder an Menschen außerhalb der Bewegung wendet, macht einen großen Unterschied bei der Frage, wie eine erfolgreiche Botschaft geframt werden sollte. Auf der Suche nach geeigneten Frames ist es daher notwendig, relevante Merkmale der Zielgruppe zu berücksichtigen und ihr Wertesystem zu verstehen.

Knüpfen Frames an bereits bestehende Werte an, können sie ansprechender und effektiver werden. Du bist dieser Idee bereits in einem Abschnitt über wertebasierte Kommunikation begegnet (→Bestehende und neue Gruppen mit dem Kampf gegen die Klimakrise verknüpfen). Auch Kapitel 3 über moralische Überzeugungen bietet eine Grundlage für Überlegungen, welche Werte einer bestimmten Zielgruppe relevant sein könnten. Eine Studie zur Unterstützung eines politischen Programms, das die Kosten klimaschädlicher Produkte erhöhen und damit Erneuerbare-Energien-Projekte und Carbon Capturing finanzieren sollte, veranschaulicht diesen Punkt.[9] Die Forscher*innen verwendeten zwei verschiedene Frames und sahen sich dann an, wie sehr das Programm von Teilnehmenden unterstützt wurde. Es gab deutlich mehr Unterstützung, wenn das Programm als »Emissionsausgleich« bezeichnet wurde (52 % Unterstützung), als bei einer Bezeichnung als »Emissionssteuer« (39 % Unterstützung). Interessanterweise hing die Reaktion auf die Frames von der politischen Einstellung der Teilnehmenden ab. Teilnehmende mit eher linksliberalen Ansichten zeigten keine Unterschiede zwischen den beiden Frames. Teilnehmende mit konservativen Ansichten hatten hingegen eine starke Präferenz für das Emissionsausgleich-Framing.[9] Dieser Befund deutet an, dass Framing besonders dann relevant wird, wenn Klimagruppen Menschen mit weniger umweltbezogenen Werten erreichen wollen – und nicht nur die bereits Überzeugten.

Dieses Beispiel zeigt auch, wie mächtig Frames sein können, wenn sie die Werte der Zielgruppe beachten. Die gleichen Überlegungen gelten auch für andere Merkmale einer Zielgruppe, wie ihr soziodemografischer, psychologischer und motivationaler Hintergrund. Die sozialen Identifikationen einer Zielgruppe, ihre moralischen Überzeugungen und Emotionen sowie ihre Wirksamkeitsüberzeugungen sind daher bei Framing-Entscheidungen unbedingt zu berücksichtigen. Insgesamt kann Framing als Methode für Klimagruppen dienen, um die vielfältigen psychologischen Prozesse zu nutzen, die in diesem Buch behandelt werden.

Fazit: Frames sind vor allem dann effektiv, wenn sie auf die Werte, Demografie und andere psychologische Merkmale der Zielgruppe zugeschnitten sind.

Das Framing in diesem Buch: Framing kann, genau wie auch Geschichten, sowohl nützlich als auch schädlich sein. An dieser Stelle erscheint es uns Autor*innen sinnvoll zu erwähnen, dass dieses Buch, die Geschichten, die wir erzählen, und die Botschaften, die wir vermitteln, das Produkt unserer aktuellen Realität sind. Politische Diskurse werden ständig neu verhandelt und dies gilt auch für die Frames und Begriffe, die wir verwenden, und die Bedeutungen, die wir ihnen geben. Es ist durchaus möglich, dass die Begriffe, die wir heute verwenden, in Zukunft veraltet sind oder sogar als beleidigend angesehen werden. Wir verwenden in diesem Buch Beispiele von Projekten, Menschen und Orten, deren Zukunft wir nicht vorhersehen können. Wir möchten dich dazu ermutigen, für unsere Worte selbstbestimmt deine eigenen Interpretationen zu finden. Suche dir eigene Beispiele, füge deine bevorzugten Bezeichnungen hinzu, streiche durch, was sich für dich nicht richtig anfühlt. Wir sehen dieses Buch als kollaborativen Deutungsvorschlag – von uns und mit dir.

Teil 1

Motivation für kollektives Klimahandeln

Kapitel 5 Wirksamkeits-überzeugungen

Was sind Wirksamkeitsüberzeugungen?

»Es war eine Saatguttauschbörse und es gibt Leute, die haben einfach eine riesen Kiste voller Saatgut mit verschiedenen Sachen [...] und jetzt habe ich das Saatgut selber. [...] Das ist schon mal der Punkt, an dem ich Saatgut vermehren kann, also aus einem Saatkorn sagen wir mal 40 Saatgut daraus machen kann, dann habe ich eine Multiplikation von 40. So, und das ist doch das, was spannend ist. Und wenn alle anfangen zu multiplizieren, dann ist die Natur sowas wie ein Hebel, der dazu führt, dass man sich nicht schwach fühlt, sondern dass man etwas gemeinsam hinbekommt.«

Interviewpartner aus bisher unveröffentlichter Studie

Dieses Zitat ist aus einem Interview, in dem eine umweltengagierte Person nach ihren Momenten der Wirksamkeit gefragt wurde. Sie beschrieb mit begeisterten Worten, wie positive Veränderung ähnlich wie eine Saatguttauschbörse wirken kann – ehe du dich versiehst, hat sie sich beschleunigt und verbreitet. Überzeugungen bezüglich der eigenen Wirksamkeit sind eine potenzielle Quelle von Motivation oder Demotivation, die wahrscheinlich alle Mitglieder der Klimabewegung schon erlebt haben. Manchmal entsteht das Gefühl, dass Veränderung möglich ist und dass Klimagruppen und Klimaengagierte wirklich zu einem bedeutenden Wandel beitragen. Dann wiederum gibt es Zeiten, in denen Engagierte das Gefühl haben, dass sich rein gar nichts bewegt – sie wollen sich dann mitunter in ihrem Zimmer vor der Welt verkriechen und einfach nur aufgeben. Dies sind die extremen Ausprägungen von Wirksamkeitsüberzeugungen. Es erfordert Mut, sich der Angst vor der eigenen Unwirksamkeit zu stellen und sich angesichts einer so großen Bedrohung wie der Klimakrise wirksam zu fühlen.

Wie in Kapitel 2 beschrieben, können Wirksamkeitsüberzeugungen als ein psychologisches Bedürfnis betrachtet werden, das unser Handeln in eine bestimmte Richtung lenkt (»push«). Wird unser Bedürfnis nach Wirksamkeit befriedigt, kann es uns helfen, ein glückliches und gesundes Leben zu führen, und uns langfristig an die Gruppen binden, in denen wir uns wirksam fühlen.[1] Wirksamkeitsüberzeugungen können uns auch zu bestimmten Zielen hinziehen (»pull«) und unsere Motivation aufrechterhalten, genau diese Ziele zu verfolgen. Sie motivieren unser Handeln in verschiedensten Kontexten.[2]

Es ist daher nicht überraschend, dass Wirksamkeitsüberzeugungen auch für kollektives Klimahandeln von großer Bedeutung sind.[3–5] Für die Beteiligung an Klimaprotest und Engagement sind dabei zwei Arten von Wirksamkeit entscheidend: kollektive Wirksamkeit und partizipative Wirksamkeit.[6,7]

Kollektive Wirksamkeit ist die Überzeugung, dass wir als Gruppe unsere Ziele durch unser gemeinsames Handeln erreichen können. Zum Beispiel könnte eine Person an die kollektive Wirksamkeit ihrer Fridays for Future-Gruppe glauben, wenn sie davon überzeugt ist, dass sie durch ihre Proteste Einfluss auf die politische Entscheidungsfindung haben können. Oder wenn Demonstrierende »Power to the people, cause the people got the power!« rufen, heben sie damit ihre kollektive Wirksamkeit hervor. Allgemein können wir für jede Gruppe, der wir uns zugehörig fühlen, eine eigene kollektive Wirksamkeit empfinden.

Partizipative Wirksamkeit ist die Überzeugung, dass unser eigener Beitrag für eine Gruppe wichtig ist und dass die Gruppe ihre Ziele nur dann erreichen kann, wenn wir als Einzelperson mitwirken. Glaubt eine Person, dass ihr persönlicher Beitrag zur neuen nachbar*innenschaftlichen Energiegenossenschaft notwendig ist, weil sie das nötige Hintergrundwissen und die Zeit dafür mitbringt, ist das ein Zeichen dafür, dass sie sich partizipativ wirksam fühlt. Auch der Titel von Greta Thunbergs Buch »No One Is Too Small to Make a Difference« (»Niemand ist zu klein, um einen Unterschied zu machen«)[8] spricht partizipative Wirksamkeit an. Ähnlich wie moralische Überzeugungen umfassen Wirksamkeitsüberzeugungen in diesem Buch nicht nur Wahrnehmungen, sondern auch die damit verbundenen Gefühle.

Von Wirksamkeitsüberzeugungen zum kollektiven Klimahandeln

Kollektive Wirksamkeit kann erwiesenermaßen zu verschiedenen Formen des kollektiven Klimahandelns motivieren, zum Beispiel zur Teilnahme an einer Fahrraddemo,[9] einem Klimastreik,[10] einer Nachbar*innenschaftsinitiative für den Klimaschutz[11] oder an den Protesten im Hambacher Forst,[12] zu der Unterzeichnung einer Petition für Greenpeace[13] oder gegen Kohleabbau[14] und zu vielen anderen.[15–17] All diese Forschungsergebnisse sprechen dafür, dass Menschen sich eher Klimaprotesten und -gruppen anschließen, wenn sie glauben, dass ihr gemeinsames Handeln tatsächlich etwas bewirkt. Eine Studie zu Aktivismus gegen Walfang zeigte darüber hinaus, dass kollektive Wirksamkeit nicht nur für normatives Klimahandeln (Petitionen, Demonstrationen) relevant ist, sondern auch für nicht-normative Formen, wie in diesem Fall das Rammen von Wahlfangbooten.[18]

› Umweltprotest in Detroit, USA (2019)[I]

Es gibt jedoch auch zahlreiche Studien, die zu dem Ergebnis kommen, dass die kollektive Wirksamkeit für kollektives Klimahandeln weniger wichtig ist.[19–23] Stattdessen scheint die partizipative Wirksamkeit, also der eigene Beitrag zu der Gruppe, motivierender zu sein.[24] Diese Tendenz zeigt sich im Kontext von Transition-Town-Initiativen,[25] Freiwilligenarbeit gegen Wasserprivatisierung,[26] Klimacamps[27] und Engagement in sozial-ökologischen Initiativen[28,29]. Insgesamt lässt sich also sagen, dass kollektive Wirksamkeit zwar eine essenzielle Antriebskraft für Klimaprotest und -engagement ist, partizipative Wirksamkeit aber wichtiger zu sein scheint.

Wirksamkeitsüberzeugungen können außerdem aus zwei Perspektiven betrachtet werden: der Aufbau **anfänglicher Wirksamkeitsüberzeugungen und die Aufrechterhaltung resilienter Wirksamkeitsüberzeugungen**. Der Aufbau von Wirksamkeitsüberzeugungen scheint essenziell, um Menschen dafür zu begeistern, sich Klimagruppen überhaupt anzuschließen. Neuankömmlinge sollten das Gefühl haben, dass sie wirklich einen Beitrag zur Gruppe leisten können und dass die Gruppenaktionen tatsächlich sozial-ökologischen Wandel vorantreiben.[24] Bei jüngeren Menschen kann es leichter sein, Wirksamkeitsüberzeugungen aufzubauen, da sie oft einen jugendlichen Optimismus mitbringen.[30] Dieser jugendliche Optimismus hilft ihnen, Zweifel zu überwinden und auch angesichts großer Herausforderungen aktiv zu werden. Langjährige Mitglieder sollten deshalb darauf achten, den Optimismus von jungen und neuen Mitgliedern nicht zu sehr zu kritisieren, denn er scheint notwendig zu sein, um ihre Motivation überhaupt erst zu wecken.

Doch wer sich einmal in der Klimabewegung engagiert, wird wahrscheinlich früher oder später mit Rückschlägen und Misserfolgen konfrontiert. In einer Interviewstudie äußerten die Befragten, dass es sie mehr Mühe kostet, die eigenen Wirksamkeitsüberzeugungen aufrechtzuerhalten, wenn sie bereits länger engagiert waren.[30] Auch wenn die meisten Mitglieder von Klimagruppen langfristig mit ihren Wirksamkeitsüberzeugungen ringen, kann es beruhigend sein zu hören, dass dieses Phänomen weit verbreitet ist und dass sie damit nicht allein sind. Vielmehr zeigt es, wie wichtig eine resiliente Wirksamkeit ist, die flexibel bleibt und auch Niederlagen verkraften kann. Abbildung 10 veranschaulicht in einem fiktiven Beispiel, wie Wirksamkeitsüberzeugungen im Laufe des eigenen Klimaengagements idealerweise resilienter werden.

Das Privileg, sich wirksam zu fühlen: Bevor Förderstrategien für Wirksamkeitsüberzeugungen vorgestellt werden, sollte bewusst sein, dass Wirksamkeitsüberzeugungen aufgrund verschiedener sozialer Ungleichheiten als Privileg angesehen werden können. Die bisherige Forschung hat herausgefunden, dass es Personen leichter fiel, mit Misserfolgen umzugehen, wenn sie über mehr Ressourcen verfügten, seien es Zeit, Geld, soziale Kontakte oder Unterstützung.[31] So verspüren Menschen mit höherem sozioökonomischem Status und Männer mehr Wirksamkeit, zu sozialem Wandel beizutragen.[32] Außerdem ist es in einer Gesellschaft mit weniger Korruption leichter, Wirksamkeitsüberzeugungen zu entwickeln.[18] Generell berichten Menschen ein stärkeres allgemeines Gefühl der Kontrolle, wenn sie in Ländern mit einem höheren Bruttoinlandsprodukt und einer stärkeren politischen Vertretung von Frauen leben.[33] Der Ort, an dem wir geboren werden, unsere soziale Schicht und unser Geschlecht sind also eng mit der Möglichkeit verbunden, uns als wirksam zu erleben. Gesellschaften, die nicht nur Klimagerechtigkeit vorantreiben, sondern auch viele andere Ungerechtigkeiten bekämpfen, sind daher eine notwendige Grundlage für Wirksamkeitsüberzeugungen.

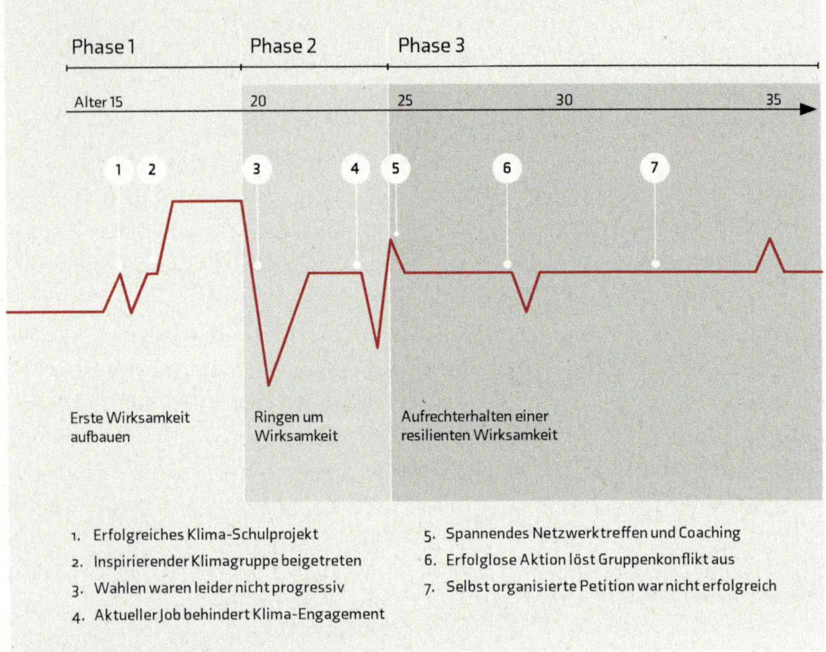

› Abbildung 10. Fiktive Entwicklung von Wirksamkeitsüberzeugungen in den ersten Lebensjahrzehnten einer klimaengagierten Person.

Wie können wir Wirksamkeitsüberzeugungen fördern?

Wirksamkeitsüberzeugungen sollten nicht mit tatsächlicher Wirksamkeit oder Erfolg verwechselt werden. Natürlich bauen sie in den meisten Fällen auf früheren Erfolgen auf. Doch gerade in der Klimakrise ist Erfolg oft nicht sichtbar und hängt stark von unserer eigenen Interpretation der Situation ab.

Dies wurde in Interviews mit Aktivist*innen während einer Straßenblockade deutlich.[34] Ihre wenig erfolgreiche Aktion vermittelte ihnen den Eindruck, dass Handeln umso notwendiger und damit legitim sei. Außerdem gingen sie davon aus, andere wichtige Ziele erreicht zu haben, wie den Aufbau einer Bewegung. Diese Sichtweise stärkte ihr Gefühl der Wirksamkeit und motivierte sie zu weiterem Engagement.[31] Da Wirksamkeitsüberzeugungen in der Klimakrise nicht nur von Erfolg, sondern auch maßgeblich von unseren Bewertungen abhängen, ist es umso wichtiger zu wissen, wie sie psychologisch gefördert werden können.

Allerdings gestaltet es sich in der Forschung **auch äußert schwierig, Wirksamkeitsüberzeugungen in der Klimakrise zu fördern.**[12,35,36] Da Klimagruppen selbst oft Schwierigkeiten haben, große Teile der Bevölkerung von ihrer gemeinsamen Wirksamkeit zu überzeugen, ist es nicht verwunderlich, dass auch die psychologische Forschung sich nicht leicht damit tut. Wirksamkeitsüberzeugungen zu fördern ist eine komplexe Aufgabe, bei der nur schwer allgemeine Aussagen getroffen werden können.

In noch unveröffentlichten Interviews haben wir Autor*innen herausgefunden, dass es große Unterschiede darin gibt, worauf Umweltengagierte ihre Wirksamkeit gründen. Manche ziehen Wirksamkeit aus der Erinnerung an einen sehr erfolgreichen Protest - auch wenn oder gerade weil die vier vorherigen Proteste erfolglos waren. Eine andere Person fühlt sich vielleicht dadurch wirksam, dass sie am Arbeitsplatz mit gutem Beispiel vorangeht und recycelt - obwohl sie auch an wichtigen politischen Entscheidungen beteiligt ist, die ihr diese Wirksamkeitsgefühle jedoch nicht geben können. Menschen, die sich schon lange in der Klimabewegung engagieren, haben wahrscheinlich viele Strategien, um mit Misserfolgen, Rückschlägen und dem damit verbundenen Gefühl der Unwirksamkeit umzugehen.[31] Dennoch kann es manchmal schwer fallen, diese Strategien auch wirklich anzuwenden. Neue Mitglieder verfügen in der Regel noch nicht über diese Strategien.

In diesem Kapitel werden daher Strategien zur Förderung von Wirksamkeitsüberzeugungen zusammengetragen, aus denen alle Leser*innen die Erkenntnisse ziehen können, die am besten zu ihnen selbst und ihren Klimagruppen passen. Einige dieser Strategien konzentrieren sich darauf, positive Veränderungen hervorzuheben, während andere darauf eingehen, wie wirksamkeitsvermittelnde Gruppenkontexte gestaltet werden können. Die Tatsache, dass es so schwierig ist,

Wirksamkeitsüberzeugungen zu verändern, könnte auch bedeuten, dass sie einer der zentralsten Gründe sind, warum sich Menschen noch nicht für den Klimaschutz engagieren – und damit auch einer der größten Hebel für Veränderungen.

Positive Veränderungen hervorheben

▸ Wirksamkeit betonen und Erfolg dem eigenen (Gruppen-)Handeln zuschreiben

Erfolg kann auf jeden Fall dazu beitragen, Wirksamkeitsüberzeugungen zu entwickeln. Deshalb sollten Erfolg und die Wirksamkeit kollektiven Klimahandelns unbedingt betont und fokussiert werden. In einer Studie wurde Menschen unter 30 Jahren ein Text über die nachhaltige Mobilitätswende in Deutschland vorgelegt.[37] Die Hälfte von ihnen las, dass »die U30er gemeinsam Projekte initiieren und neue Ideen einbringen, um umweltfreundliches Mobilitätsverhalten zu fördern, was sich positiv auf die Nutzung von Hybrid- und Elektrofahrzeugen in Deutschland auswirkt.« Die andere Hälfte las, dass U30er zwar gemeinsam handeln, aber damit keine Veränderungen bewirken. Teilnehmende, die den ersten Text lasen, waren im Nachhinein mehr davon überzeugt, dass sie gemeinsam mit anderen zu einer nachhaltigen Mobilitätswende beitragen können, was sie wiederum motivierte, sich für den Klimaschutz zu engagieren. Diese kurze Information hatte ausgereicht, um ihre Wirksamkeitsüberzeugungen zu stärken.

Derartige Wirksamkeitsbotschaften werden bereits von vielen Klimagruppen verwendet. Beschreibt sich Ende Gelände in ihrem Video über die Blockade eines Kohlekraftwerks mit den Worten »Wir sind das Investitionsrisiko«,[38] dann impliziert dies, dass sie als Gruppe gemeinsam Abläufe des Kohleabbaus stören können. Passend dazu könnte es für die Förderung von Wirksamkeitsüberzeugungen nützlich sein, eher die (wenn auch geringe) Chance auf Erfolg zu kommunizieren, anstatt die große Wahrscheinlichkeit von Misserfolg zu betonen.[39]

Aus der persönlichen Erfahrung von uns Autor*innen **kann der Konsum sozialer Medien ein großer Hebel sein, um die eigenen Wirksamkeitsüberzeugungen zu beeinflussen.** In welchem Ausmaß sich Personen mit Geschichten über Erfolg und Misserfolg auseinandersetzen, liegt oft in ihrem eigenen Einflussbereich. Klimaengagierte können sich daher fragen, welche Art von Geschichten sie lesen wollen und wie viele Informationen über Katastrophen und Misserfolge sie ertragen können, ohne ihre Wirksamkeitsüberzeugungen – und damit ihre Handlungsmotivation – zu verlieren. Auch wenn selten darüber gesprochen wird, ist es nicht unüblich, dass Mitglieder von Klimagruppen einige Wochen lang keine Nachrichten lesen, um wieder Kraft zu tanken. Aus diesem Grund erscheint konstruktiver Journalismus, der auch positive Nachrichten hervorhebt, ein sinnvoller neuer Trend zu sein. Ein Beispiel hierfür ist das Online-Magazin Perspective Daily,[40] das ausdrücklich über Lösungen anstatt über Probleme berichtet, damit Leser*innen eine bessere Vorstellung davon bekommen, wie sie die Welt verändern können.

Nicht nur Journalist*innen, sondern wir alle können darauf achten, wie sich positive oder negative Nachrichten auf Menschen in unserem Umfeld und ihre Wirksamkeitsüberzeugungen auswirken. Der Klimagerechtigkeitsaktivist Tadzio Müller schreibt: »Als ein Exponent des ungehorsamen, wachstumskritischen Flügels der Klimabewegung muss ich ›unsere‹ Strategie nach innen erklären und nach außen vertreten. Das bedeutet, ich muss jeden Tag, an dem ich politisch kommuniziere, in meinem Kopf die Distanz zwischen meinem Wissen über die nahezu 100-prozentige Wahrscheinlichkeit des Klimakollapses und meinen hoffnungsvollen Reden überbrücken. Mein Mittel dazu: magischer Bewegungsrealismus.«[41] Hoffnungsvolle Botschaften zu vermitteln, kann sehr anstrengend sein und es eventuell erschweren, mit anderen in authentischen Kontakt zu treten. Deshalb sollte jede Person für sich selbst abwägen, wie sehr sie anderen gute oder schlechte Nachrichten überbringen möchte.

Interviewstudien legen zudem nahe, dass **Erfolg ein noch größeres Potenzial zur Förderung von Wirksamkeitsüberzeugungen hat, wenn er unerwartet eintritt.**[30] Klimaengagierte, für die die großen Anti-Atom-Proteste in Gorleben um 2010/11 herum zu den ersten Erfahrungen in der Klimabewegung gehörten, berichten uns im Wandelwerk häufig, dass dies für sie eine prägende und wirksamkeitsfördernde Erfahrung war – vor allem, weil die deutsche Regierung kurz darauf als Reaktion auf die Fukushima-Katastrophe unerwartet den Atomausstieg beschloss. In dieser Situation war nicht klar, ob die Proteste, von normativen Demonstrationen bis hin zu nicht-normativen Blockaden von Castor-Transporten, tatsächlich Einfluss auf die politische Entscheidung hatten. **Indem sie Erfolge ihrem eigenen Beitrag zuschreiben,** können Klimagruppen und Engagierte jedoch ein Gefühl der Wirksamkeit entwickeln, was als aktive Strategie angewandt werden kann.[30,42]

Dieses Beispiel zeigt auch, dass es durchaus in Ordnung ist, einen Erfolg mit dem eigenen Beitrag in Verbindung zu bringen, selbst wenn der Zusammenhang eher indirekt ist. Spätestens seit dem Abschnitt über den radikalen Flankeneffekt (→radikaler Flankeneffekt) im vorherigen Kapitel sollte klar sein, dass die Einflüsse von Klimagruppen innerhalb einer Bewegung vielfältig und indirekt sein können. Da Einflussketten oft nicht nachvollziehbar sind, ist es einerseits schwer, sich direkt wirksam zu fühlen. Andererseits bietet es aber auch viel Flexibilität bei der Interpretation von Situationen. Als beispielsweise die Fridays for Future Bewegung entstand, wurde in vielen Zeitungsartikeln die Frage aufgeworfen, warum es der Klimabewegung nicht schon früher gelungen sei, so viele Menschen anzusprechen und zu mobilisieren – was hat die bisherige Bewegung falsch gemacht?[43] Wir Autor*innen konnten daraufhin teilweise beobachten, dass sich viele langjährige Mitglieder der Klimabewegung frustriert und in Bezug auf ihre bisherigen Anstrengungen nicht respektiert fühlten. Ihre Wirksamkeitsüberzeugungen waren bedroht. Sie könnten die Situation aber auch neu bewerten und ihren eigenen (Gruppen-)Beitrag zum Erfolg von Fridays for Future ausfindig machen. Waren sie in der Umweltbildung aktiv, könnten sie zur Motivation von Schüler*innen beigetragen haben, eine Bewegung zu gründen und sich ihr anzuschließen. Sie könnten auch die Perspektive einnehmen, dass die bestehende Klimabewegung bereits die Weichen gestellt und einen gesellschaftsweiten Konsens mobilisiert hatte, der sich unter anderem im Kampf um den Hambacher Forst zeigte.[44] Fridays for Future konnte dann auf diesem Konsens aufbauen und erfolgreich die Massen auf die Straße bringen.

In Klimagruppen sind teambildende Maßnahmen, die allen das Gefühl geben, dass der eigene Beitrag wertvoll ist und von anderen gesehen wird, entscheidend für die Förderung von partizipativer Wirksamkeit.[28] Ein Auszug aus der Interviewstudie zur Slow-Food-Initiative verdeutlicht dies: »Diese Art von Wertschätzung zu erfahren, war ermutigend und erfrischend, denn wir sitzen im selben Boot.«[45] Da tatsächliches, physisches Feedback über die Auswirkungen kollektiven Klimahandelns oft unsichtbar bleibt, **ist eine wertschätzende soziale Feedbackkultur der Schlüssel zum**

Aufbau und zur Aufrechterhaltung von Wirksamkeitsüberzeugungen innerhalb von Gruppen.[28,46] Anstrengungen der Mitglieder (egal wie erfolgreich sie sein mögen) sollten anerkannt und gefeiert werden.[30] Am Ende der Ausbildung zum Nachhaltigkeitscoach für das *netzwerk n* hatten die Coaches zum Beispiel die Möglichkeit, mit einem Zettel auf dem Rücken durch den Raum zu gehen, auf den alle anderen schreiben konnten, welche Potenziale und Fähigkeiten sie in der anderen Person sehen. Wertschätzendes soziales Feedback muss nicht nur von außen kommen. Es gibt auch immer die Möglichkeit, sich selbst zu bekräftigen und die eigene Arbeit zu würdigen.[47] Wertschätzendes inneres Feedback kann außerdem unabhängiger von der Rückmeldung anderer machen und in Zeiten von mangelndem Feedback oder Konflikten resiliente Wirksamkeitsüberzeugungen aufrechterhalten.

Fazit: Um Wirksamkeitsüberzeugungen zu fördern, ist es wichtig, bereits erzielte Erfolge hervorzuheben und die Wirksamkeit kollektiven Klimahandelns zu betonen. Erfolg ist dabei besonders motivierend, wenn er unerwartet kommt. Um im Angesicht von Erfolgen und Misserfolgen resilient zu bleiben, könnten Erfolge den eigenen (Gruppen-)Anstrengungen zugeschrieben und eine wertschätzende Feedbackkultur etabliert werden.

▸ Verdeutlichen, dass viele andere sich bereits für den Wandel einsetzen

Rückblickend auf das Jahr 2019 erscheint die Tatsache bemerkenswert, dass Fridays for Future den wöchentlichen Schulstreik über ein Jahr lang aufrechterhalten konnte. Egal, ob du dich als Mitglied oder Unterstützer*in siehst oder die Bewegung von außen betrachtest, der Schulstreik war eine beeindruckende Demonstration von kollektivem Mut und entschlossenem Handeln. Er war regelmäßig in den lokalen und überregionalen Nachrichten zu sehen und erlangte so eine große öffentliche Aufmerksamkeit. Währenddessen wurde auch das Fridays for Future-Logo zu einem alltäglichen Anblick – als Hintergrund vieler Social Media Profile und als Aufkleber auf Verkehrsschildern, Laternenmasten und Stadtmauern.

Sichtbar zu machen, dass sich soziale Normen in Richtung Klimaschutz verschieben und dass sich bereits viele Menschen engagieren, ist eine wich-

tige Stellschraube, um Wirksamkeitsüberzeugungen zu fördern. Nehmen wir wahr, dass andere untätig sind, schwindet unser Gefühl der Wirksamkeit. Denken wir jedoch, dass viele andere aktiv sind und werden, kann dies eine starke Antriebskraft sein.[48] Zahlreiche Studien haben einen Zusammenhang zwischen Wirksamkeitsüberzeugungen und der Wahrnehmung einer großen Anzahl von Protestierenden oder Petitionsteilnehmenden gefunden.[14,15,49,50] Dabei ist es wichtig, nicht einfach nur die Zahlen zu nennen, sondern das Gefühl zu vermitteln, dass viele und immer mehr Menschen beteiligt sind. In einer Studie sollten Studierende Texte lesen, die angeblich vom Intergovernmental Panel on Climate Change (IPCC) verfasst worden waren.[16] Enthielt der Text die Information, dass Menschen auf der ganzen Welt gemeinsam gegen den Klimawandel kämpfen, nahmen die Teilnehmenden eine größere Wirksamkeit wahr, was wiederum kollektives Klimahandeln förderte. Bei einer Untersuchung im Kontext des Anti-Kohle-Aktivismus konnten Protestbilder tatsächlich die Wahrnehmung verstärken, dass viele Menschen sich beteiligen, was wiederum Wirksamkeitsüberzeugungen fördern kann.[14] Klimagruppen sollten sich allerdings nicht zu sicher sein, dass ein Bild oder ein Video bereits Wirksamkeitsüberzeugungen auslösen kann, denn in einer Studie zum Hambacher Forst hatten Aktivismus-Videos nicht den erwarteten Effekt.[12] Obwohl Teilnehmende bei einem bestimmten Video eindeutig sagen konnten, dass Wirksamkeit dargestellt wurde, hatte das Video keinen Einfluss auf die Wirksamkeitsüberzeugungen der Teilnehmenden selbst.

Was kannst du also daraus mitnehmen? Kampagnen könnten statt eines Bildes von drei Personen, die an einer Demonstration teilnehmen, mehrere Reihen anderer Personen in diesem Bild ergänzen, die hinter ihnen stehen oder gehen. Das Narrativ »Wir sind die 99 %« der Occupy-Wall-Street-Bewegung ist eine schöne Umsetzung dieser Idee. In unseren umweltpsychologischen Workshops im Wandelwerk verwenden wir oft den Trailer des Films »Tomorrow«[51], um zu veranschaulichen, wie die Darstellung von vielen Menschen, die sozial-ökologische Alternativen praktizieren, Wirksamkeitsüberzeugungen erhöhen kann. Bei der Organisation von Veranstaltungen, Treffen und Protesten könnte eine Klimagruppe von Zeit zu Zeit darüber nachdenken, sich mit anderen Klimagruppen zusammenzuschließen und größere Koalitionen zu bilden, die – in der Summe – das Gefühl vermitteln, dass bereits viele Menschen für den Klimaschutz aktiv sind. Ein schöner Nebeneffekt ist, dass Nachrichten über große Teilnehmendenzahlen sogar ein Motivationspotenzial für Menschen außerhalb der Klimabewegung haben können. So konnte gezeigt werden, dass große Klimaproteste die Wirksamkeitsüberzeugungen von Konservativen in den USA positiv beeinflussten.[52]

Bei der Darstellung der Verbreitung kollektiven Klimahandelns kann es darüber hinaus sinnvoll sein, vor allem normatives kollektives Handeln zu zeigen, zufällige Ungerechtigkeiten hervorzuheben und einen Bezug zum eigenen Handeln nicht zu vergessen. In einer Studie zu den Themen Kohleabbau und Walfang konnte gezeigt werden, dass Teilnehmende mehr Wirksamkeitsüberzeugungen empfanden, wenn **normative Protestformen** anstatt nicht-normativer Formen fokussiert wurden.[18] Dies galt insbesondere dann, wenn die Aktion in einem Kontext ohne Korruption stattfand. War jedoch Korruption im Spiel, so wurden nicht-normative Formen des Protests als legitimer wahrgenommen und erhöhten auch die Wirksamkeitsüberzeugungen (→ Klima-Aktionen als legitim, nahbar und wirksam darstellen). In einer anderen Untersuchung machte es jedoch keinen Unterschied, welche Art von Aktion – eine Demonstration oder ein kleines Gruppentreffen – auf einem Bild zu sehen war.[14] Es scheint also, dass nicht die Art der Klima-Aktion, sondern der psychologische und strukturelle Kontext des Klimahandelns wichtiger für die Gestaltung des Bildmaterials ist.

Die Klimakrise ist zwangsläufig mit struktureller Ungerechtigkeit verbunden. Eine Meta-Analyse zu kollektivem Handeln im Allgemeinen (einschließlich Klimahandeln) ergab jedoch, dass Wirksamkeitsüberzeugungen stärker mit kollektivem Handeln zusammenhängen, wenn es um zufällige Ungerechtigkeit geht.[53] Dies könnte darauf zurückzuführen sein, dass zufällige Ungerechtigkeiten leichter zu bekämpfen sind, während strukturelle Ungerechtigkeiten mehr Zeit und Mühe erfordern. Um Wirksamkeitsüberzeugungen zu steigern, könnte es daher sinnvoll sein, **eine einmalige und eher zufällige Ungerechtigkeit als Aufhänger einer Klima-Aktion zu wählen.** Möchte eine Gruppe zu Protesten gegen strukturelle Klima-Ungerechtigkeiten im Globalen Süden aufrufen, könnte sie sich auf einen spezifischen Fall konzentrieren, in dem zum ersten Mal gegen ein bestimmtes Naturschutzgesetz verstoßen worden ist.

Eine dritte Empfehlung ist, dass die Kommunikation von großen Teilnehmendenzahlen **mit praktischen Hinweisen ergänzt werden sollte, wie Einzelne tatsächlich einen konkreten Beitrag leisten können.** Dies erscheint besonders für neue Mitglieder und Außenstehende wichtig. In einer Interviewstudie sahen sich Teilnehmende den Umweltschutzfilm »Years of Living Dangerously« an, der viele Best-Practice-Beispiele von Menschen zeigt, die bereits zu einem sozial-ökologischen Wandel beitragen.[54] Ein Interviewter sagte im Anschluss: »Die Informationen sind bestärkend, aber ich fühle mich insofern wenig wirksam, als dass ich nicht weiß, was ich dagegen tun kann. Ich wohne zur Miete, also kann ich nicht rausgehen und eine Solaranlage kaufen.« Das erste Problem bei dieser Aussage ist, dass der Interviewte offensichtlich ein strukturelles Problem als individuelles Problem wahrnimmt, was zu verminderter Wirksamkeit führen kann. Zweitens offenbart diese Aussage den Konflikt, dass der Interviewte nach dem Film zwar eine kollektive Wirksamkeit, aber keine partizipative Wirksamkeit empfunden hat. Dieser Konflikt hängt mit dem Paradoxon der kollektiven und partizipativen Wirksamkeit zusammen. Sind viele Menschen dargestellt, sodass die kollektive Wirksamkeit steigt, denken einige vielleicht, dass ihr individueller Beitrag nicht mehr nötig ist – und die partizipative Wirksamkeit sinkt.[55] Mobilisierungsmaterial sollte daher sowohl die Gruppenwirksamkeit betonen als auch darüber informieren, wie Einzelne in der Gruppe aktiv werden können.

Fazit: Durch die Darstellung vieler Menschen, die bereits in der Klimabewegung und ihren Gruppen aktiv sind, können Wirksamkeitsüberzeugungen gefördert werden. Ein Fokus auf zufällige Ungerechtigkeit und eine Anleitung, wie Einzelne sich persönlich engagieren können, scheinen dabei zentral zu sein.

▸ Positive Gefühle und Hoffnung wecken

Vielleicht kennst du den aufregenden Rausch, wenn du das Gefühl hast, etwas wirklich schaffen zu können – im Privatleben, im Beruf oder sogar in Hinblick auf den sozial-ökologischen Wandel. So sehr Wirksamkeitsüberzeugungen mit Gedanken zusammenhängen, so sehr sind sie auch ein Gefühl, das mit vielen anderen Emotionen verbunden ist. Forscher*innen schlagen deshalb vor, dass Klimagruppen emotionale Reaktionen hervorrufen müssen, um Wirksamkeitsüberzeugungen zu fördern, anstatt Menschen mit rationalen

Gründen zu konfrontieren.[56] Diese emotionalen Reaktionen können negative Emotionen wie Wut (→ moralische Überzeugungen) oder positive Emotionen sein. **Wirksamkeitsüberzeugungen werden mit den Gefühlen der Begeisterung,[24,28] der Stärke,[24] des Stolzes[42,57] und des sich bewegt Fühlens[12,58] in Verbindung gebracht.** Interessant ist auch, dass die Erhöhung von Angst in bisherigen Studien keinen Einfluss auf Wirksamkeitsüberzeugungen hatte.[16,59] Der wichtigste Zusammenhang zwischen beiden Konzepten scheint vielmehr zu sein, dass Angst vor der Klimakrise nur dann ihr wahres Handlungspotenzial entfalten kann, wenn Menschen auch glauben, dass sie die Fähigkeiten besitzen, mit ihr umzugehen – wenn sie sich wirksam fühlen.[60]

Eines der Gefühle, das am stärksten mit Wirksamkeitsüberzeugungen verbunden ist, ist Hoffnung.[24,28,61] Umfragen haben ergeben, dass mehr als 50 % der Personen, die an den Klimawandel glaubten, diesbezüglich hoffnungslos waren.[54] Hoffnung kann dabei verschiedene Formen annehmen. Es gibt die Hoffnung, dass die Folgen des Klimawandels nicht so gravierend sein werden wie vorhergesagt, was eher mit Klimawandelleugnung einhergeht.[62] Menschen können auch auf technische Lösungen für den Klimawandel hoffen, was zu Untätigkeit führen kann.[63] Schließlich gibt es die Hoffnung, dass ein sozial-ökologischer Wandel möglich ist. Diese letzte Art von Hoffnung, die manchmal auch als »konstruktive Hoffnung« bezeichnet wird,[64] ist untrennbar mit Wirksamkeitsüberzeugungen verbunden. Eine unserer Autorinnen erinnert sich noch gut an das Gefühl, das sie hatte, als sie auf einer Aktion von Ende Gelände einen Videozusammenschnitt von dem Tag sah. Sie fühlte sich zutiefst verzweifelt angesichts des aktuellen Zustands der Welt, war aber gleichzeitig extrem dankbar für all die Menschen, die sich für eine gerechte und nachhaltige Welt einsetzten. Während der Widerstand gegen Veränderungen sehr groß zu sein schien, blitzte gleichzeitig aus der Ferne eine kleine Möglichkeit der Veränderung auf. Alles in allem entstand ein sehr bewegendes Gefühl der Hoffnung.

Bei der Frage, ob hoffnungsvolle Botschaften in der Klimakrise tatsächlich zu Wirksamkeitsüberzeugungen und kollektivem Klimahandeln führen, findet sich ein eher uneinheitliches Bild.[23,65–67] In jedem Fall **scheint Hoffnung eine wichtige Rahmenbedingung dafür zu sein, dass Wirksamkeitsüberzeugungen ihren Einfluss auf das Handeln entfalten können.**[61] Es braucht also möglicherweise beides: die Hoffnung, dass Veränderungen möglich sind, und das Gefühl, dass Einzelne und Gruppen zu diesen Veränderungen beitragen können. In Verbindung mit Hoffnung könnten auch Annahmen über System(in)stabilität bedeutsam sein.[68] Zum Beispiel hat die COVID-19 Pandemie der Klimabewegung einen schweren Rückschlag versetzt. Hat eine klimaengagierte Person nach mehreren Jahren der Pandemie jedoch das Gefühl, dass das politische System eigentlich ziemlich flexibel darin ist, Vorschriften zu machen oder auszusetzen, so könnte dies die Überzeugung stärken, dass sie das System auch auf klimafreundliche Weise verändern kann.[69]

Klimagruppen können versuchen, all diese positiven Gefühle zu berücksichtigen. Sie können darüber nachdenken, was ihnen selbst Kraft und Hoffnung gibt, wofür sie dankbar sind, und nach Lösungen suchen, anstatt in Problemanalysen stecken zu bleiben.[70–72] Es kann auch hilfreich sein, darüber zu diskutieren, welche gesellschaftspolitischen Institutionen als am instabilsten und daher als veränderbar angesehen werden. Oder Klimagruppen konzentrieren sich darauf, Aktionen zu planen, die Spaß machen und bei denen sich ihre Mitglieder und potenzielle Neulinge begeistert, stark und bewegt fühlen. Ein großartiges Beispiel für einen Beitrag zum sozial-ökologischen Wandel durch positive Emotionen ist ein Crêpe-Stand, der häufig auf Protestcamps der deutschsprachigen Klimabewegung anzutreffen ist. Eine derart einfache Idee, die von wenigen Menschen mit viel Engagement umgesetzt wird, ist immer wieder eine Quelle der Freude und eine ständige Erinnerung daran, wie wichtig es ist, sich selbst und anderen etwas Gutes zu tun. Im Autor*innen-Team haben wir auch die Erfahrung gemacht, dass Gruppenmethoden wie Energizer, Spiele oder Gesprächsrunden positive Gruppengefühle erzeugen können (→ Zugehörigkeitsgefühle fördern).

Fazit: Wirksamkeitsüberzeugungen zu fördern bedeutet, Raum für positive Emotionen wie Hoffnung, Enthusiasmus und Kraft zu schaffen, damit sie sich in Klimagruppen entfalten können.

▶ Visionen für eine sozial-ökologische Zukunft skizzieren

»Heute sind die über Jahrhunderte entstandenen kolonialen Ungleichheiten weitgehend ausgeglichen – materiell, finanziell, technisch, ökologisch und ideologisch. Das neue Süd-Nord-Verhältnis und die Überwindung kolonialer Strukturen ist das Ergebnis jahrzehntelanger Kämpfe gegen kapitalistische Privilegien, koloniale Kontinuitäten und transnationale Großkonzernstrukturen. Finanzielle, kulturelle und politische Kompensationen unter anderem für koloniale Verbrechen und die Klimaschuld [...] waren die Voraussetzung für partnerschaftlichen Handel. Lebensweisen der Vergangenheit, vor allem im Globalen Norden, die sich nur auf Kosten anderer, insbesondere im Globalen Süden, und der Mitwelt realisieren ließen, sind zugunsten einfacher, kooperativer und solidarischer Lebensweisen verschwunden. Diejenigen, die früher nicht genug hatten, haben heute am gesellschaftlichen Reichtum teil. Freiheit und Selbstbestimmung sind überall zentrale Werte. Bei ähnlicher materieller Ausstattung existieren vielfältige und sehr unterschiedliche Gesellschaftsentwürfe nebeneinander: ein Pluriversum mit verschiedenen Arten zu wohnen, zu essen, zu lieben, gemeinsam zu produzieren und Institutionen zu verwalten.« (Auszug aus »Zukunft für Alle« vom Konzeptwerk Neue Ökonomie)[73]

Eine Möglichkeit, positive Gefühle zu wecken und Wirksamkeitsüberzeugungen zu fördern, besteht darin, Zukunftsorientierung und positive Zukunftsvisionen zu schaffen.[28,50,74–76] Visionen sind Vorstellungen davon, wie wir uns die Zukunft wünschen.[77] Dies können Ideen darüber sein, wie die Gesellschaft oder wir in der Gesellschaft sein sollten – es sind quasi unsere eigenen Werte in Aktion (→ moralische Überzeugungen). **Visionen sind wichtig, weil sie Motivation für sozial-ökologischen Wandel schaffen**, weil sie Maßstäbe setzen, an denen wir die Realität messen und kritisieren können, und weil sie es uns ermöglichen, der Realität hin und wieder zu entfliehen.[77] Das Zitat eines Aktions-Teilnehmenden beim G8-Gipfel verdeutlicht dies: »Das Gebiet, das das Camp besetzte, wurde zu einer kleinen ›island of sanity‹ [Insel der Vernunft] inmitten unserer Welt, man bekam wirklich ein Beispiel dafür zu sehen, wie die Gesellschaft organisiert werden kann. Das machte die Ideale, für die wir kämpfen, greifbarer und damit realer.«[78] Viele langjährige Mitglieder der Klimabewegung haben irgendwann einmal ihre eigene »island of sanity« erlebt. Diese Räume für neue Mitglieder zu schaffen und den Schwerpunkt auf eine visionäre, solidarische und authentische Gruppenkultur zu legen, könnte ein äußerst wichtiges Mittel sein, um Menschen für den Klimaschutz zu gewinnen. Dabei geht es nicht nur darum, über Visionen zu sprechen, sondern auch die Ideale der Gruppe wie Demokratie, Solidarität, Gleichheit und Nachhaltigkeit tatsächlich zu leben. In einer noch unveröffentlichten Studie hat einer unserer Autoren herausgefunden, dass Klimacamps eher Visionen für eine bessere Gesellschaft hervorriefen, wenn Teilnehmende während ihrer Zeit im Camp Solidarität gesehen und erlebt hatten.[79]

Visionäre Schriften und Ideen gibt es schon lange und Forscher*innen haben zusammengetragen, dass sie in einigen Fällen tatsächlich den sozialen Wandel gefördert haben.[77] Der Gedanke einer Vision zeigt sich zum Beispiel in dem Protestruf »We are unstoppable, another world is possible!« [Wir sind nicht aufzuhalten, eine andere Welt ist möglich!] Auch in der Klimabewegung scheint es einen neuen Trend zu geben, Visionen zu entwickeln, zu diskutieren und in den Mittelpunkt zu stellen.[73] Es ist dabei von Vorteil, dass Nachhaltigkeitsvisionen in der Regel bereits als positiver und fortschrittlicher wahrgenommen werden und die Menschen in ihnen wärmer und kompetenter wirken als in anderen Arten von Visionen (z. B. Technologievisionen).[74,80] Aus diesem Grund sind Nachhaltigkeitsvisionen für Menschen auch besonders handlungsmotivierend.[74] Beim Einsatz von visionären Ideen in Reden oder Gruppenprozessen, Aktionen oder Kampagnen sind einige Punkte zu beachten: Visionen sind wahrscheinlich dann besonders wirksam, wenn sie Menschen als warmherzig, moralisch und kompetent darstellen, wenn Backcasting eingesetzt wird und wenn Methoden der Visionsfindung an die Zielgruppe angepasst werden.

Studien haben gezeigt, dass **Visionen besonders motivierend waren, wenn die Menschen in ihnen als warmherzig und moralisch korrekt handelnd wahrgenommen wurden.**[80] Ein Beispiel ist das Coming-of-Age-Buch »Voices« von Ursula K. Le Guin, einer der inspirierendsten Visions/Sci-Fi/Fantasy-Autor*innen. Obwohl das Buch nicht in der Zukunft, sondern in einer Fantasiewelt spielt, hat sie eine Welt geschaffen, in der die Menschen freundlich und wertschätzend miteinander umgehen – sogar in Zeiten des Krieges. Eine unserer Autorinnen empfand es als sehr eindrücklich, von diesem sanften und warmherzigen Miteinander zu lesen. Interessanterweise scheint die Wahrnehmung visionärer Gesellschaftsstrukturen weniger relevant für die Motivation zu sein als die Darstellung der Menschen innerhalb der Vision selbst. In dieser Logik sind Visionen nicht nur motivierend, weil ein politisches System basisdemokratische Elemente umsetzt, sondern vor allem weil sich die Menschen in diesen Strukturen verändern und ihre Bedürfnisse und Beziehungen positiv beeinflusst werden. Gerade im Kontext der Klimakrise sollten die Menschen in einer Vision als kompetent wahrgenommen werden.[80]

Darüber hinaus kann es sinnvoll sein, **zunächst eine Vision zu entwerfen und erst im nächsten Schritt einen Realitätscheck zu machen** – das sogenannte Backcasting.[77] Dies deckt sich mit der Idee von Zukunftswerkstätten: Es ist viel einfacher zu brainstormen, wie die eigene Vision einer nachhaltigen Welt aussieht, wenn nicht vorher die aktuellen gesellschaftlichen Probleme beleuchtet wurden. Wahrscheinlich werden die Teilnehmenden bei einer Visions-Methode ohnehin automatisch über aktuelle Probleme nachdenken und die mögliche Zukunft mit der Gegenwart vergleichen. Visionäre Prozesse funktionieren jedoch nicht bei allen Menschen gleich. Es gibt erste Hinweise dafür, dass **einige Methoden für Menschen ohne vorherige Visionen überfordernd sein könnten**. In einer noch unveröffentlichten Studie einer unserer Autorinnen motivierte eine Visions-Traumreise vor allem diejenigen zum Klimahandeln, die bereits erste Visionen im Kopf hatten.[81] Für Menschen mit wenig bisherigen Visionen war die Traumreise eher demotivierend, möglicherweise, weil sie zu viel von ihnen verlangte. Stattdessen wurden diese Teilnehmenden eher durch Videos motiviert, in denen zu sehen war, wie eine nachhaltige Zukunft aussehen könnte. So konnten sie vielleicht erste Ideen entwickeln. Es könnte daher sinnvoll sein, Methoden gezielt so einzusetzen, dass Personen, die bereits Visionen im Kopf haben, frei darüber nachdenken können, während Personen ohne vorherige Vision gezeigt wird, wie genau eine visionäre Welt denn aussehen könnte.

Fazit: Visionen sind ein Mittel, um Lösungen zu fokussieren und positive Emotionen zu erzeugen. Sie können besonders motivierend sein, wenn die Menschen in den Visionen als warmherzig, moralisch und kompetent dargestellt werden und wenn erst nach der Visionsphase ein Realitätscheck gemacht wird.

Gruppen so gestalten, dass sie Wirksamkeitüberzeugungen fördern

▸ Unterschiedliche Motivationen und Gruppengrößen berücksichtigen

Um uns selbst als wirksamer zu erleben, können wir natürlich aktiv Gruppen suchen und so gestalten, dass sie uns Gefühle und Wahrnehmungen von Wirksamkeit vermitteln. Fühlen wir uns persönlich hilflos, helfen uns handlungsfähige Gruppen, das Gefühl der Wirksamkeit wiederzuerlangen.[82] Eine der wichtigsten Lektionen im Klimaschutz ist daher wahrscheinlich, dass wir über das individuelle Handeln hinausgehen und versuchen müssen, uns Gruppen anzuschließen, die unsere Werte widerspiegeln und es uns ermöglichen, sehr viel mehr zu erreichen. Doch das ist leichter gesagt als getan – viele Menschen tun sich schwer damit, eine wirksame Gruppe oder Bewegung zu finden, zu der sie gehören wollen. Wer erst einmal als Mitglied dabei ist, stellt nicht selten die Wirksamkeit der eigenen Klimagruppe infrage. Deshalb könnte es wichtig sein, **eine Gruppenkultur und ein Gruppenselbstverständnis zu entwickeln, die nicht nur Wirksamkeit, sondern auch andere Arten von Motivation berücksichtigen**. Eine Klimagruppe könnte zum Beispiel das Ziel haben, Massentierhaltung zu beenden. Unabhängig von der Effektivität ihrer gemeinsamen Aktionen könnten die Gruppenmitglieder sich vor Augen führen, dass auch ihre gemeinsame moralische Basis (→moralische Überzeugungen) und die positive Beziehung zueinander (→soziale Identifikation) zentrale Merkmale ihrer Gruppe sind. Forschungsergebnisse legen nahe, dass die Förderung von sozialer Identifikation und Verbundenheit zwischen Gruppenmitgliedern die Grundlage für Wirksamkeitsüberzeugungen bilden kann.[5,9,53] Es ist daher nicht überraschend, dass die bereits erwähnte Studie von Thomas und McGarty,[83] in der Menschen zusammengebracht wurden, um gemeinsam Strategien zur Sicherung von Trinkwasser in Ländern des Globalen Südens zu entwickeln, ebenfalls einen Anstieg der kollektiven Wirksamkeit feststellte. Darüber hinaus haben Studien ergeben, dass Wirksamkeit für Menschen, die (bereits) starke moralische Vorstellungen haben, weniger wichtig war.[36,84,85] Der Vorschlag, die eigene Motivation auf mehreren psychologischen Säulen aufzubauen, ist nicht nur für Gruppen relevant. Jede klimaengagierte Person könnte sich fragen: Wie stark hängt meine eigene Motivation eigentlich von Erfolg und Wirksamkeit ab? Welche anderen Motivationsquellen habe ich, die mich durch Zeiten von Rückschlägen tragen können?

Auch die Strukturen einer Gruppe können die Wirksamkeitsüberzeugungen beeinflussen. Überdenken Klimagruppen ab und zu ihre Strukturen, könnte dies ein guter Nährboden für Wirksamkeitsüberzeugungen sein. Ein relevantes Strukturmerkmal ist die Gruppengröße. Das bereits erwähnte Paradoxon von kollektiver und partizipativer Wirksamkeit wirft auch die Frage nach der perfekten Gruppengröße für kollektives Klimahandeln auf. **Große Gruppen könnten das Gefühl kollektiver Wirksamkeit fördern**, weil die große Zahl der Gruppenmitglieder die Gruppe als handlungsfähig erscheinen lässt. **Kleinere Gruppen könnten eher partizipative Wirksamkeit hervorrufen**, da der Beitrag von einzelnen Mitgliedern mehr Wirkung entfalten kann.[2,86] Eine kürzlich von einer unserer Autorinnen als Abschlussbericht veröffentlichte Studie untersuchte den Einfluss der Gruppengröße auf die Wahrnehmung von Energiegemeinschaften, die erneuerbare Energien erzeugen, teilen, speichern und verteilen.[87,88] Während große Energiegemeinschaften als kollektiv wirksamer wahrgenommen wurden, schienen kleinere Energiegemeinschaften koordinierter und offener für die Beiträge Einzelner zu sein. Insgesamt waren Teilnehmende jedoch bereit, kleine und große Energiegemeinschaften gleichermaßen zu unterstützen.

Wir im Autor*innen-Team kennen keine Forschung darüber, was die optimale Gruppengröße bei Klimaprotest und Engagement ist. Aufgrund des

› Energiegemeinschaft feiert ihre Photovoltaikanlage an der Rainshadow Community Charter High School in Reno, USA (2013)[II]

Paradoxons der kollektiven und partizipativen Wirksamkeit[55] ist **es jedoch möglich, dass die optimale Gruppenstruktur für Wirksamkeitsüberzeugungen eine verschachtelte Struktur ist**: kleine Klimagruppen, die Teil größerer Klimagruppen-Netzwerke sind, die wiederum als Gesamtes die Klimabewegung darstellen. Als Wandelwerk sind wir zum Beispiel in einer lockeren soziokratischen Struktur mit fünf Arbeitsgruppen organisiert, die ihre eigenen Bereiche (z. B. Bildungsarbeit) autonom managen können, aber dazu angehalten sind, größere Entscheidungen in einen »Koordinationskreis« zu tragen, dem auch jedes Wandelwerk-Mitglied angehört. Natürlich kämpfen wir, wie viele andere Gruppen auch, mit dem nicht-hierarchischen Anspruch und dem Gefühl, dass wir zu wenige sind, um unser wahres Potenzial auszuschöpfen. Aber genau das kann natürlich auch das Gefühl der partizipativen Wirksamkeit bei unseren Mitgliedern stärken – jede*r Einzelne wird gebraucht und geschätzt. Eine Ebene höher ist das Wandelwerk Teil einer größeren umweltpsychologischen Gemeinschaft, die aus zahlreichen Organisationen und Initiativen besteht, darunter unsere »Mutterorganisation«, die Initiative Psychologie im Umweltschutz (IPU)[89] und e-fect,[90] eine umweltpsychologische Beratungsgenossenschaft. Noch eine Ebene höher sehen wir uns im Wandelwerk als Teil der Klimagerechtigkeitsbewegung und suchen oft nach Möglichkeiten, unsere Kräfte mit anderen Gruppen zu bündeln. Dieses breite Spektrum an verschachtelten Gruppengrößen könnte es leichter machen, sowohl partizipative als auch kollektive Wirksamkeit auf unterschiedlichen Ebenen gleichzeitig zu spüren und damit die Vorteile verschiedener Gruppengrößen zu vereinen. Diese Idee müsste jedoch noch wissenschaftlich getestet werden.

Fazit: Bei der Förderung von Wirksamkeitsüberzeugungen kommt es sowohl auf die Gruppe als auch auf ihre strukturelle Zusammensetzung an. Da der Erfolg von Klima-Aktionen keine Selbstverständlichkeit ist, kann es hilfreich sein, die eigene Motivation auf verschiedene psychologische Säulen zu stellen. Da größere Gruppen die kollektive Wirksamkeit und kleinere Gruppen die partizipative Wirksamkeit zu erhöhen scheinen, kann es außerdem sinnvoll sein, verschachtelte Gruppenstrukturen aufzubauen – von einer kleinen Gruppe über ein größeres Netzwerk bis hin zur gesamten Bewegung.

▸ Ziele und Aktionen bewusst wählen

Neben den Gruppenstrukturen haben auch die Ziele, die wir bewusst wählen oder unbewusst in unsere Gruppen tragen, einen starken Einfluss auf unsere Wirksamkeitsüberzeugungen. Ziele sind dabei Ausdruck unserer zentralen Werte und Moralvorstellungen in einem konkreten Kontext. Forscher*innen vermuten, dass **klare und selbstbestimmte Ziele eine gute Grundlage für Wirksamkeitsüberzeugungen sein könnten.**[91,92] Ein gutes Beispiel ist Fridays for Future, da sie es geschafft haben, sich innerhalb weniger Monate nach ihrem Eintritt in die Öffentlichkeit klare Ziele zu setzen. Fridays for Future formulierte Forderungen im Einklang mit dem 1,5-Grad-Ziel des Pariser Abkommens und so mit dem, worauf sich Regierungen bereits geeinigt hatten. Darüber hinaus haben sie konkrete Vorschläge für Veränderungen in diese Richtung gemacht – den Kohleausstieg bis 2030 und die Umstellung der gesamten Energieversorgung auf erneuerbare Energien bis 2035. In der Wahrnehmung des Autor*innen-Teams hatten frühere Klimagruppen solche konkreten, in unserer politischen Realität verankerten Forderungen meist gemieden. Die Ziele von Fridays for Future wurden durch die Einfachheit und Plausibilität der Forderungen sehr deutlich. Gab es innerhalb der Gruppe ideologische Meinungsverschiedenheiten, wurden diese auf ein Minimum reduziert oder zumindest nicht öffentlich ausgetragen.

Interessanterweise können Wirksamkeitsüberzeugungen nicht allein auf »objektiven« Erfolg reduziert werden, da **unsere Ziele bestimmen, was wir subjektiv überhaupt als Erfolg erleben.**[34,78,93,94] In einer Interviewstudie zeigte sich, dass Teilnehmende der antikapitalistischen G8-Gipfel-Aktion aus dem Jahr 2005 sehr unterschiedliche Verständnisse davon hatten, wann die Veranstaltung in ihren Augen erfolgreich war – was wiederum ihre Wirksamkeitsüberzeugungen entsprechend beeinflusste.[78] Für die einen bedeutete Erfolg, den Gipfel zu stören und die Straße zu blockieren, für die anderen reichte es, Bewusstsein in der Bevölkerung zu schaffen. Es gibt viele Ziele, die im Klimaschutz verfolgt werden können. Das Ziel einer Protestaktion könnte sein, etwas aktiv zu stoppen, politische Entscheidungsträger*innen zu überzeugen, als Bewegung Erfahrungen zu sammeln und zusammenzuwachsen, Koalitionen mit anderen Gruppen zu bilden oder einfach nur von seinem Recht auf Protest Gebrauch zu machen.[95] Einige

Gruppen werden zwangsläufig mit bestimmten Zielen in Verbindung gebracht: PETA will den Tierschutz fördern und die Massentierhaltung beenden. Viva con Agua setzt sich für sauberes Trinkwasser für alle ein. Die Divest-Bewegung will die fossile Brennstoffindustrie vom Kapitalmarkt abschneiden. Die Vereinten Nationen haben es sich zum Ziel gesetzt, das 1,5-Grad-Ziel zu erreichen.

Ziele sind jedoch nicht in Stein gemeißelt. Ändert sich bei einer Gruppe das »Wer sind wir«, kann sich auch das »Was wollen wir« entsprechend anpassen.[94] Beispielsweise könnte eine Klimagruppe gegründet worden sein, um Müllsammelaktionen für eine saubere Nachbar*innenschaft zu organisieren. Nach einiger Zeit und einigen erfolgreichen Aktionen bekommen die Gruppenmitglieder Kinder und informieren sich weiter über die Klimakrise und ihre Folgen. Gleichzeitig zieht die Gruppe weitere Mitglieder an, die eine systemische Perspektive einbringen. Als Gruppe beschließen sie, dass sie nicht nur die Symptome bekämpfen wollen. Sie ändern also ihre Ziele, von einer sauberen Nachbar*innenschaft hin zu einer strukturellen Abfallvermeidung. Die Neudefinition der Ziele kann so auch zu einer Änderung der Aktionsform führen, von Müllsammelaktionen hin zu Petitionen und dem Einsatz für ein Verbot von Einwegprodukten in der Stadt.

Auch wenn sich die Ziele einer Gruppe insgesamt nicht verändern, können sich die Ziele von einzelnen Engagierten ändern. Forscher*innen haben festgestellt, dass sich die Ziele der Teilnehmenden an der G8-Aktion im Laufe der Aktion veränderten.[78] Ziele, die sie tatsächlich erreichten, wie die Stärkung der Bewegung, wurden stärker in den Mittelpunkt gerückt. Das war vor allem dann der Fall, wenn sie im Anschluss an die Proteste Gruppendiskussionen mit anderen Teilnehmenden führten. Ähnlich zu dieser intuitiven Zieländerung **könnten Klimagruppen ihre Ziele auch strategisch möglichst vielfältig gestalten**, um das Gefühl der Wirksamkeit aufrechtzuerhalten. Welche Ziele für klimaengagierte Menschen unter welchen Umständen am günstigsten sind, wissen Forscher*innen noch nicht. Es gibt jedoch Grund zu der Annahme, dass eine Mischung aus einigen kurz- und langfristigen Zielen sowie »Backup-Ziele« für den Fall des Scheiterns wertvoll sein könnte.[96] So sollten im Bereich des privaten Klimaschutzverhaltens große Ziele immer im Auge behalten werden, um sich nicht zu sehr auf kleinen Erfolgen auszuruhen und stets nach weiteren Strategien zur Zielerreichung zu suchen.[97,98]

Es könnte auch hilfreich sein, die Erwartung eines *unmittelbaren* Erfolgs zu senken und auch kleinere Ziele zu beachten, die schließlich in der Summe das größere Ziel vorantreiben.[30] Da *zu viele* Ziele auch demotivierend wirken können,[99] weil eine Klima-Aktion unmöglich alle Ziele auf einmal erreichen kann, ist es vielleicht am besten, eine Handvoll kleinerer und größerer Ziele zur Auswahl zu haben.

Gerade in der Anfangsphase von Klimaengagement könnte es sinnvoll sein, eine Reihe von Zielen zu formulieren. Wie bereits erwähnt, ist jugendlicher Optimismus ein guter Nährboden für Wirksamkeitsüberzeugungen. Doch je höher die Ziele sind, desto tiefer können wir fallen. Vielfältige Ziele könnten dabei wie Sicherheitsnetze wirken. Sie ermöglichen es uns, unsere Erwartungen bei Bedarf herabzusenken und anzupassen. Im Gespräch mit neuen Mitgliedern einer Klimagruppe könnte es daher sinnvoll sein, ihre großen Ziele nicht direkt infrage zu stellen, da dies ihre Motivation zerstören könnte, sondern stattdessen weitere und kleinere Ziele vorzuschlagen, die mit größerer Wahrscheinlichkeit in gemeinsamen Aktionen erreicht werden können. In jedem Fall könnte es von Vorteil sein, **darüber nachzudenken, welche Ziele eine klimaengagierte Person oder Klimagruppe verfolgen will und wie erreichbar sie sein sollten**, damit sie ihre Wirksamkeitsüberzeugungen aufrechterhalten können. Zum Beispiel scheint es realistischer, kleinere als größere Strukturen zu beeinflussen. Es gibt erste Studienergebnisse, die gezeigt haben, dass Engagierte in universitären Nachhaltigkeitsinitiativen mehr Wirksamkeit berichteten, wenn sie an kleineren Hochschulen aktiv waren als wenn diese größer waren[28] – wahrscheinlich, weil es tatsächlich einfacher ist, Strukturen zu verändern, wenn weniger Menschen von einer Sache überzeugt werden müssen. Vor dem Hintergrund dieser Erkenntnisse kannst du dir die folgenden Fragen stellen: Welche Strukturen willst du verändern? Ist das realistisch? Ist es möglich, dich zunächst auf einen kleinen Kontext zu konzentrieren und diesen später auszuweiten?

Ähnlich wie bei den Zielen könnte es sinnvoll sein, auch mehrere Arten von Klima-Aktionen zu verfolgen, um ein bestimmtes Ziel zu erreichen. Dies ermöglicht einen schnellen Wechsel der Strategie, wenn Hindernisse auftauchen.[99] Es ist nicht ungewöhnlich, dass sich eine Gruppe um eine bestimmte Aktionsform herum bildet: Ende Gelände hat sich rund um die Besetzung von Kohletagebauen gebildet. Critical Masses konzentrieren sich auf Fahrraddemonstrationen als Schlüsselaktion. Und die Aktionsform von Fridays for Future sind Schulstreiks. Auch wenn diese Formen des kollektiven Klimahandelns zunächst erfolgreich sind, kann irgendwann der Punkt kommen, an dem sie scheitern oder nicht mehr ausreichen. Studien aus anderen Bereichen als dem Klimaschutz zeigen, dass Menschen sich weniger an kollektiven Aktionen beteiligten, wenn sie glaubten, dass die Regierung tatsächlich auf ihre Forderungen eingeht und das gesellschaftliche System daher funktioniert.[100–102] Verliert eine Person wiederum **den Glauben daran, dass eine Gruppe wirksam ist oder die Regierung auf ihre Bürger*innen reagiert, kann dies dazu führen, dass sie ihre Taktiken ändert und sich eher nicht-normativen Aktionsformen zuwendet.**[101,103] Eine kürzlich durchgeführte Studie zu Klima-Aktivismus hat ergeben, dass nicht-normative Aktionsformen eher akzeptiert wurden, wenn Teilnehmende starke Ungerechtigkeit oder geringe Wirksamkeit wahrgenommen hatten.[58] Diese Akzeptanz könnte zur Bildung einer radikalen Flanke führen. Oder es könnte auch große Teile der ursprünglichen Gruppe dazu bewegen, gemeinsam ihre Strategien zu ändern. Hier entsteht also eine Situation, in der geringe Wirksamkeitsüberzeugungen tatsächlich nützlich sein könnten: Sie sind unsere inneren Alarmglocken, die uns sagen, dass wir etwas ändern müssen, wenn unsere Zielerreichung gefährdet ist.

Um sich innerhalb der Gruppe darüber klar zu werden, welche Aktionen im Bereich des Möglichen liegen, kann es hilfreich sein, die gemeinsame moralische Basis und die übergeordneten gemeinsamen Ziele zu diskutieren, zum Beispiel, indem die Gruppe eine gemeinsame Vision und ein Leitbild entwickelt (→ Gruppen und Tätigkeiten einen tieferen Sinn geben). In einem zweiten Schritt könnte die Gruppe überlegen, mit welchen anderen als ihren typischen Aktionsformen diese Ziele erreicht werden könnten, um flexibler auf Rückschläge und Stillstand zu reagieren.

Fazit: Auch wenn es wichtig ist, dass sich Klimagruppen ihrer Ziele bewusst sind und diese klar formulieren, darf nicht vergessen werden, dass Ziele nicht in Stein gemeißelt sind. Durch die Entwicklung einer Vielfalt von Klimazielen und Aktionsformen können sich Gruppen ein Sicherheitsnetz aufbauen, wenn sie Rückschläge erleiden oder das Gefühl haben, nicht voranzukommen.

▸ Fähigkeiten hervorheben und ausbauen

Unsere tatsächlichen Fähigkeiten und die Wahrnehmung dieser Fähigkeiten sind entscheidende Bausteine für unsere Wirksamkeitsüberzeugungen. Gehen wir davon aus, dass wir selbst und andere über die notwendigen Fähigkeiten verfügen, führt dies in der Regel zu der Überzeugung, dass wir etwas bewirken können. In einer Studie zu einem universitären Nachhaltigkeitscoaching fühlten sich Engagierte eher dann partizipativ wirksam, wenn sie sich in diesem Bereich für kompetent hielten.[28] In dieser Studie waren insbesondere Projektmanagementkompetenzen und sehr kontextspezifisches Wissen (über Nachhaltigkeit an der eigenen Hochschule) mit partizipativer Wirksamkeit assoziiert. Ebenso berichteten Engagierte eine höhere kollektive Wirksamkeit, wenn sie andere Mitglieder ihrer Initiative für kompetent hielten (→ Coaching für einen sozial-ökologischen Wandel).

Coaching für einen sozial-ökologischen Wandel: Eine unserer Autorinnen führte im Rahmen ihrer Doktorarbeit eine Evaluation des Coaching-Programms »Wandercoaching« vom *netzwerk n* durch.[28] Bei diesem Programm wurden Nachhaltigkeitsinitiativen an Hochschulen für ein Wochenende von zwei ausgebildeten Coaches besucht, die selbst noch Studierende waren. Die Coaches begleiteten die Gruppen dabei, sich als Team zu finden, eine gemeinsame Vision für ihre Hochschule zu entwickeln, sich über Kommunikationsstrukturen auszutauschen, Gruppenkonflikte zu bearbeiten und vieles mehr. 317 Studierende aus 36 studentischen Initiativen nahmen an einer Befragung teil – vier Wochen vor, zwei Wochen nach und ein halbes Jahr nach dem Coaching-Wochenende. Im Vergleich zu vorher berichteten die Engagierten nach dem Coaching über mehr Gruppenidentifikation, Visionen, wahrgenommene persönliche und gruppenbezogene Fähigkeiten, Wirksamkeitsüberzeugungen sowie kollektives Klimahandeln. Außerdem wurden von den Initiativen in den 1,5 Jahren nach dem Coaching im Durchschnitt mehr Facebook-Events veranstaltet, insbesondere mehr Bildungsveranstaltungen. Die Coaching-Methoden vom *netzwerk n* können online nachgelesen werden.[104]

Es gibt (mindestens) zwei Perspektiven, die bei Gruppenkompetenzen eingenommen werden können: Kompetenzen können erkannt und aufgebaut werden. Zum einen **können Klimagruppen versuchen, sich ihrer bereits vorhandenen Kompetenzen bewusst zu werden.** So fühlten sich Teilnehmende einer Studie kollektiv wirksamer, wenn sie mehr Nachrichten über Greta Thunberg gehört hatten.[17] Was die Autor*innen der Studie als »Greta-Thunberg-Effekt« bezeichnen, könnte tatsächlich den Einfluss widerspiegeln, den auch inspirierende Führungspersonen und Gruppenkolleg*innen haben können. Es könnte daher sinnvoll sein, bewusst Momente zu schaffen, in denen Gruppenmitglieder erleben, wie inspirierend, kompetent, solidarisch und verlässlich andere Gruppenmitglieder sind (und das sind sie ganz sicher!). Im *netzwerk n* Coaching-Programm gibt es eine Übung zur »Kompetenzfigur«. Darin zeichnen die Teilnehmenden eine Figur auf ein Blatt Papier und reflektieren ihre eigenen Kompetenzen: was sie gerne tun, was ihre Grundwerte sind und was sie lernen wollen. Nachdem sich die Gruppenmitglieder gegenseitig ihre individuellen Kompetenzfiguren vorgestellt haben, erstellt die Gruppe gemeinsam eine Gruppenkompetenzfigur, die die wichtigsten Fähigkeiten der Gruppe zusammenfasst. Besonders für neuere Mitglieder kann dies eine nützliche Methode sein, um Vertrauen zu anderen Gruppenmitgliedern aufzubauen.

Andererseits kann es auch Fähigkeiten geben, die in einer Klimagruppe fehlen. Nun ist es an der Zeit, diese Fähigkeiten zu entwickeln – nicht nur um der Fähigkeiten willen, sondern auch für die Gefühle der Wirksamkeit, die aus ihnen entstehen können. Zum Beispiel könnte eine transformative Führung gefördert werden. In einer Studie aus der Organisationspsychologie zeichneten sich transformative Führungskräfte durch folgende Merkmale aus: Sie waren in der Lage, Wirksamkeit gegenüber anderen zu artikulieren, konzentrierten sich auf die Werte und den Sinn der Gruppe, vermittelten hohe Standards und coachten andere Gruppenmitglieder.[105] **Mitglieder von Klimagruppen können sich gegenseitig bei der Entwicklung neuer Fähigkeiten unterstützen.** So zeigte sich im privaten Umweltschutz, dass vor allem Aufgaben mit mittlerer Schwierigkeit Wirksamkeitsüberzeugungen stärken können,[106] weshalb die Entwicklung neuer Fähigkeiten unbedingt an bisherige Fähigkeiten angepasst werden sollte. Im besten Fall ist diese Unterstützung institutionell verankert. Die Coaching-Evaluation beim *netzwerk n* hat beispielsweise auch ergeben, dass Studierende höhere Wirksamkeitsüberzeugungen berichteten, wenn sie an einer Hochschule mit einem institutionalisierten Green Office studierten.[28]

Fazit: Kompetenzen, die Klimaengagierte bei sich selbst und anderen wahrnehmen, sind ein Schlüssel zur Förderung von Wirksamkeitsüberzeugungen. Klimagruppen können daher Gruppenaktivitäten anvisieren, die vorhandene Kompetenzen sichtbar machen und die Möglichkeiten schaffen, um neue Kompetenzen aufzubauen.

▸ Rollen gekonnt verteilen

Neben dem Aufbau von Fähigkeiten kann es sinnvoll sein, diese in einer Klimagruppe gut zu verteilen. So könnten alle Gruppenmitglieder gleichermaßen eine bestimmte Fähigkeit entwickeln, sodass die damit verbundene Aufgabe rotieren kann und kollektive Wirksamkeit dabei entsteht. Es könnte aber auch sein, dass eine Gruppe Rollen und Aufgaben für bestimmte Mitglieder finden möchte, um ihnen partizipative Wirksamkeit zu geben. Obwohl uns Autor*innen keine psychologische Forschung zu Rollen in Klimagruppen bekannt ist, gibt es eine Reihe interessanter heuristischer Modelle, die sich mit psychologischen Ideen verbinden lassen.

So gibt es zum Beispiel die Vier-Spieler-Typologie von Kantor und Lehr,[107] bei der eine Person eine von vier verschiedenen Rollen in der Gruppe einnehmen kann: **Antreiber*in, Unterstützer*in, Kritiker*in oder Beobachter*in** (Mover, Supporter, Opposer, Bystander).[108] Dieses Modell ist stark vereinfacht und es gibt nur schwache empirische Belege dafür, dass sich Menschen tatsächlich in diese Kategorien einordnen lassen. Dennoch ist es eine hochinteressante praktische Grundlage für die Reflexion von Gruppenrollen, deren Wert wir Autor*innen beim *netzwerk n* Coaching-Programm sehen konnten.

Hier findest du einen kurzen Überblick über diese Typologie: Antreiber*innen starten Aktionen und bringen sehr viel Energie in ein Projekt, aber es besteht auch die Gefahr, dass sie zu mächtig und kontrollierend werden. Die Hauptmotivation der Antreiber*innen ist wahrscheinlich der Erfolg der Aktion und die damit verbundenen Wirksamkeitsüberzeugungen. Es ist wichtig zu wissen, dass Gruppen ohne Antreiber*in nicht einmal mit der Planung einer Klima-Aktion beginnen werden, da die treibende Kraft fehlt. Unterstützer*innen sind in Projekten oft eine große Hilfe, da sie gemeinsam Ideen weiterentwickeln und eine positive Gruppenatmosphäre aufrechterhalten. Sie neigen aber auch dazu, Konflikte zu vermeiden, und können zu nachgiebig sein. Unterstützer*innen versuchen in dieser Rolle wahrscheinlich vor allem, ihr Bedürfnis nach Identifikation und Verbundenheit zu befriedigen. Kritiker*innen stellen für gewöhnlich Ideen infrage und geben gern kritisches Feedback. In Gruppenkontexten können sie manchmal nervig sein, da sie nie zufrieden sind und andere mit ihrer Kritik eventuell demotivieren. Kritiker*innen haben wahrscheinlich ein starkes Bedürfnis nach Autonomie und wollen ihre moralischen Überzeugungen zum Ausdruck bringen. Beobachter*innen sind die Verknüpfungspunkte zu größeren Netzwerken und bringen meist neue Perspektiven und passive Unterstützung der Ideen mit sich. Es ist jedoch nie klar, ob sie wirklich Teil der Gruppe sind oder nicht. Beobachter*innen suchen wahrscheinlich Autonomie und Wirksamkeit, wollen aber nicht zu sehr mit (nur) einer Gruppe identifiziert werden. Spannend ist, dass die von uns Autor*innen vorgeschlagenen Motivationen bestimmter Rollen auch als ihre größten Ängste angesehen werden könnten (z. B. Misserfolg und der Verlust von Wirksamkeitsüberzeugungen bei Antreiber*innen). All diese Rollen haben Vor- und Nachteile. Es kann viel Klarheit in Klimagruppen bringen, über diese Rollen zu sprechen, wenn ein Projekt beginnt oder wenn sich Probleme abzeichnen. Da es sich jedoch nur um ein heuristisches Modell handelt, für das wir Autor*innen Verbindungen zu psychologischen Konzepten vorgeschlagen haben, sollten diese Ideen eher als Diskussionsgrundlage und nicht als wissenschaftliche Empfehlungen betrachtet werden.

Auch in der Klimabewegung im weiteren Sinne können Menschen unterschiedliche Rollen einnehmen. Eine in diesen Kreisen häufig anzutreffende heuristische Typologie von Moyer[109] unterscheidet zwischen **Rebell*innen, Reformer*innen, Change Agents (oder Veränder*innen) und Bürger*innen**, die alle für soziale Bewegungen entscheidend sind. Rebell*innen stehen an vorderster Front und protestieren für Veränderungen. Reformer*innen verändern das politische System von innen heraus, indem sie häufig offizielle Positionen innehaben. Change Agents finden sich in Graswurzelbewegungen, die die Veränderung, die sie in der Welt sehen wollen, vorantreiben und darüber informieren. Bürger*innen tragen durch ihre Wahlentscheidung und solidarische Unterstützung zu einer Bewegung bei. Entsprechend dieser Typologie benötigen soziale Bewegungen diese vier Rollen in verschiedenen Phasen des politischen Prozesses, um erfolgreich zu sein. Ein Bewusstsein über die Notwendigkeit aller vier Rollen kann dabei die Zusammenarbeit zwischen verschiedenen Akteur*innen des Wandels fördern. Die Liste der Rollen ist jedoch nicht erschöpfend und wurde von anderen erweitert um Journalist*innen, die relevante Informationen verbreiten,[110] oder Eltern, deren Erziehung die Werte künftiger Generationen beeinflusst. Andere Autor*innen haben vorgeschlagen, dass die Rollen von Menschen und Gruppen innerhalb von Bewegungen bezüglich ihrer Verbindung zu Unternehmen (vermittelnd, Brücken bauend, unabhängig, gefangen und isoliert)[111] oder in Bezug auf ihre systemische Funktion (Akupunkteur*in, Fragesteller*in, Vermittler*in, Gärtner*in)[112] unterschieden werden können.

All diese Rollen innerhalb von sozialen Bewegungen zeigen, dass es zahlreiche Arten des kollektiven Klimahandelns gibt und damit viele Möglichkeiten, eine passende Rolle für sich zu finden. Beim Gedanken an Klimaprotest und Engagement kommen meist zuerst Rebell*innen in den Sinn – Menschen, die Proteste organisieren und sich ihnen mit einem Plakat oder Banner anschließen. Sozial-ökologische Bewegungen sind jedoch wesentlich vielfältiger und umfassen darüber hinaus mehrere kreative Untergruppen, wie Protestbands, Koch- oder Presseteams, die es ermöglichen, die eigenen musikalischen, kulinarischen und schriftstellerischen Leidenschaften mit einer Klimagruppe zu verbinden. Wissenschaftler*innen sind ein weiteres Beispiel. Die Scientists for Future beschreiben ihre Rolle als Gruppe folgendermaßen: »Scientists for Future [...] unterstützt die globale Klimabewegung, indem sie Aktivist*innen, Politiker*innen, Entscheidungsträger*innen, Pädagog*innen und der breiten Öffentlichkeit Fakten und Materialien zur Verfügung stellt, die auf zuverlässigen und anerkannten wissenschaftlichen Daten basieren.«[113]

Mit so vielen Rollen gleichzeitig konfrontiert zu werden, kann zu Überforderung führen. Die Unterstützung bei der Suche nach dem, was wirklich zu einer Person passt, kann aber auch ein echter Hebel für Veränderung sein. Gerade bei neuen Gruppenmitgliedern könnte es sinnvoll sein, sie zu fragen, wie sie sich einbringen möchten und welche Ideen sie mitbringen – und dabei aber auch immer die Möglichkeit offen zu lassen, dass sie vielleicht zunächst nur unterstützen wollen. Mithilfe der erwähnten »Kompetenzfigur« kann in Klimagruppen über die Fähigkeiten, Interessen und Rollen der Gruppenmitglieder reflektiert werden. In einer Interviewstudie im Rahmen eines universitären Nachhaltigkeitskurses gab die Hälfte der Studierenden an, dass sie sich wirksam fühlten, weil sie ihre eigenen Ideen, Eigenschaften und Fähigkeiten einbringen konnten.[114] Geeignete Rollen könnten diesen Effekt von Nachhaltigkeitskursen noch einmal verstärken.

Darüber hinaus kann es von Vorteil sein, Aufgaben nicht nur nach den bereits vorhandenen Fähigkeiten, sondern auch nach dem Lernpotenzial der Gruppenmitglieder zu verteilen. Eine Studie über die Umweltorganisation Yellow Creek Concerned Citizens (Yellow Creeks Besorgte Bürger*innen) hat gezeigt, dass Gruppenmitglieder vielleicht **nicht zu sehr an Aufgaben und Rollen festhalten sollten, die sie bereits kennen und in denen sie sich wohl fühlen.** In dieser Studie übernahmen weibliche Gruppenmitglieder klimarelevante Aufgaben, die sie zuvor noch nicht ausgeübt hatten. Diese Rollenübernahme stärkte ihre Wirksamkeitsüberzeugungen und brachte sie dazu, traditionelle Geschlechterrollen generell infrage zu stellen.[115,116] Darüber hinaus stellte eine aktuelle Studie fest, dass Teilnehmende, denen gesagt wurde, sie sollten bei der Planung ihrer beruflichen Laufbahn »einfach ihrem Traum folgen«, eher geschlechtsstereotype Wege einschlugen.[117] Neben der Frage, welche Fähigkeiten eine Person in eine Klimagruppe einbringen möchte, ist es daher wichtig herauszufinden, was sie ausprobieren und sich aneignen möchte. Dies bedeutet auch, den Gruppenmitgliedern verschiedene Rollen zugänglich zu machen, damit sie dazulernen und neue Fähigkeiten entwickeln können.[118]

Fazit: Die meisten Menschen bringen viele Fähigkeiten für Klimaprotest und Engagement mit, die auf den ersten Blick vielleicht nicht sichtbar sind. Deshalb ist es wichtig, ihnen zu ermöglichen, ihre eigene Rolle zu finden. So können sie das Gefühl entwickeln, als Teil einer Klimagruppe wirklich etwas zu bewirken.

Deine Wirksamkeitsüberzeugungen

Wir Autor*innen hoffen, dass dieses Kapitel über Wirksamkeitsüberzeugungen für dich gut zugänglich und verständlich war. Trotzdem möchten wir natürlich, dass du möglichst viel daraus mitnimmst, und das bedeutet in der Regel, einige der Vorschläge selbst auszuprobieren und zu erleben. Deshalb kannst du hier mithilfe einer angepassten Kompetenzfigur vom *netzwerk n*[104] deine eigenen Fähigkeiten und Wünsche reflektieren. Noch besser funktioniert diese Übung als Klimagruppe und am besten, wenn es sogar eine externe Moderation gibt.

Teil I: Einen Überblick über deine Kompetenzen und Wünsche gewinnen

1. Für diese Reflexion zeichnest du zunächst eine Figur auf ein Blatt Papier. Sie kann dir ähnlich sehen oder abstrakt sein, ganz wie du möchtest.
2. Im nächsten Schritt beantwortest du die in der Abbildung dargestellten Fragen und schreibst sie an die passende Stelle des Körpers der Figur. Am Anfang könnte es sich für dich etwas merkwürdig anfühlen, so viele positive Eigenschaften über dich selbst festzuhalten. Aber wahrscheinlich hast du viele Kompetenzen, die dir noch nicht bewusst sind. Die Figur hilft dir vielleicht dabei, sie zu entdecken. Fällt dir diese Aufgabe nicht leicht, kannst du auch Freund*innen bitten, dir eine Sprachnachricht zu senden, in der sie die Fragen zu dir beantworten.
3. Wenn du diese Aufgabe in einer Klimagruppe durchführst, kannst du auch die Frage »Welche Aufgaben und Rollen würdest du gerne abgeben?« in das Knie deiner Kompetenzfigur einbauen, da sie euch die Möglichkeit gibt, Rollen innerhalb der Gruppe neu zu verteilen.
4. Das ist deine persönliche Kompetenzfigur. Vielleicht möchtest du sie an deine Wand hängen oder sie in einer Schublade aufbewahren, um dich später daran zu erinnern. Oder du kannst sie mit anderen Mitgliedern einer Klimagruppe teilen.

Teil II: Austausch über Kompetenzen in einer Klimagruppe

5. Wenn ihr die Kompetenzfiguren in einer Klimagruppe gezeichnet habt, könnt ihr euch nun untereinander austauschen. Dafür eignet sich eine Gruppengröße von 3–5 Personen, um eine vertraute Atmosphäre zu schaffen. Die Kleingruppe geht Körperteil für Körperteil durch und alle, die möchten, teilen das, was sie aufgeschrieben haben. Als Teil einer wertschätzenden Gruppenkultur könnt ihr auch weitere Fähigkeiten von anderen Gruppenmitgliedern vorschlagen, vor allem, wenn sie selbst Schwierigkeiten hatten, diese ausfindig zu machen.

6. Der nächste Schritt ist die Erstellung einer Gruppenkompetenzfigur. Diese sollte alle Aspekte der individuellen Kompetenzfiguren enthalten, die für die gesamte Gruppe von zentraler Bedeutung sind oder von mehreren Gruppenmitgliedern angesprochen wurden. Achtet bei diesem Schritt darauf, dass jedes Mitglied mindestens einen Aspekt zur Gruppenkompetenzfigur beitragen kann.

7. Diese Figur kann euch nun zeigen, welche Visionen für eure Gruppe wichtig sind, welche Klima-Aktionen zu den Fähigkeiten in der Gruppe passen, welche Erfahrungen immer wieder gemacht werden sollten, damit alle ihre Wirksamkeitsüberzeugungen aufrechterhalten, wer mit der eigenen Rolle zufrieden ist, wie Rollen neu verteilt werden können und welche Rollen vielleicht noch in der Gesamtgruppe fehlen, um eure Ziele erreichen zu können. Das sind eine ganze Reihe von Erkenntnissen, mit denen ihr wertvolle Diskussionen in eurer Klimagruppe anstoßen könnt.

Was sind deine sozialen und kommunikativen Fähigkeiten?

Was sind deine Kenntnisse und Interessen beim Thema Klimaschutz?

Wofür schlägt dein Herz? Gibt es Visionen von einer alternativen Zukunft, die du verfolgst?

Welche handwerklichen und technischen Fähigkeiten hast du?

In welchen Momenten hast du dich im Klimaschutz bereits stark und wirksam gefühlt?

Welche Aufgaben und Rollen innerhalb bestimmter Gruppen würdest du gerne übernehmen? Was würdest du gerne lernen und ausprobieren?

Welche Menschen geben dir das Gefühl, dass du etwas bewirken kannst? Wer glaubt an die Wirksamkeit deiner Arbeit?

› Abbildung 11. Kompetenzfigur basierend auf der Methode vom *netzwerk n.*[III]

Teil 1

Motivation für kollektives Klimahandeln

Kapitel 6 Klimahandeln und seine Folgen

Zuerst die Handlung, dann die Motivation

Nach der Lektüre dieser Kapitel denkst du vielleicht: »Okay, eine Klimagruppe muss also erst einmal ein Gefühl der Zugehörigkeit, der Ungerechtigkeit und der Wirksamkeit erzeugen, damit sie andere motiviert, sich Klimaprotest und Engagement anschließen.« Zum Teil stimmt das. Es wäre jedoch ein Trugschluss zu denken, dass Klimagruppen immer erst mit diesen Motivationen beginnen müssten. Denn hier muss berücksichtigt werden, dass **der Zusammenhang zwischen psychologischen Konzepten oft in Querschnittsuntersuchungen getestet wird**, was meistens bedeutet, dass mehrere Konzepte in einem Fragebogen kurz nacheinander gemessen werden. Auch wenn Psycholog*innen gerne das Wort »vorhersagen« verwenden, ist zum Beispiel oft unklar, ob Menschen sich wütend fühlen und dann entschließen, sich kollektivem Klimahandeln anzuschließen, oder ob sie an einer Klima-Aktion teilnehmen, bei der sie für Ungerechtigkeiten sensibilisiert werden, was dann Wut auslöst – die Kausalität bleibt ungeklärt.

Die Entstehung von Mut für kollektives Klimahandeln kann also auch andersherum funktionieren – Klimaprotest und Engagement können Motivation erzeugen.[1] Eine klimaengagierte Person könnte zum Beispiel ihre jüngere Mitbewohnerin zu einer Anti-Atomkraft-Demonstration mitnehmen. Eine solche Erfahrung könnte in der Mitbewohnerin Gefühle der Wirksamkeit hervorrufen, was sie neben vielen anderen Erfahrungen dazu motivieren könnte, eine politische Laufbahn einzuschlagen. Forschungsergebnisse haben gezeigt, dass es in der Tat eine sehr wichtige Motivationsquelle sein kann, einfach von anderen dazu aufgefordert zu werden, sich einer Demonstration anzuschließen.[2] Dabei kann die erste Protesterfahrung und die Art und Weise, wie sie erlebt wird, ein entscheidender Moment für das weitere Engagement sein.[3] Andere Forschungsergebnisse sprechen ebenfalls für diese zweite mögliche Kausalrichtung: Die bereits beschriebene Studie zur »Water for Life«-Bewegung ließ die Teilnehmenden an einer Planungssitzung mitwirken, was an sich schon kollektives Klimahandeln darstellt. Es zeigte sich, dass diese Sitzung ihre soziale Identifikation und Wirksamkeitsüberzeugungen bestärkte.[4] Zudem haben Studien herausgefunden, dass politische Beteiligung Wirksamkeitsüberzeugungen in diesem Bereich fördern konnte – selbst nach einer politischen Niederlage.[5]

»Zuerst die Handlung, dann die Motivation« könnte eine besonders wertvolle Lektion für Bildungsreferent*innen sein. Anstatt Schüler*innen von Ungerechtigkeiten zu überzeugen und davon, dass ihr Handeln etwas bewirken kann, könnten Aufgaben so gestaltet werden, dass sie bereits kollektives Klimahandeln beinhalten. Statt einen Text über Klimaungerechtigkeit zu lesen, könnte der Auftrag zum Beispiel lauten, eine Petition zu einem selbstgewählten Klimathema zu verfassen. Die Idee »Zuerst die Handlung, dann die Motivation« unterstreicht außerdem, dass ein wichtiger Startpunkt für Motivation darin bestehen kann, **Freund*innen und Familie zu Klimaprotest und Engagement einzuladen**. Eine unserer Autorinnen erinnert sich, wie ein Freund sie zu einem veganen Brunch einlud. Neben dem leckeren Essen verteilten die Organisator*innen unerwarteterweise eine Petition zu einem Tierrechts-Thema. So wurde aus dem Wohlfühl-Event für veganen Lebensstil eine politische Vernetzungsmöglichkeit. Ob sich Klimaprotest und Engagement auf die Motivation auswirkt, hängt wahrscheinlich davon ab, ob wir gute oder schlechte Erfahrungen machen, zum Beispiel, ob unsere Bedürfnisse nach Zugehörigkeit und Sinn befriedigt werden oder nicht, und ob wir die Aktion als Erfolg oder Misserfolg empfinden.

Fazit: Kollektives Klimahandeln kann die soziale Identifikation, moralische Überzeugungen und Wirksamkeitsüberzeugungen von Menschen beeinflussen. Daher sollten wir nicht unterschätzen, wie effektiv es sein könnte, neue Mitglieder und Interessierte direkt zu politischen Aktionen mitzunehmen, bei denen sie transformative Erfahrungen machen können.

▸ Die Lücke zwischen Intention und Verhalten – im Aktivismus

Eine der großen Fragen der Umweltpsychologie richtet sich darauf, wie die Lücke zwischen Intention und Verhalten geschlossen werden kann.[6] Im privaten Bereich wollen viele Menschen einen nachhaltigeren Lebensstil führen, setzen diese Absicht jedoch nicht in die Tat um. Jüngste unveröffentlichte Forschungsergebnisse zu Extinction Rebellion deuten darauf hin, dass dasselbe auch für kollektives Klimahandeln zu gelten scheint – viele Teilnehmende, die angaben, sich an Aktionen beteiligen zu wollen, hatten dies tatsächlich noch nie getan.[7]

Daher lautet eine an die Psychologie gerichtete Frage oft: »Wie können wir uns und andere dazu motivieren, Gewohnheiten aufzubauen und zu verändern?« Uns Autor*innen ist zwar keine derartige Forschung im Bereich des kollektiven Klimahandelns bekannt, aber bestehende Strategien zur Verhaltensänderung könnten vermutlich auch in diesem Bereich angewandt werden.

Kurz gesagt: Kleine Sticker zur Erinnerung können wahre Wunder bewirken. Möchte eine Person jeden Montag bei der Fahrraddemonstration mitfahren, könnte sie von einer Fahrradpostkarte neben ihrer Tür regelmäßig daran erinnert werden. Eine weitere, umfassendere Strategie besteht darin, Implementationsabsichten zu formulieren. Dabei stehen die Fragen im Vordergrund, wann, wo und mit wem eine Person ihre neue Gewohnheit umsetzen will (z. B. an den Treffen der nachhaltigen Hochschulgruppe teilzunehmen) und mögliche Hindernisse vorherzusehen, die sich ihr in den Weg stellen könnten (z. B. die Klausurenphase). Uns Autor*innen sind bisher nur Studien bekannt, die diese Strategien im privaten Bereich erprobt haben, doch sie lassen sich auch leicht auf Klimaprotest und Engagement übertragen. Detailliertere Beschreibungen der Strategien sind im Buch »Psychologie im Umweltschutz«[6] zu finden.

Folgen von Erfolg und Misserfolg einer Klima-Aktion

Im vorangegangenen Kapitel über Wirksamkeitsüberzeugungen wurde bereits auf die Bedeutung von Erfolg und Misserfolg eingegangen. Doch welche Möglichkeiten gibt es, auf erfolgreiche oder erfolglose Aktionen zu reagieren? Winnifred Louis und Kolleg*innen[8] gehen davon aus, dass **eine erfolgreiche kollektive Aktion Menschen dazu veranlasst, beim nächsten Mal ähnliche Strategien zu wählen.** Wenn eine Klimagruppe eine Kreuzung blockiert, um auf die Notwendigkeit einer nachhaltigen Mobilitätsinfrastruktur hinzuweisen, und dabei positives Feedback erhält (z. B. umfangreiche Medienberichterstattung), wird sie beim nächsten Mal womöglich eine ähnliche Aktionsform wählen. Aus der Erfahrung unserer Autor*innen könnte es auch sein, dass diese erfolgreiche Aktion als beständige Erinnerung an Erfolg dienen kann, auf der andere, leicht veränderte Aktionsformen aufbauen können – durch ein gestärktes Gefühl der Identität, moralische Überzeugung und Wirksamkeit.

War eine Klima-Aktion aufgrund mangelnder Medienberichterstattung, einer öffentlichen Debatte zu den Schwächen der Aktion oder eines gewaltsamen Polizeieinsatzes jedoch nicht erfolgreich, könnten sich in der Gruppe teils gegenläufige Meinungen darüber bilden, was sie als nächstes tun sollte.[8] Wie bereits beschrieben, könnten diese Reaktionen davon abhängen, ob Mitglieder ihr Vertrauen in die Gruppe, eine Aktionsform oder die Regierung verlieren.[9,10] Manche wollen vielleicht als nächstes eine **radikalere Aktionsform wählen**, von der sie glauben, dass sie mehr Aufmerksamkeit erregt. Ist die Gruppe als Ganzes nicht bereit, sich dahingehend zu verändern, könnte eine radikale Flanke entstehen. Andere Gruppenmitglieder könnten der Meinung sein, dass sie zwar eine neue Strategie brauchen, aber **eine weniger radikale Aktionsform als bisher wählen sollten, die vielleicht mehr öffentliche Unterstützung hervorruft**. Andere wiederum möchten vielleicht **an der alten Strategie festhalten**, diese aber zukünftig so planen, dass die moralische Dringlichkeit noch deutlicher hervortritt und damit ihr Framing und die Aktionsmerkmale ändern. Und dann gibt es noch die **Menschen, die seit der gescheiterten Aktion niemand mehr gesehen hat**, weil sie ihre Verbindung und Identifikation mit der Gruppe verloren haben.

Das Modell von Louis und Kolleg*innen[8] befindet sich noch in der Testphase,[11] doch es weist bereits auf zwei interessante Gedanken hin: Zum einen hat Misserfolg das Potenzial, Gruppen zu spalten, und zwar nicht nur, weil Menschen die Gruppe verlassen, sondern auch, weil sie unterschiedliche Schlüsse aus dem Misserfolg ziehen. Mit anderen Worten: Um ihre Wirksamkeitsüberzeugungen wiederzuerlangen, verfolgen sie unterschiedliche Strategien, die unter Umständen nicht zueinander passen. Umso wichtiger scheint es in dieser Zeit zu sein, sich auf die aktuellen Bedürfnisse der Gruppenmitglieder zu konzentrieren. Zum anderen können erfolgreiche Aktionen dazu führen, dass sich eine Gruppe »wirksam genug« fühlt und so in ihrer Komfortzone verharrt.

Fazit: Nach einem Misserfolg kann es erforderlich sein, die Identifikation einiger Mitglieder mit der Gruppe wieder zu stärken. So können sich alle (wieder) wohl in der Gruppe fühlen und zukünftige, potenziell wirksamere Klima-Aktionen mit klarem Kopf und mitfühlender Haltung diskutieren.

Strategien zur Bewältigung von Misserfolgen

Hier stellen wir einige Strategien vor, die auf den Erfahrungen von uns Autor*innen, Interviews mit Engagierten zu ihren Wirksamkeitsüberzeugungen und weiteren Ideen in diesem Buch basieren:

Soziale Strategien (=eine soziale und gemeinsame Haltung): Da die Klimakrise ein kollektives Problem ist, solltest du nicht versuchen, allein mit dem Scheitern und den damit verbundenen Gefühlen umzugehen. Viele versuchen dies zuerst alleine und verlieren dabei einen Teil ihrer Motivation. Deshalb ist die Bewältigung von Misserfolgen eine kollektive Herausforderung.

Was kannst du tun?

- Suche dir Menschen, die dich mit ihrer positiven Art und ihrem Feedback aufmuntern.
- Schaffe Gelegenheiten, um gemeinsam mit anderen über den Schmerz des Misserfolgs zu reden. Zusammen zu trauern kann eine gewisse Erleichterung bringen.
- Suche professionelle Hilfe (Beratung, Therapie).
- Versuche, das Problem nicht zu sehr zu individualisieren, wenn es eigentlich ein strukturelles Problem ist – du bist nicht die einzige Person, die darunter leidet!
- Suche den Austausch mit anderen Mitgliedern deiner Klimagruppe und wendet gemeinsam Bewältigungsstrategien an, wie Re-Framing-, Ablenkungs- sowie Veränderungsstrategien, die im Folgenden vorgestellt werden.

Re-Framing-Strategien (=ein anderer Erfolg): Es gibt mentale Strategien, mit denen eine andere Sichtweise auf Situationen entwickelt werden kann.

Was kannst du tun?

- Definiere die Ziele, die du erreichen wolltest, neu: »Die Kampagne hat zwar nicht viel Aufmerksamkeit erregt, aber sie hat den Zusammenhalt unserer Gruppe gefördert.«
- Hebe kleine positive Trends hervor: »Die Kampagne hat zwar nicht viel Aufmerksamkeit erregt, aber es war ein erster Schritt in die richtige Richtung – die Leute wissen jetzt, dass es uns gibt.«

- Betone das große Ganze: »Die Kampagne hat zwar nicht viel Aufmerksamkeit erregt, aber was sollen wir erwarten – Klimaengagement ist kein Sprint, sondern ein Marathon.«
- Hänge die Bedeutung einer Erfolgsserie nicht zu hoch: »Die Kampagne hat zwar nicht viel Aufmerksamkeit erregt, aber wir sollten uns vor Augen führen, dass Engagement immer ein Prozess von Versuchen und Fehlern ist. Manchmal gewinnst du, manchmal verlierst du.«

Ablenkungsstrategien (= ein anderer Fokus): Klimaengagierte vernachlässigen häufig die positiven Auswirkungen von Ablenkung. Um dich von einem Misserfolg zu erholen, kann es hilfreich sein, einfach etwas zu tun, das dich aufmuntert – zum Beispiel auf ein Festival oder ins Theater zu gehen, Zeit mit deiner Familie zu verbringen, schwimmen zu gehen, zu malen oder einen entspannten Tag im Park zu genießen.

Veränderungsstrategien (= eine andere Aktion): Eine fehlgeschlagene Klima-Aktion kann in dir auch das Gefühl aufkommen lassen, dass du dein Engagement ändern oder dich einer anderen Gruppe oder Aktionsformen zuwenden solltest. Auch wenn wir uns einer Gruppe manchmal stark verpflichtet fühlen, ist dieses Gefühl nichts, wofür wir uns schämen sollten. In der Tat ist es wohl so, dass die allgemeine Beständigkeit der Klimabewegung gefährdet werden könnte, wenn zu viele Menschen gleichzeitig die Gruppe oder die Aktionsform wechseln. Solltest du jedoch auf lange Sicht merken, dass keine der oben genannten Strategien für dich funktioniert und dass deine Bedürfnisse nach Zugehörigkeit, Sinn und Wirksamkeit ständig unbefriedigt bleiben, so könnte es an der Zeit für dich sein, zu einer anderen Aktionsform oder Gruppe zu wechseln – zum Beispiel von größeren Klimaprotesten hin zu einem solidarischen Landwirtschaftsprojekt. Eine andere (möglicherweise noch resilientere) Option ist, die Strategie als Gruppe zu verändern, vielleicht in einer extra dafür einberufenen Strategiesitzung mit Mitgliedern deiner eigenen Gruppe oder sogar gemeinsam mit anderen Klimagruppen. In Kapitel 10 findest du eine Anleitung, wie Gruppen gemeinsam Ziele (neu) definieren können.

Folgen für privates Handeln im Klimaschutz

In der Psychologie gibt es eine laufende Debatte darüber, wie sich verschiedene klimafreundliche Verhaltensweisen gegenseitig beeinflussen – wie sie aufeinander überschwappen (»Spillover-Effekt«). Wenn eine Person zum Beispiel anfängt, mit dem Fahrrad statt mit dem Auto zur Arbeit zu fahren, könnte dies dazu führen, dass sie auch zur nächsten Demonstration gegen die Autoindustrie geht? Oder nicht? Es gibt zwei konkurrierende Hypothesen, die dieses Phänomen betrachten: die Gateway-Hypothese (Eingangstor-Hypothese) und die Getaway-Hypothese (Flucht-Hypothese).[12] Der Gateway-Hypothese zufolge kann privates Klimaschutzverhalten (z. B. die Umstellung auf eine vegetarische Ernährung) als Türöffner für kollektives Klimahandeln (z. B. dem Beitritt zu einer Tierrechtsgruppe) dienen. Die Getaway-Hypothese wiederum besagt, dass durch privates Handeln das Gefühl aufkommen kann, die eigene Pflicht getan zu haben (z. B. »ich brauche keiner Gruppe beitreten, weil ich ja schon privat aktiv bin«). Eine Studie von de Moor und Verhaegen[12] hat die Gateway-Hypothese empirisch untermauert und einen kleinen positiven Spillover-Effekt von privatem Verhalten auf kollektives Handeln gefunden. Eine experimentelle Studie und unsere eigene noch unveröffentlichte Längsschnittstudie konnten dieses Ergebnis mit anderen Untersuchungsmethoden jedoch nicht stützen.[13,14] Unsere unveröffentlichte Studie ergab, dass es – wenn überhaupt – wahrscheinlicher ist, dass kollektives Klimahandeln auf privates Klimaschutzverhalten überschwappt. **Auf diesen Spillover-Effekt von kollektivem zu privatem Handeln weisen auch viele Interviewstudien hin.**[15–18] So berichtete ein Mitglied der Organisation Sea Shepherd: »Natürlich gibt es bei Sea Shepherd Tierrechtsaktivist*innen und ich habe auf einem der Tische einen Dokumentarfilm liegen gesehen... Und ich habe [den Film] Earthlings gesehen und dachte, oh, vielleicht sollte ich (nicht so sein) [...], und gleichzeitig war es eher so, dass ich eine Lebensstilveränderung brauchte, gesünder zu essen und so.«[17] Ein Spillover-Effekt könnte besonders dann wahrscheinlicher werden, wenn ein privates Klimaschutzverhalten der kollektiven Aktion irgendwie ähnelt und denselben Klimaschutzbereich betrifft.[19]

Insgesamt zeigen diese Ergebnisse, dass sich Klimagruppen nicht auf Spillover-Effekte verlassen sollten. Veränderungen im privaten und kollektiven Handeln können auf leicht unterschiedlichen Motivationen beruhen, sodass die Veränderung des einen nicht zwangsläufig die Veränderung des anderen zur Folge hat. **Möchten Gruppen gesellschaftspolitische Strukturen verändern und Menschen zu kollektivem Klimahandeln ermutigen, sollten sie sich nicht zuerst auf die Veränderung des privaten Klimaschutzverhaltens konzentrieren.** Nehmen wir ein Beispiel: Eine Transition-Town-Gruppe hat das Ziel, eine alternative Wirtschaft aufzubauen. Da dies eine sehr große Aufgabe ist, suchen sie nach Möglichkeiten, im Kleinen zu beginnen. Ein Gruppenmitglied hat die Idee: »Lasst uns eine Kampagne zum Thema Lebensmittelkonsum machen, zum Beispiel eine nachhaltige Stadtführung, bei der die Leute lernen, wo sie fair gehandelte Produkte kaufen können. Das könnte sie auf lange Sicht dazu motivieren, die wirtschaftlichen Strukturen wirklich zu verändern.« Diese Art von Aktion würde jedoch wahrscheinlich nicht den gewünschten Spillover-Effekt haben und könnte die Gruppe nur wertvolle Zeitressourcen kosten. Will die Transition-Town-Gruppe kollektives Klimahandeln fördern, so sollte sie im Rahmen ihrer Stadtführung Proteste und Gruppen vorstellen, die eine alternative Wirtschaft aufbauen. Bestenfalls würde die Stadtführung selbst mit einer kleinen kollektiven Klima-Aktion enden – dem Unterzeichnen einer Petition, dem Schreiben von Postkarten an lokale Politiker*innen oder dem gemeinsamen Malen eines thematisch passenden Bildes, das später im öffentlichen Raum ausgestellt wird.

Fazit: Forschungsergebnisse zeigen, dass privates und kollektives Klimahandeln nicht unbedingt aufeinander überschwappen – es gibt keine Garantie für einen Spillover-Effekt. Möchte eine Klimagruppe gesellschaftliche Strukturen verändern, sollte sie kollektives Klimahandeln in den Fokus nehmen und sich nicht mit der Veränderung privater Lebensstile aufhalten.

Teil 1

Motivation für kollektives Klimahandeln

Kapitel 7 Zusammenfassung des Modells

Motivationssäulen für kollektives Klimahandeln anwenden

Im ersten Buchteil hast du einen guten Überblick bekommen, welche Erkenntnisse die Psychologie für die Motivation zu kollektivem Klimahandeln und den Aufbau von Mut in der Klimakrise bereithält. Soziale Identifikation, moralische Überzeugungen und Wirksamkeitsüberzeugungen sind die Säulen dieser Motivation. Es ist wichtig zu wissen, dass diese drei psychologischen Konzepte stark miteinander verknüpft sind und sich gegenseitig beeinflussen können. Das SIMCA-Modell als Ausgangspunkt dieses Buches geht davon aus, dass die soziale Identifikation Ungerechtigkeitswahrnehmungen und Wirksamkeitsüberzeugungen beeinflusst, die dann wiederum zu kollektivem Handeln führen.[1] Es nimmt darüber hinaus an, dass soziale Identifikation auch einen direkten Einfluss auf kollektives Handeln hat. Andere Forschungsperspektiven legen nahe, dass insbesondere bei der Gruppengründung die Ungerechtigkeitswahrnehmungen und Wirksamkeitsüberzeugungen der Gruppe für die Entwicklung einer sozialen Identität entscheidend sind, die dann wiederum kollektives Handeln fördert.[2–4] Das bedeutet auch, dass Klima-Aktionen, die sich auf eine Motivationssäule konzentrieren, auch andere Motivationssäulen positiv beeinflussen können.

Um das (neue) Wissen auf eine bestimmte kollektive Klima-Aktion anzuwenden, hat das Autor*innen-Team bereits gute Erfahrungen damit gemacht, mithilfe eines Canvas (Leinwand) zu planen und zu brainstormen. Bevor du beginnst, den Canvas zu befüllen, sollte feststehen, wer deine Zielgruppe ist (Demografie, Beruf, Lebensumfeld, Kompetenzen, Ressourcen), was das Hauptziel der Klima-Aktion ist und welche Art des kollektiven Klimahandelns im Fokus steht. In diesem Canvas haben wir Fragen vorbereitet, die dir helfen sollen, eine Klima-Aktion im Voraus psychologisch zu reflektieren oder im Nachhinein zu analysieren. Die Idee dahinter ist ganz einfach: Schreibe so viele Ideen in die leeren Felder, wie du möchtest – alleine oder gemeinsam mit anderen. In einem zweiten Schritt ist es sinnvoll, die spannendsten Ideen einzukreisen und sie zu diskutieren. Eine Version dieses Canvas zum Ausdrucken kannst du auf unserer Wandelwerk-Homepage[5] herunterladen.

Soziale Identität	Moralische Überzeugungen	Wirksamkeitsüberzeugungen
Mit welchen sozialen Kategorien und Gruppen identifiziert sich die Zielgruppe bereits? Wie können wir diese Gruppen und ihre Werte in der Kommunikation beachten?	Sieht und kennt unsere Zielgruppe die Ungerechtigkeiten bereits, auf die wir aufmerksam machen wollen? Sind sie wütend genug?	Glaubt die Zielgruppe, dass unsere Klima-Aktion tatsächlich etwas erreichen kann? Haben sie das Gefühl, dass sie einen Beitrag zur Gruppe leisten können?
Identifiziert sich die Zielgruppe bereits mit einer Klimagruppe? Wie könnten wir die Identifikation mithilfe von sozialen Normen erhöhen?	Wie soll unsere kollektive Klima-Aktion in der Öffentlichkeit wahrgenommen werden? Wie können wir eine gute Balance zwischen öffentlicher Aufmerksamkeit und Unterstützung finden?	Wie können wir das Gefühl und die Wahrnehmung von Wirksamkeit vor, während und nach der Klima-Aktion stärken?
Wie können wir eine Klima-Aktion so gestalten, dass sich alle mit der Gruppe verbunden fühlen, sich gerne als Gruppenmitglied definieren und in der Aktion und Gruppe Sinn sehen? Wie können wir dies Außenstehenden gegenüber kommunizieren?	Wie können wir unsere kollektive Klima-Aktion so framen, dass sie motivierende und ansprechende Geschichten erzählt?	Welche Bewältigungsstrategien haben wir, falls die Klima-Aktion scheitern sollte?

› Abbildung 12. Canvas zum Planen und Reflektieren von kollektiven Klima-Aktionen.[1]

Teil 2:

Resilientes und effektives kollektives Klimahandeln

Teil 2

Resilientes und effektives kollektives Klimahandeln

Kapitel 8 Resilienz und Aktivismus-Burnout

Aktivismus-Burnout sollte nicht unterschätzt werden

Eine mögliche Folge kollektiven Klimahandelns muss unbedingt bedacht werden und die Klimabewegung beschäftigt sich – zum Glück – auch immer mehr damit: Aktivismus-Burnout. Einige von euch mögen meinen, dass die Klimakrise so drängend und das Leid von Menschen und der Natur bereits so sehr fortgeschritten ist, dass wir keine Zeit haben, um uns mit persönlichen Problemen zu beschäftigen. Doch genau das ist der Trugschluss: Aktivismus-Burnout ist nicht nur ein persönliches Problem, sondern auch ein kollektives Problem von Gruppen und sozialen Bewegungen.

Angesichts der schwerwiegenden Folgen von Aktivismus-Burnout für Engagierte und Klimagruppen ist es entscheidend, aktiv nach Wegen zu suchen, um Burnout vorzubeugen. In einer Studie zu gewerkschaftlichem Aktivismus berichteten zum Beispiel 47,5 % aller untersuchten Aktivist*innen Burnout-Symptome.[1] Aktivismus-Burnout ist ein nicht zu unterschätzender Grund für den Ausstieg aus einer Gruppe. Es handelt sich dann oft nicht mehr um eine freiwillige Entscheidung. Vielmehr haben Engagierte das Gefühl, dass ihr emotionaler und körperlicher Stress sie dazu »zwingt«, sich aus ihrer Gruppe zurückzuziehen.[2] Für viele Betroffene scheint es einen gewissen »Moment der Wahrheit« zu geben, in dem sie das Gefühl haben, eine endgültige Entscheidung treffen zu müssen.[3] Entweder engagieren sie sich weiterhin voll und ganz für die Klimagruppe, gehen an ihre Grenzen und riskieren dabei ihre eigene Gesundheit. In diesem Fall hat es die Gruppe wahrscheinlich mit einem Gruppenmitglied zu tun, dem es öfter an Geduld, Konzentration und Kreativität mangelt, was wiederum andere demotivieren kann. Oder Mitglieder verlassen (vorübergehend) die Gruppe, verlieren eventuell die Verbindung zu anderen Gruppenmitgliedern und oft auch einen für sie zentralen Lebensinhalt – da die Gruppenstrukturen keinen Mittelweg erlauben.

Burnout hat also nicht nur Konsequenzen für die betroffene Person. Innerhalb von Gruppen und Bewegungen kann Burnout gewisse Kaskadeneffekte in Gang setzen. Scheidet ein Gruppenmitglied aufgrund von Burnout aus, steigt die Arbeitslast für andere Mitglieder.[2] So kann ein Burnout weiteres Burnout verursachen. Da über Aktivismus-Burnout weiterhin viel geschwiegen wird,[4] kommt der Ausstieg eines Mitglieds oft überraschend. Aktivismus-Burnout hat somit einen disruptiven Charakter, der mit hohen Kosten für die Stabilität der Bewegung verbunden sein kann.[2,5] Darüber hinaus ist es nicht unwahrscheinlich, dass diejenigen aussteigen, die sich schon länger in der Bewegung engagiert haben. Mit ihrem Ausscheiden nehmen sie dann auch essenzielles praktisches Wissen, Kompetenzen und Erfahrungswerte mit, beispielsweise über die vergangenen Entwicklungen und Positionen der Gruppe.[2,6]

Als wäre dies nicht schon genug, könnte Aktivismus-Burnout auch eine Gefahr für die Attraktivität der Klimabewegung darstellen. Während kollektives Klimahandeln eine geeignete Bewältigungsstrategie in Bezug auf Klimaangst sein kann,[7] könnte Aktivismus-Burnout ein demotivierender Faktor für die initiale Teilnahme sein. Wenn eine Person sieht, wie oft klimaengagierte Freund*innen verzweifelt sind und kurz vor dem Burnout stehen, überlegt sie sich vermutlich zweimal, ob sie selbst mitmachen möchte.

Während Burnout in vielen kapitalistischen Gesellschaften im Kontext von Lohnarbeit bereits ein zentrales Thema ist, scheinen Engagierte besonders anfällig für Aktivismus-Burnout zu sein – die Arbeit hört einfach niemals auf und ist potenziell mit zahlreichen negativen Emotionen verbunden.[3] Es handelt sich in der Tat weder um einen Sprint noch um einen Marathon, sondern vielmehr um eine lebenslange Wanderung, auf die sich Klimaengagierte vorbereiten müssen. Forschende argumentieren außerdem, dass die emotionale Bindung an das Thema Engagierte im sozial-ökologischen Bereich besonders anfällig für Burnout macht.[3] Klimaengagierte sind diejenigen in unserer Gesellschaft, die »bereit sind, hinzuschauen, wo andere wegschauen«,[3] was – schon ohne die Aufgabenlast und Konflikte, die mit Engagement einhergehen können – bereits eine enorme Belastung darstellt. Dies bringt uns Autor*innen zu der Überzeugung, dass eine langfristig effektive Klimabewegung eine resiliente Bewegung sein muss, die es allen Beteiligten ermöglicht, ein gesundes Leben zu führen.

Kleine Vorwarnung: Aktivismus-Burnout ist ein hochsensibles Thema. Wenn du selbst bereits Aktivismus-Burnout erlebt hast, könnte der folgende Abschnitt unangenehme Gefühle auslösen. Um trotzdem die wissenschaftlichen Erkenntnisse zu vermitteln, haben wir im Autor*innen-Team beschlossen, einen eher rationalen Ton zu verwenden, um Burnoutsymptome und -ursachen zu beschreiben. Wir kombinieren dies mit Zitaten von Engagierten, die Burnout selbst erlebt haben.

Was ist Aktivismus-Burnout?

Aktivismus-Burnout ist ein Zustand, in dem andauernde körperliche, emotionale und motivationale Stressfaktoren die Fähigkeit von Aktivist*innen beeinträchtigen, engagiert zu bleiben.[2,8,9] In Interviews mit Menschenrechtsaktivist*innen (die auch Umweltthemen behandelten) entwickelten Cher Chen und Paul Gorski[3] drei Kategorien für Symptome von Aktivismus-Burnout. Erstens steht Aktivismus-Burnout mit **körperlichen Symptomen** in Verbindung. Ausgebrannte Aktivist*innen gaben an, völlig erschöpft zu sein. Ihr Engagement führte zu chronischer Schlaflosigkeit, Problemen im Essverhalten, Migräne und Kopfschmerzen sowie Lungenentzündungen. Dieser kritische körperliche Zustand spiegelt sich in der Aussage einer engagierten Person wider: »Ich wache mitten in der Nacht auf und denke darüber nach, wie ich dieses oder jenes machen muss oder wann ich mich mit diesen Eltern treffe, und das fängt dann an, sich zu wiederholen.«[3] Als Zweites sind **emotionale Symptome** ein Hauptmerkmal von Aktivismus-Burnout. Aktivist*innen berichteten von chronischem Stress, Angst und Depressionen. Eine engagierte Person erzählte: »Ich fühle mich von dem unglaublichen Ausmaß der Probleme, mit denen wir konfrontiert sind, völlig überfordert, aber ich treibe mich immer weiter an. Es ist wie bei einer magersüchtigen Person, die dünn werden will. Als Aktivist*in arbeitest du nie hart genug.«[10] In anderen Bereichen der Burnout-Forschung ist Zynismus ein weiteres Merkmal dieser emotionalen Symptome.[8] Als Drittes ist Aktivismus-Burnout durch **motivationale Symptome** wie Hoffnungslosigkeit, Verzweiflung und das Gefühl der Wirkungslosigkeit gekennzeichnet, wie dieser Kommentar verdeutlicht: »Ich stecke all diese Energie hinein und sehe nicht, dass sich irgendetwas verändert, also [fragst du dich], ob es wirklich funktioniert? Ist es wirklich von Bedeutung, dass ich das alles mache?«[3] Auch wenn das Konzept des Aktivismus-Burnouts noch im Entwicklungsstadium ist, möchten wir hier anmerken, dass Burnout im Allgemeinen ein eher vages Konzept darstellt, das einige Überschneidungen mit Depressionen aufweist.[11]

Es ist nicht ungewöhnlich, dass Mitglieder von Klimagruppen die oben beschriebenen Symptome ab und an erleben. Eine langfristige Anhäufung der drei Symptomarten könnte jedoch darauf hinweisen, dass eine Person kurz vor oder mitten im Burnout steht. In dem Fall kann sie vor der Entscheidung stehen, ob sie ihr Engagement für eine Weile unterbrechen sollte, wenn ihre Gruppe aus ihrer Sicht keine andere Möglichkeit bietet. Es ist daher an der Zeit, die Kultur von Klimagruppen und unser eigenes Verhältnis zu kollektivem Klimahandeln zu verändern, um eine resiliente Klimabewegung aufzubauen. Allerdings wissen Wissenschaftler*innen immer noch sehr wenig darüber, wie dies genau geschehen kann. Obwohl in einer noch unveröffentlichten Interviewstudie von unserem Autor*innen-Team herauskam, dass das Thema des Aktivismus-Burnouts innerhalb der Bewegung als sehr relevant eingestuft wird,[12] gibt es bisher wenig quantitative psychologische Forschung dazu. Die Ideen in diesem Kapitel basieren deshalb hauptsächlich auf drei Studien, von denen eine nicht im Klimakontext durchgeführt wurde, sondern sich auf den palästinensisch-israelischen Konflikt konzentrierte.[13] Die anderen beiden Studien befassen sich mit Engagierten in Bewegungen und Gruppen des sozial-ökologischen Wandels und wurden von einer unserer Autorinnen durchgeführt[14,15] (wobei eine dieser Studien noch nicht wissenschaftlich veröffentlicht ist). Glücklicherweise gibt es bereits einige aufschlussreiche Interviewstudien zu verschiedenen Bereichen kollektiven Handelns (Tierrechte, Rassismus, humanitäre Hilfe), eine Reihe von erfahrungsbasierten Büchern sowie viele Erfahrungen aus der Klimabewegung selbst, die in dieses Kapitel eingeflossen sind.

Die Ursachen von Aktivismus-Burnout

Interviewstudien haben drei Oberkategorien für die Ursachen von Aktivismus-Burnout identifiziert: Persönliche und psychologische Faktoren, Gruppennormen und Probleme innerhalb der Gruppe. Im wirklichen Leben sind diese Kategorien natürlich nicht so klar voneinander abzugrenzen, sondern sind miteinander verflochten. Daher betrachten Wissenschaftler*innen Aktivismus-Burnout oft als eine fehlende Passung zwischen einer Person und ihrer Aktivismusgruppe.[10] Beispielsweise engagiert sich eine Person in einer lokalen Fairtrade-Gruppe, weil sie angesichts der globalen Ungerechtigkeiten der Klimakrise wütend ist. In dieser Gruppe gibt es viele betrübte Mitglieder, die ständig über den schrecklichen Zustand der Welt sprechen. Nach jedem Treffen geht die Person mit dem Gefühl nach Hause, gleich weinen zu müssen, ihre eigene Wut jedoch nicht ausdrücken zu können. Dieses Ungleichgewicht zwischen Person und Gruppe könnte Burnout befördern. Wäre für diese Person jedoch Wut im Aktivismus kein zentrales Thema (Motivation) oder hätte sie eine Gruppe gefunden, die sich gemeinsam mit ihrer Wut auseinandersetzt (soziale Normen in der Gruppe), wäre die Wahrscheinlichkeit eines Burnouts vielleicht geringer. Trotz ihrer Verflechtung kann die grobe Unterscheidung zwischen persönlichen Faktoren, Gruppennormen und Problemen innerhalb von Gruppen hilfreich sein, um einen Überblick über die Ursachen von Burnout zu bekommen und Wege zu finden, Burnout durch gruppenbezogene und persönliche Maßnahmen zu verhindern.

Persönliche und psychologische Faktoren als Grundlage für Burnout

Obwohl manche Situationen vermutlich bei fast jedem Menschen zu Burnout führen können, gibt es einige von uns, die anfälliger für Burnout zu sein scheinen als andere. Natürlich tritt Burnout oft auf, wenn Menschen auch in ihrem Privatleben mit Problemen konfrontiert sind, wie Beziehungsproblemen oder finanziellen Schwierigkeiten. Darüber hinaus deuten Studienergebnisse darauf hin, dass verschiedene persönliche und psychologische Faktoren mit Aktivismus-Burnout in Verbindung stehen: eine hohe Arbeitslast, ein tiefgreifendes Verantwortungsgefühl und starke Wut, Probleme mit der eigenen Wirksamkeit, die Eingebundenheit in Klimanetzwerke und traumatische Erfahrungen. Das Tückische daran ist, dass dies manchmal genau die Faktoren sind, die Menschen überhaupt erst zu Klimaprotest und Engagement motivieren.

▶ Eine hohe Arbeitslast

Es überrascht nicht, dass sowohl qualitative als auch quantitative Studien eine **Zunahme der Burnout-Wahrscheinlichkeit zeigen, wenn Menschen sich in einem größeren Umfang (mehr Stunden) in einer Klima- oder Umweltgruppe engagieren.**[2,15] Das Engagement in einer Klimagruppe kommt oft auf das normale Leben »noch oben drauf« und geht auf Kosten der eigenen Freizeit. Unsere eigene Studie hat jedoch auch gezeigt, dass nicht nur freiwillige, sondern auch bezahlte Arbeit für den sozial-ökologischen Wandel zu Burnout führen kann.[15] Menschen, die eine Karriere im Klimaschutz anstreben, könnten besonders anfällig für Burnout sein, da sie bereit sind, noch mehr Zeit und Mühe zu investieren – und so zu zeigen, dass sie genau die richtige Person für den Job sind. Eine Längsschnittstudie aus einem nicht klimabezogenen Kontext hat ebenfalls gezeigt, dass mehr Engagement generell mit mehr Burnout einherging.[13] Im Laufe der Zeit führte mehr Burnout jedoch zu weniger Engagement, vermutlich deshalb, weil Personen ihr Engagement aufgrund des Aktivismus-Burnouts reduzierten oder ganz ausstiegen.

▸ Ein tiefgreifendes Verantwortungsgefühl und starke Wut

Der am häufigsten genannte Grund für Aktivismus-Burnout in Interviewstudien ist ein tiefes Gefühl der persönlichen Verantwortung.[2] In der Klimakrise kann dieses Verantwortungsgefühl aus einem tiefgreifenden Verständnis des Ausmaßes und der Folgen des Klimawandels hervorgehen. Verantwortung muss dabei nicht unbedingt von innen kommen, sondern kann auch von außen durch Narrative zugeschrieben werden wie »die Generation von morgen wird sich darum kümmern«. So berichteten Tierrechtsaktivist*innen mit Burnout-Erfahrung, dass sie in Gruppen zu allem »Ja« sagten, was den Tieren helfen könnte[2] – sie fühlten sich stark verpflichtet, schuldig und für alles verantwortlich. Eine interviewte Person merkte auch an: »Es gibt eine bestimmte Art von Persönlichkeit, die sich zum Tierrechtsaktivismus hingezogen fühlt. Ich meine, das sind Menschen, die übermäßig mitfühlend sind, und ich sage ›übermäßig‹ nicht in einem schlechten Sinne … ihr Herz ist ständig weit offen und alles strömt dort hinein: all das Leid.«[2] Es ist möglich, dass sich hinter Schuldgefühlen auch tiefe Trauer verbirgt.[4]

Da dieses Verantwortungsgefühl oft in Ungerechtigkeiten verwurzelt ist, überrascht es nicht, dass **Wut mit Aktivismus-Burnout** in Verbindung steht.[3,13,15] Tatsächlich ist dies das eindeutigste Ergebnis der wenigen quantitativen Studien. Darüber hinaus hat neuere Forschung festgestellt, dass negative Klimagefühle junger Menschen (z. B. Wut) ihr tägliches Leben und ihre Alltagsbewältigung beeinträchtigten[16] und dass sie darum kämpften, nicht von Wut überwältigt zu werden.[17] Manche Engagierte haben auch das Gefühl, in ihrer Wut festzustecken: »Es kann Wut auf das System oder Wut auf Einzelpersonen sein, die meiner Meinung nach Teil des Problems sind oder Fortschritt behindern, eine Art Hintergrund-Wut«, die ständig präsent zu sein scheint.[3] Es handelt sich bei vielen sozialen Krisen, einschließlich der Klimakrise, schließlich nicht um ein einmaliges, zufälliges Ereignis der Ungerechtigkeit, sondern um viele strukturelle Ungerechtigkeiten, die Wut in einer Person immer wieder neu entfachen können: Zu sehen, wie Politiker*innen sich für ein Klimapaket feiern, das nicht einmal annähernd die Klimaziele erreicht, zu hören, wie extreme Wetterereignisse einen weiteren massiven Ernteausfall im Globalen Süden verursacht haben, zu erleben, wie Klimagruppen immer härtere Repressionen durch die Polizei erleben – in der Summe kann es schwierig sein, mit diesen Ungerechtigkeiten fertig zu werden. Da insbesondere die Teilnahme an Klimaprotesten mit Wut einherzugehen scheint, könnten Personen, die in der Klimabewegung die Rolle von Rebell*innen einnehmen, besonders anfällig für Aktivismus-Burnout sein.

Es gibt jedoch einen Punkt, in dem aktuelle qualitative und quantitative Befunde voneinander abweichen. In Interviews wurden tiefe Verantwortungsgefühle und Wut auf eine starke emotionale Verbindung zum Gegenstand des Aktivismus (z. B. Tieren) zurückgeführt. Aus diesem Grund wird eine zu starke emotionale Bindung als Ursache für Burnout diskutiert, angetrieben durch die Wahrnehmung, dass der Aktivismusgegenstand der Kern des eigenen Lebenssinns ist.[2] Unsere quantitative Studie ergab jedoch das Gegenteil: Wenn Menschen aktiv sind, weil ihr Engagement ihnen Lebenssinn verleiht, geht dies mit weniger Burnout einher.[15] Es könnte also sein, dass das Problem nicht die große Bedeutung ist, die Klimaengagierte ihrem kollektiven Klimahandeln beimessen, sondern vielmehr die ständigen negativen Gefühlszustände von Schuld und die Wut Aktivist*innen ausbrennen lassen.

▸ Wenig generelle Wirksamkeit kombiniert mit viel partizipativer Wirksamkeit

Ein zentrales Merkmal von Aktivismus-Burnout, das manchmal als Symptom, manchmal als Ursache angesehen wird, ist Hoffnungslosigkeit. Ein Mangel an Hoffnung, Enthusiasmus und Selbstwirksamkeit (der Glaube, als Einzelperson den Klimaschutz tatsächlich vorantreiben zu können) stand in bisherigen Studien mit Aktivismus-Burnout in Verbindung.[2,14,15,18] Außerdem hat unsere aktuelle Studie ergeben, dass **die Burnout-Wahrscheinlichkeit höher war, wenn das sozial-ökologische Engagement den Bedürfnissen nach Kompetenz und Wirksamkeit nicht entsprach.**[15] Interviews haben gezeigt, dass öffentliche Gleichgültigkeit und sehr langsamer Fortschritt die Gefühle geringer

Selbstwirksamkeit verursachen können.[19] Da der sozial-ökologische Wandel kein linearer Prozess ist, sondern es häufig zu Rückschlägen und Phasen der Stagnation kommt, bedeutet Engagement in der Bewegung, immer wieder die gleichen Gespräche zu führen, was auf Dauer ermüdend sein kann.[20]

Oft geht diese geringe Selbstwirksamkeit mit einer hohen partizipativen Wirksamkeit einher, wie die Aussage einer interviewten Person zeigt: »Eine Sache, die meiner Meinung nach nicht immer die nötige Aufmerksamkeit bekommt, ist diese Art von Blick auf das große Ganze der Rollen [von Aktivist*innen] bei der Bekämpfung von Ungerechtigkeiten und dem Bewirken von Veränderung, im Sinne der kleinen Bedeutsamkeit unserer Rolle – die Idee, dass wir nur das tun können, was wir tun können. Für manche Menschen ist das bestärkend und für andere ist es frustrierend.«[18] Burnoutgefährdete Gruppenmitglieder setzen sich oft selbst unter Druck, einen wichtigen Beitrag zu leisten.[21] Sie haben das Gefühl, dass ihre eigene Gruppe in hohem Maße von ihrem (umfangreichen) Engagement abhängt und dass sie auseinanderbrechen oder zumindest keine Ziele erreichen würde, wenn sie sich zurückziehen würden. **Diese Gedanken sind wahrscheinlich Anzeichen für eine partizipative Wirksamkeit, deren motivationale Kraft in ein Pflichtgefühl umgewandelt wurde.** Der Zusammenhang zwischen partizipativer Wirksamkeit und Aktivismus-Burnout zeigte sich auch in der Forschung zu Mitgliedern studentischer Nachhaltigkeitsinitiativen.[14] Wie das folgende Zitat verdeutlicht, könnte der Zusammenhang sogar noch ausgeprägter sein, wenn kein Vertrauen in die Kompetenzen anderer Gruppenmitglieder besteht: »Das könnte die Bewegung ungefähr tun: einen ausgezeichneteren Kader entwickeln. So dass selbst das eitle, narzisstische Ich nicht das Gefühl hat, dabei sein zu müssen.«[22] Diese ersten Ergebnisse deuten also darauf hin, dass Aktivismus-Burnout aus einer ungünstigen Kombination von schwacher Selbstwirksamkeit und Hoffnung sowie einer starken partizipativen Wirksamkeit entstehen könnte, im Sinne von »die Wahrscheinlichkeit, etwas verändern zu können, ist gering, aber wenn ich mich nicht engagiere, können wir schon jetzt aufgeben«.

▸ Eingebundenheit in Klimanetzwerke

Je mehr sich eine Person in der Klimabewegung engagiert, desto mehr wird sie wahrscheinlich in Netzwerke von Gleichgesinnten eingebettet sein, die sie ermutigen, dabei zu bleiben oder ihr Engagement sogar noch zu verstärken.

Während sich vermehrt freundschaftliche Beziehungen innerhalb der Bewegung bilden können, kann die Teilnahme an Klimaprotest und Engagement auch dazu führen, dass bereits bestehende freundschaftliche Beziehungen verloren gehen und Probleme in Familienbeziehungen oder romantischen Beziehungen entstehen – was manchmal zu einem Gefühl der Isolation führt.[2,23] Auf neue, inspirierende und gleichgesinnte Menschen zu treffen, kann für viele erst einmal ein Pluspunkt sein. Problematisch könnte es jedoch werden, wenn das Gefühl entsteht, dass durch eine vorübergehende Auszeit vom Aktivismus **wichtige Beziehungen in der Bewegung verloren gehen könnten**. Eine interviewte Person meinte dazu: »Wenn dein*e Freund*in dir sagt: ›Hey … willst du mit mir noch ein paar Flugblätter verteilen?‹, dann fühlt es sich nicht nur so an, als würdest du Nein zu der Sache sagen, du sagst auch Nein zu dem*r Freund*in.«[2] Unsere quantitative Studie hat jedoch keinen Zusammenhang zwischen Burnout und dem Engagement von Freund*innen in der Bewegung feststellen können.[15]

Bei Personen, die neben ihrem Aktivismus einen Job außerhalb der Bewegung haben, ist es außerdem nicht ungewöhnlich, dass ihr Aktivismus am Arbeitsplatz kritisiert wird. So berichteten Antirassismus-Aktivist*innen, dass sie sich aufgrund ihrer antirassistischen Arbeit in ihrem Job nicht wertgeschätzt und auch gefährdet fühlten, ihren Job zu verlieren.[20] Unserer Erfahrung nach ist die Beteiligung an Klimaprotest und Engagement auch in einigen Bereichen der Wissenschaft verpönt (sogar in der Umweltpsychologie). Insgesamt könnte also eine höhere Gefahr des Aktivismus-Burnouts bestehen, wenn Klimaengagierte aufgrund ihrer Einbindung in Klimanetzwerke in Gewissenskonflikte mit Freund*innen oder in berufliche Konflikte geraten.

▸ Traumatische Erfahrungen

Schließlich kann Klimaprotest und Engagement mit traumatischen Erfahrungen aufgrund körperlicher Bedrohung, Polizeigewalt und anderen Formen der Repression einhergehen.[2] Interviews mit Tierrechtsaktivist*innen zeigten allerdings, dass nur wenige ihr Burnout mit traumatischen Erfahrungen in Verbindung brachten – womöglich weil sie wussten, worauf sie sich eingelassen hatten.[2] Eine andere Erklärung könnte sein, dass die Studie in einem westlichen Land durchgeführt wurde und Repression in verschiedenen Regionen der Welt sehr unterschiedlich ausgeprägt ist. Angaben von Global Witness zufolge wurden 200 Land- und Umweltschützer*innen im Jahr 2021 von Unternehmen, nichtstaatlichen Akteur*innen oder Regierungen getötet.[24] Mehr als die Hälfte wurden in Mexiko, Kolumbien und Brasilien getötet, 25 % waren Kleinbäuer*innen. In westlichen Ländern wurden keine Tötungsdelikte verzeichnet, aber dennoch können in diesen Kontexten andere Formen der Repression stattfinden (z. B. Haftstrafen, physische Polizeigewalt).

› Polizeikräfte halten eine Person fest, als Ende Gelände-Aktivist*innen eine Autobahn überqueren, um zu den Kohlebahngleisen zu gelangen (2018)[I]

Fazit: Die Gefahr für Aktivismus-Burnout scheint zu steigen, wenn Engagierte eine große Arbeitsbelastung haben, sich stark verantwortlich und wütend fühlen und generell wenig Hoffnung bei gleichzeitig hoher partizipativer Wirksamkeit aufweisen. Eine zu starke Eingebundenheit in aktivistische Netzwerke und traumatische Erfahrungen könnten Burnout ebenfalls wahrscheinlicher werden lassen.

Gruppennormen, die Burnout begünstigen

»Wir konsumieren uns unseren Weg durch Menschen hindurch, als wären sie Kohle und Öl.«

Martin Luther King Jr.[25]

Womit Personen oft nicht rechnen, wenn sie in Klimaprotest und Engagement einsteigen, sind Probleme mit der Gruppenkultur und mit einzelnen Gruppenmitgliedern.[2] Wie bereits erwähnt, kann Aktivismus-Burnout als ein Problem in der Beziehung einer Person mit ihrer Klimagruppe betrachtet werden.[10] Bisher wurden zwei Arten von Gruppenkulturen mit Aktivismus-Burnout in Verbindung gebracht, die durch bestimmte soziale Normen gekennzeichnet sind. Diese spiegeln die schon beschriebenen persönlichen Burnout-Ursachen der Schuldgefühle und Wirksamkeitsüberzeugungen wider: eine Kultur der Aufopferung und eine Wettbewerbs- und Leistungskultur.

▶ Kultur der Aufopferung

Während viele Klimaengagierte schon ein starkes Verantwortungsgefühl mitbringen, können Gruppenkulturen dieses oft noch verstärken. Chen und Gorski[3] sprechen deshalb von einer **Kultur der Schuld, der Aufopferung oder des Märtyrer*innentums, in der Gruppenmitglieder dazu gebracht werden, sich ständig ihrer Schuld bewusst zu sein und ihre Schuld durch noch größeren Einsatz begleichen zu wollen**. Eine interviewte Person sah in der Kultur der Aufopferung den Grund für ihr Burnout: »Wenn ich darüber nachdenke und weiß, dass in diesem Moment 13 Billionen Tiere in diesem System leiden, kann ein Gefühl von Schuld aufkommen, weil ich … nicht jeden wachen Moment damit verbringe, alles mir Mögliche für sie zu tun … Ich denke schon, dass da ein Schuldgefühl ist. Alles, was nicht … zum Aktivismus gehört, wird als Luxus oder Privileg oder so angesehen oder als etwas, das keine Vorteile bringt für Tiere oder Kinder oder Frauen oder was auch immer … der soziale Gerechtigkeitskontext ist.«[3] Der erste Teil dieses Zitats kann als persönliches Verantwortungsgefühl interpretiert werden. Der zweite Teil deutet jedoch darauf hin, dass es bestimmte soziale Normen darüber gibt, was Gruppenmitglieder tun und lassen sollten. In einer Studie unter Mitgliedern von Amnesty International wurden soziale Normen deutlich, die besagten, dass es als Aktivist*in nicht richtig sei, sich auf Selbstfürsorge zu konzentrieren, da dies ihrer innewohnenden Selbstlosigkeit widersprechen würde.[4] Vielmehr sollten sich Aktivist*innen stets mit den Unterdrückten vergleichen und »Super-Menschen [sein], die unnachhaltig viele Arbeitsstunden leisten, in der Hoffnung, unmittelbaren sozialen Wandel zu bewirken.«[3]

Hinzu kommt, dass Klimagruppen oft mit mangelnden Ressourcen und Finanzmitteln zu kämpfen haben.[3,19] Nach Ansicht von uns Autor*innen kann ihnen das nicht zum Vorwurf gemacht werden. Wir im Wandelwerk erleben selbst, wie schwierig es ist, von zwei- bis dreijährigen Förderprogrammen abhängig zu sein, ohne unsere Strukturen dauerhaft institutionalisieren zu können. Zu einem gewissen Grad können Gruppen jedoch selbst entscheiden, ob oder inwieweit sie diesen Mangel an Ressourcen an ihre Mitarbeitenden weitergeben und damit Burnout begünstigen möchten. Als Teil der Aufopferungskultur neigen Bewegungen dazu, ihre Mitglieder finanzieller Unsicherheit auszusetzen – Jobs sind oft unterbezahlt und befristet.[2] Da Arbeitsplätze im sozial-ökologischen Sektor rar sind, kann diese Kultur unschöne Züge annehmen. So beschrieben Tierrechtsaktivist*innen, wie »Vorgesetzte sie behandelten, als hätten sie Glück, einen Job in der Bewegung zu haben, als sollten sie froh sein, diese Möglichkeit zu haben.«[2]

▸ Wettbewerbs- und Leistungskultur

In der Klimabewegung treffen wir häufig Kulturen der Leistung, der Effektivität und des Wettbewerbs an. Es darf nicht vergessen werden, dass auch Klimagruppen in neoliberalen Gesellschaften angesiedelt sind und die Dringlichkeit der Klimakrise einige ihrer Logiken noch zu verstärken scheint. Eine solche Kultur des Wettbewerbs und der Leistung wurde in Interviewstudien mit Aktivismus-Burnout in Verbindung gebracht.[18] **Aktivist*innen hatten das Gefühl, dass ihr Handeln nie wirksam genug für ihre Gruppe war.** Einige berichteten von Zeitdruck[26] und fühlten sich für ihre Bemühungen und Leistungen nicht wertgeschätzt[3]. Wie ein*e Aktivist*in erklärte, »fördert das Märtyrer*innentum die Tendenz von Aktivist*innen, unrealistische Erwartungen an sich selbst zu stellen und sich dann die Schuld zu geben, wenn sie diese nicht erfüllen können.«[2] Um auf Kapitel 5 über Wirksamkeitsüberzeugungen zurückzugreifen: Unrealistisch hohe Ziele und die Zuschreibung von Misserfolgen auf das eigene Handeln können Wirksamkeitsüberzeugungen eher zunichtemachen.

Gleichzeitig kommt es vor, dass **Gruppenmitglieder sich mit anderen vergleichen:** »Es ist beschämend … meine Freund*innen … finden Wege, das durchzustehen … Sie leisten genauso schlimme und schwierige Arbeit, aber ich bin einfach irgendwie zusammengebrochen … Ich frage mich, ob mit mir etwas chemisch oder biologisch falsch ist, was mich anfälliger für diese Art von Depression macht – ich hatte wirklich schwere Depressionen – oder ob ich einfach nicht widerstandsfähig genug war.«[2] Die Grenzen im Engagement liegen bei jeder Person woanders. Und wenn die soziale Norm innerhalb einer Klimagruppe ist, nicht über Aktivismus-Burnout zu sprechen, ist völlig unklar, ob die anderen nicht ebenfalls im Stillen unter Überlastung leiden. Eine Kultur des Wettbewerbs und der Leistung kann Gruppenmitglieder dazu bringen, über ihre Grenzen zu gehen, wenn sie dazu ermutigt werden, sich mit anderen zu vergleichen. Dieser Wettbewerb findet nicht nur zwischen Mitgliedern einer Gruppe statt. Gruppen können auch miteinander in Konkurrenz stehen,[2] zum Beispiel um Ressourcen, Finanzmittel[3,19] oder darum, als die erfolgreichste Gruppe innerhalb der Bewegung wahrgenommen zu werden. Dies kann merkwürdige Konsequenzen haben, wenn zum Beispiel Erfolge für den Klimaschutz potentiell nicht gewürdigt werden, sobald sie von einer anderen Gruppe kommen. Darüber hinaus ist eine Wettbewerbskultur der beste Nährboden für zwischenmenschliche Konflikte. Ironischerweise kann das Thematisieren einzelner Fälle von Aktivismus-Burnout auch als Symptom einer Leistungs- und Wettbewerbskultur gesehen werden, da Probleme individualisiert werden, die eigentlich in gesellschaftlichen Strukturen verwurzelt sind.

Fazit: Wenn Gruppen Kulturen der Aufopferung, der Leistung und des Wettbewerbs leben, begünstigen sie Burnout bei ihren Mitgliedern, da diese sich in Schuldgefühlen und Leistungsdruck verlieren können.

Probleme innerhalb von Gruppen, die Burnout auslösen können

Während Gruppennormen Burnout potentiell begünstigen, können Konflikte zwischen zwei Mitgliedern oder zwischen einem Mitglied und der Gruppe Burnout so richtig entfachen. Das Autor*innen-Team hat vier Probleme innerhalb von Gruppen zusammengetragen, die in bisheriger Forschung auftauchen: Schwierigkeiten mit der Gruppenidentifikation, zwischenmenschliche Konflikte, Diskriminierung und mangelnde gegenseitige Unterstützung.

▸ Schwierigkeiten, sich mit der Gruppe zu identifizieren

Ein einheitliches Ergebnis bisheriger quantitativer Studien ist, dass **Aktivismus-Burnout mit einer geringen sozialen Identifikation** mit der Gruppe oder Bewegung einhergeht.[13,15] Dies könnte daran liegen, dass sich Mitglieder ausgeschlossen und als unwichtig für die anderen fühlen.[15] Sie erleben eventuell andere Gruppenmitglieder als kühl, was ihr Bedürfnis nach Zugehörigkeit stört. Unter diesen Umständen macht ihr Engagement weniger Spaß und ihre intrinsische Motivation nimmt ab. Eine Studie hat ergeben, dass die Wahrscheinlichkeit für Burnout steigt, wenn eine Person eine Abweichung zwischen den eigenen Emotionen und denen der Gruppe wahrnimmt.[13] Aktivist*innen haben dann das Gefühl, dass sich ihre eigenen emotionalen Erfahrungen (z. B. Wut oder Wirksamkeit) nicht bei anderen Gruppenmitgliedern wiederfinden. Es ist somit möglich, dass, obwohl Wut mit Burnout in Verbindung steht, wütende Klimaengagierte dann weniger gefährdet sind, wenn Gruppenmitglieder ihr Erleben teilen.

▸ Zwischenmenschliche Konflikte

Es darf auch nicht vergessen werden, dass es Merkmale gibt, die Burnout in Gruppen allgemein begünstigen – sei es im Aktivismus oder im Beruf. Konflikte zwischen Menschen sind zum Beispiel unvermeidlich und können Gefühle der Zugehörigkeit und Identifikation beeinträchtigen. Mitgliedschaften in einer Klimagruppe können oft flexibler sein als eine berufliche Tätigkeit. Dies würde nahelegen, dass Personen bei Konflikten mit Gruppenmitgliedern einfacher den Entschluss fassen, die Gruppe zu wechseln. Dennoch ist es schockierend, wie viele von Burnout betroffene Aktivist*innen **von zwischenmenschlichen Spannungen, Feindseligkeit, Machtkämpfen und Mobbing berichteten.**[2,3,19] In einigen Fällen beruhten diese Konflikte auf unterschiedlichen Meinungen über Aktionsformen und Ziele kollektiven Handelns[27] (→ Folgen von Erfolg und Misserfolg einer Klima-Aktion). Eine interviewte Person erklärte: »Ein Teil [meines Burnouts] waren wohl interne Streitigkeiten, denn … du musst Tierrechtsfragen schon gegenüber Leuten verteidigen und erklären, die nicht in der größeren Bewegung sind. Wenn du dann auch noch die Taktiken oder Dinge verteidigen musst, die die Organisation innerhalb der Bewegung tut, wird das zum Problem.«[2] In anderen Fällen kann die Konfliktursache von persönlicher Antipathie bis hin zu umfassenderer struktureller Diskriminierung reichen.

▸ Diskriminierung

Rassistische und sexuelle Diskriminierung sind wiederkehrende Themen in vielen Interviewstudien.[3] Von dreizehn befragten Tierrechts-Aktivistinnen gaben acht an, im Umgang mit anderen Gruppenmitgliedern mit Sexismus konfrontiert worden zu sein.[2] Sie berichteten von einer männlichen Gruppenkultur, die sie beim Eintritt in die Bewegung nicht erwartet hatten: »Wenn die Bewegung vor allem aus Frauen besteht … ist es seltsam, sich ausgeschlossen zu fühlen, wenn man in der Mehrheit ist und wenn vor allem Männer in Führungspositionen gelangen.« In einer Studie zu Aktivismus für ethnische Gerechtigkeit zeigte sich sogar, dass alle befragten BIPoc Aktivist*innen (*Schwarze,* Indigene und People of Colour) Rassismus in ihren Gruppen als Burnout-Ursache betrachteten.[20] Hierbei wird deutlich, dass **Gruppen wie BIPocs, Frauen, LGBTQIA*, Menschen mit Behinderungen oder mit geringerem Bildungsstand, die in unserer Gesellschaft bereits marginalisiert sind**, noch anfälliger für Aktivismus-Burnout sein könnten.

▸ Mangelnde gegenseitige Unterstützung

Einige Interviewstudien haben auch beschrieben, **wie Aufopferungskulturen und Konkurrenzdenken die Gruppenmitglieder daran hinderten, Empathie füreinander zu empfinden und sich zu unterstützen.**[4] Stell dir vor, eine Klimagruppe sieht sich einen Film an. Danach fühlt sich ein Mitglied schrecklich und möchte die eigene Traurigkeit zum Ausdruck bringen, doch niemand aus der Gruppe scheint sich dafür zu interessieren. Insbesondere dann, wenn kollektives Klimahandeln mit traumatischen Erfahrungen verbunden ist, könnte ein Mangel an Empathie zu Burnout führen. Dies zeigte sich beispielsweise in einer Studie mit Mitgliedern von Amnesty International, die Informationen über Menschenrechtsverletzungen in anderen Ländern vor Ort sammelten und nach ihrer Rückkehr für ihre teils traumatischen Erlebnisse ihrer Wahrnehmung nach nicht genügend Mitgefühl erfuhren.[4]

Darüber hinaus fehlte einigen Aktivist*innen die nötige Unterstützung, wenn sie die ersten Burnout-Symptome erlebten. Aus ihrer Sicht konnte ihnen niemand sagen, wie sie mit diesen umgehen sollten.[3] Eine interviewte Person berichtete sogar von der Reaktion, einfach »seinen Mann zu stehen und damit fertig zu werden«.[3] Dies deckt sich mit dem Befund, dass traditionell männliche Normvorstellungen die Inanspruchnahme professioneller Hilfe bei psychischen Problemen erschweren.[28] Es erfordert Mut, das Thema Aktivismus-Burnout in Kulturen der Aufopferung und des Wettbewerbs anzusprechen, da diese dazu neigen, das Thema zu verschweigen. Bleibt dabei der Gedanke übrig, dass Burnout dein persönliches Problem ist, könnte es wirklich schnell vor der Tür stehen.

Fazit: Identifikationsschwierigkeiten, zwischenmenschliche Konflikte, Diskriminierung und mangelnde gegenseitige Unterstützung innerhalb von Gruppen können bei Gruppenmitgliedern einen Nährboden für Aktivismus-Burnout bilden.

Resiliente Klimagruppen aufbauen

Das Aktivismus-Burnout-Dilemma

Dieser Überblick über die Ursachen von Aktivismus-Burnout wirft eine wichtige Frage auf: Wie kann Burnout verhindert und eine resiliente Klimabewegung aufgebaut werden? Doch dies ist leichter gesagt als getan. Während Forscher*innen argumentieren, dass Burnout-Prävention nur von Vorteil sein kann,[3] sind wir Autor*innen etwas zurückhaltender mit dieser Annahme und sehen eher ein **Aktivismus-Burnout-Dilemma**. Damit meinen wir, dass es eine Reihe von Faktoren gibt, die Burnout begünstigen könnten, jedoch gleichzeitig kollektives Klimahandeln fördern (Wut, partizipative Wirksamkeit, umfangreiches Engagement). So begünstigten Wut und partizipative Wirksamkeit Aktivismus-Burnout unabhängig davon, wie viel Zeit sich eine Person in der Bewegung engagierte.[14,15] Das Dilemma entsteht also dadurch, dass das, was Burnout verursacht, manchmal auch der Motivationsgrund für kollektives Handeln überhaupt ist! Einige der genannten Burnout-Ursachen haben auch positive Aspekte, die nicht außer Acht gelassen werden sollten. Die entscheidende Frage sollte daher vielleicht eher lauten: **Wie kann Aktivismus-Burnout verhindert werden, ohne die Motivation für Klimaprotest und Engagement zu beeinträchtigen?**

Wir Autor*innen sind der Meinung, dass es hierfür den Aufbau einer resilienten Bewegung erfordert, die die Beziehung der Mitglieder zu ihrer Gruppe berücksichtigt und aufzeigt, was die Gruppe und Einzelne für ein resilientes Engagement tun können. In diesem Sinne ist Resilienz die erfolgreiche Bewältigung von Burnout-begünstigenden Umständen durch mentale, emotionale und verhaltensbezogene Flexibilität.[29] Forschung deutet zunehmend darauf hin, dass Resilienz eher als eine dynamische Fähigkeit angesehen werden kann und nicht als feste Eigenschaft, die entweder vorhanden oder nicht vorhanden ist.[30] Da uns Autor*innen keine umweltpsychologische Forschung zu diesem Thema bekannt ist, haben wir aufbauend auf dem Überblick zu Aktivismus-Burnout hier unsere eigenen Ideen, Vorschläge und Strategien zusammengestellt, um resilientes kollektives Klimahandeln durch Gruppenstrategien und persönliche Strategien zu fördern.

Gruppenstrategien für resilientes kollektives Klimahandeln

Eine Reihe von Strategien könnte dabei helfen, die Resilienz von Klimagruppen zu stärken:

▸ Mitgliedern ein Gefühl der Zugehörigkeit geben

Eine starke Gruppenidentifikation könnte einer der wichtigsten Schutzfaktoren gegen Aktivismus-Burnout sein.[13,15] Deshalb enthält das Kapitel 2 über soziale Identifikation einige Ideen, wie nicht nur Identifikation gefördert, sondern auch Burnout verhindert werden kann (→soziale Identifikation). Gruppen können sich aktiv mit den unterschiedlichen Rollen und Lebensumständen ihrer Mitglieder auseinandersetzen, sodass sich zum Beispiel ein alleinerziehendes Elternteil mit Vollzeitjob nicht ausgeschlossen fühlt. Ein Gefühl der Zugehörigkeit kann auch auf gegenseitigem Vertrauen beruhen und damit Resilienz schaffen. Vertrauensbildende Gruppenmethoden könnten hier besonders wertvoll sein: von körperlichen Vertrauensspielen wie »sich von anderen auffangen lassen« bis hin zu Organisationsformen wie der Soziokratie, bei der Verantwortung auf viele Schultern verteilt wird. So konnten in einer Studie von Nepstad[31] gemeinschaftsbildende Strategien dabei helfen, Aktivismus-Burnout zu überwinden.

▸ Gruppenerfolge feiern

Sozialer Wandel vollzieht sich langsam und nicht linear. Umso wichtiger ist es, dass Klimagruppen sich ihre kleinen Erfolge bewusst machen, um ein Gefühl der kollektiven Wirksamkeit zu stärken. Beispielsweise kann es nach einer Aktion ein Reflexionstreffen geben, bei dem darüber gesprochen wird, was gut gelaufen ist und erreicht wurde – auch wenn es nur kleine Fortschritte sind. Bei unseren regelmäßigen Treffen im Wandelwerk steht der Punkt »Applausrunde« auf der Tagesordnung, bei dem alle die Möglichkeit haben, den Einsatz der Gruppe und von Gruppenmitgliedern zu würdigen.

▸ Spaßige Momente schaffen

Spaß an Klimaprotest und Engagement ist ein wichtiger Teil gesunden Engagements. Es könnte daher wertvoll sein, ein Leben mit Freude, Wohlbefinden und Glück in dieser chaotischen Welt als einen Akt des Widerstands und der Selbstbefreiung zu sehen. Innerhalb von Gruppen geht Spaß oft mit anderen positiven Gefühlen wie Lebendigkeit sowie einer höheren Lebenszufriedenheit einher[15] – Dinge, die wir wahrscheinlich allen Gruppenmitgliedern wünschen. Daher könnten spaßige Elemente in Klimagruppen eine regenerative Kultur fördern und Burnout vorbeugen – von humorvollen Momenten[31] und Spielen über die Organisation von Treffen in spielerischen Online-Räumen bis hin zu auflockernden Check-in und Check-out-Fragen. Da wir Aktivitäten mit höherer Wahrscheinlichkeit als spaßiger empfinden, wenn sie unseren Bedürfnissen entsprechen, findest du in den vorangegangenen Kapiteln weitere Ideen dazu (→ Gruppen gestalten, die unseren Bedürfnissen entsprechen).

▸ Emotionen durchscheinen lassen

Wenn wir eine hohe Ähnlichkeit zwischen unseren eigenen Emotionen und denen anderer Gruppenmitglieder wahrnehmen, ist die Burnout-Wahrscheinlichkeit geringer.[13] Diese Erkenntnis legt nahe, dass Klimagruppen resilienter werden könnten, wenn sie Extra-Treffen für emotionalen Austausch und das

Entdecken von Gemeinsamkeiten organisieren. Solche Erfahrungen ermöglichen es, sich mit den eigenen Emotionen nicht allein zu fühlen und anderen von unseren inneren Konflikten zu erzählen, was den Weg für emotionale Gruppenunterstützung ebnen kann.[31] In einigen Teilen der Klimabewegung gibt es zum Beispiel »Heart-Sharing-Runden«, in denen jede Person ein paar Minuten Zeit hat, um zu sprechen, während alle anderen aufmerksam zuhören. Einige Übungen in Joanna Macys Buch »Hoffnung durch Handeln«[32] basieren auf der Idee, dass Personen ihre Gefühle beschreiben, zum Beispiel die Dinge, für die sie in der Welt dankbar sind, oder ihre Verzweiflung über die Entwicklungen in der Welt. Eine andere Person hört achtsam zu, ohne zu kommentieren. Ihre Bücher und Kurse bieten viele Möglichkeiten, mit den eigenen Gefühlen in der Klimakrise in Kontakt zu kommen. Übungen wie diese können Emotionen von Gruppenmitgliedern eventuell angleichen und somit die Grundlage für eine Kultur der Unterstützung schaffen.

▸ Eine organisierte Konfliktkultur pflegen

Da interne Konflikte über Aktionsformen und Ziele in Klimagruppen sowie andere persönliche Konflikte gravierende Ursachen für Aktivismus-Burnout sein können, empfiehlt sich die Entwicklung einer eigenen Konfliktkultur – also eines etablierten Verfahrens, um Konflikte aufzudecken und zu bearbeiten. Es ist wahrscheinlich, dass ein Großteil der Konflikte nie an die Oberfläche kommt, sondern in den Köpfen und Hälsen stecken bleibt. Deshalb ist es essenziell, Situationen zu schaffen, in denen Konflikte und Kritik geäußert werden können. Kommen Konflikte dann an die Oberfläche, so müssen Gruppen überlegen, ob sie selbst damit umgehen können oder ob sie die Hilfe einer externen Mediation in Anspruch nehmen wollen. Da Diskriminierung wie Rassismus und Sexismus sensible Themen sind, die vermutlich in jeder Klimagruppe mehr oder weniger subtil vorhanden sind, sollten sich alle Gruppen darüber Gedanken machen und bei Bedarf an Vernetzungsseminaren teilnehmen.

▸ Kulturen der Aufopferung, der Leistung und des Wettbewerbs reflektieren

Einige der Gruppenkulturen, die Aktivismus-Burnout fördern, sind ein ziemlich direktes Spiegelbild der heutigen Gesellschaften. Vor allem im Bereich der

Klimakrise wurde in der Vergangenheit viel Aufwand betrieben, um Menschen davon zu überzeugen, dass die Lösungen in ihrer individuellen Verantwortung liegen (und nicht in der von Regierungen oder Unternehmen). Gleiches gilt für die Kultur der Leistung. Die meisten Klimagruppen und ihre Mitglieder empfinden bereits eine so hohe Dringlichkeit, dass kein zusätzlicher Druck nötig ist.[3] Klimagruppen sollten jedoch nicht die Schuld für diese Kultur bei sich oder einzelnen Mitgliedern suchen, denn es ist äußerst schwierig, diese zu durchbrechen, wenn alle Gruppenmitglieder in einer Gesellschaft des Wettbewerbs, der Dominanz, der Beschleunigung und der Diskriminierung aufgewachsen sind. Vielmehr kann es sinnvoll sein, nach vorne zu schauen und darüber nachzudenken, welche gesellschaftlichen Trends die Gruppe nicht länger reproduzieren möchte.

▸ Freundlich zu anderen Gruppen innerhalb der Klimabewegung sein

Wettbewerbskulturen können auch negative Auswirkungen auf das Verhältnis zwischen Gruppen innerhalb der Bewegung haben. Abfällige Urteile und Geläster zwischen Gruppen, die im Grunde die gleichen Ziele verfolgen, binden unnötige Ressourcen der Klimabewegung. Stattdessen könnten alle Gruppen mehr Kraft aus gegenseitiger Solidarität und Unterstützung schöpfen. Auch wenn Gruppen nicht (vollständig) mit den Positionen oder Aktionsformen anderer Gruppen übereinstimmen, könnte es sich lohnen, eher das zu betonen, was uns verbindet, anstatt das, was uns trennt.

▸ Gruppen-Ressourcen überprüfen

Wenn wir große Aufgaben vor uns haben, verlieren wir manchmal den Blick für praktische Anforderungen und Bedürfnisse. Es erscheint daher sinnig, die Ressourcen einer Klimagruppe (z. B. Zeit, Arbeitskraft und Geld) kritisch zu prüfen, bevor eine Klima-Aktion begonnen wird.[3] Manchmal könnte eine Veranstaltung weniger langfristig zu zwei gesunden Mitgliedern mehr und einer resilienten Gruppe führen.

▸ Gesundes Engagement zum Thema machen

Selbst wenn du (derzeit) nicht an Burnout leidest, ist es wahrscheinlich, dass jemand anderes in deiner Gruppe davon betroffen ist. Deshalb sollte Aktivismus-Burnout in jeder Klimagruppe zum Thema gemacht werden. Glücklicherweise arbeiten einige Organisationen bereits an Programmen zur Burnout-Prävention, an denen Einzelne und Gruppen teilnehmen können. Diese können auch die Veränderung verschiedener Aspekte der Gruppenkultur beinhalten (→ Kulturwandel für resiliente Klimagruppen).

Fazit: Aus der bisherigen Forschung zu Aktivismus-Burnout lassen sich wertvolle Erkenntnisse für die Gestaltung resilienter Gruppen ableiten. Gruppen sollten im besten Fall eine Identifikationsbasis für ihre Mitglieder schaffen, Erfolge feiern, spaßige Erlebnisse planen, emotionalen Austausch ermöglichen, eine organisationale Konfliktkultur aufbauen, ihre Gruppenkulturen reflektieren, Solidarität mit anderen Klimagruppen pflegen, ihre Ressourcen regelmäßig auf den Prüfstand stellen und gemeinsam nach Wegen für ein gesundes Engagement suchen.

Kulturwandel für resiliente Klimagruppen	
Kultur der Aufopferung	→ Kultur der Zugehörigkeit
Kultur des Wettbewerbs	→ Kultur der Wertschätzung und des Feierns
Kultur der zurückgehaltenen Emotionen	→ Kultur des emotionalen Austausches und der Unterstützung
Kultur der Streitigkeiten	→ Kultur des organisierten Gruppenkonflikts
Kultur des Stillschweigens über Burnout	→ Kultur der aktiven Auseinandersetzung mit Burnout

Persönliche Strategien für resilientes kollektives Klimahandeln

»Für mich selbst zu sorgen ist keine Selbstgefälligkeit, sondern Selbsterhaltung, und das ist ein Akt der politischen Kriegsführung«[33]

Diese Worte der *Schwarzen* Bürgerrechtlerin und feministischen Aktivistin Audre Lorde bringen einen wichtigen Punkt zur Sprache: Burnout-Prävention kann als ein politischer Akt gesehen werden, was Menschen dabei helfen kann, zu akzeptieren, dass sie für eine resiliente Klimabewegung notwendig ist. Klimaengagierte haben die körperlichen, emotionalen und motivationalen Symptome des Burnouts zu einem gewissen Grad selbst in der Hand. Die oben genannten Ursachen legen nahe, dass die im Folgenden vorgestellten persönlichen Maßnahmen nützlich sein könnten, um resilientes kollektives Klimahandeln bei Engagierten zu fördern.

› Teilnehmer*innen einer Ende Gelände Aktion entspannen sich in Hängematten (2018)[II]

▸ Zeit für Freizeit schaffen

Für viele Mitglieder der Klimabewegung kommt mehr Freizeit nicht infrage, da dies mit einer Reduzierung kollektiven Klimahandelns einhergehen würde. Die Klimakrise scheint zu dringend, um auch nur eine einzige Sekunde zu verschwenden. Ist dies dein erster Gedanke, lies bitte noch einmal den Abschnitt über die Folgen von Aktivismus-Burnout (→ Aktivismus-Burnout sollte nicht unterschätzt werden). Aus einer systemischen Perspektive heraus ist es leichter zu erkennen, dass der eigene (Burnout-)Zustand viele andere Beteiligte beeinflussen kann. Da etwas so Wichtiges wie Klimaprotest und Engagement sich in jede freie Minute einschleichen kann, könnte extra eingeplante, regelmäßige Zeit für Erholung und positive Erlebnisse sinnvoll sein.[31] Womit würdest du diese Zeit gerne füllen? Für die eine ist es vielleicht Bewegung und das Rauslassen wütender Energie auf dem Basketballplatz. Für den anderen kann es ein Hobby sein, wie zum Beispiel Malen,[3] oder eine ruhige Auszeit bei der Meditation.[3,34] Während die Verbindung der eigenen Leidenschaften mit Klimaprotest und Engagement für die Motivation relevant sein kann, könnte es für Prävention von Burnout helfen, die Freizeit mit etwas ganz anderem zu füllen – um eine gewisse mentale Distanz zu schaffen. Vielleicht auch mit Zeit in der Natur.[10] Viele Klimaengagierte werden von einer tiefen Verbundenheit mit der Natur angetrieben. Die positiven Seiten dieser starken Beziehung zu erleben, könnte der eigenen Arbeit immer wieder neuen Sinn verleihen.[35]

▸ Eine Balance der Motivationen finden

Eine Interpretation unseres Überblicks über Aktivismus-Burnout kann sein, dass es für jede Person ein gesundes und resilientes Maß an Wut, Schuldgefühlen und Wirksamkeit geben kann, das sie engagiert hält und gleichzeitig vor Burnout-Symptomen schützt. Dieses gesunde Maß scheint eine Balance zwischen den Motivationssäulen des kollektiven Klimahandelns zu sein. Eine Person, deren Motivation für kollektives Handeln ausschließlich auf extremer Wut oder auf dem Gefühl aufbaut, für die Gruppe und die Sache unentbehrlich zu sein, wäre ein Beispiel für ungesundes Engagement, da diese Motivation Burnout begünstigen kann. Vielmehr könnte eine gute Balance der Motivation so aussehen, dass sie auf einem gewissen Maß an Wut, Schuldgefühlen, partizipativer Wirksamkeit und Identifikation mit der Gruppe und der Bewegung aufbaut. Klimaengagierte können daher ihre eigene Motivation reflektieren und versuchen, ein Gleichgewicht zu finden, das sich für sie gesund anfühlt: Wie viel Wut und Ungerechtigkeit empfindest du, und glaubst du, dass du mit dieser Menge auf Dauer ein glückliches Leben führen kannst? Welche Rolle spielen Schuldgefühle in deinem Klimahandeln? Tust du manche Dinge nur, weil du dich schuldig fühlst? Glaubst du, dass dein

Engagement extrem wichtig für das Fortbestehen deiner Klimagruppe ist? Es ist nicht per se schlimm, aus einer wichtigen Gruppenrolle einen gewissen Selbstwert abzuleiten, aber was wäre für dich in deiner Gruppe ein gutes Maß an partizipativer Wirksamkeit? Natürlich können diese Überlegungen nur dann zu resilientem Klimaprotest und Engagement führen, wenn die Gruppenstrukturen es ihren Mitgliedern ermöglichen, ihr Engagement zu reflektieren und zu verändern.

▸ Aktivismus-Dampf ablassen

Kollektives Klimahandeln kann viel Wut erzeugen, aber es kann auch als Möglichkeit gesehen werden, die eigene Wut zu bewältigen. Aktuelle Untersuchungen haben gezeigt, dass Menschen, die klimabedingte Wut fühlten oder ausdrücken konnten, weniger Angst, Depression, Stress[36] und Schuldgefühle[37] verspürten. Das passt zu einem persönlichen Bericht aus einem unserer Workshops, in dem eine Teilnehmerin erklärte, dass sie, obwohl sie nicht an die Wirksamkeit von Protesten glaubte, trotzdem daran teilnahm, um ihre Wut herauszurufen. Eine Erklärung hierfür kann sein, dass die aktive Unterdrückung von Wut den paradoxen Effekt haben kann, dass sie noch stärker wird. Es ist, als würde eine Person versuchen, einen Ball unter Wasser zu drücken. Je tiefer sie versucht, ihn zu drücken, desto schwieriger wird es, ihn zu kontrollieren. Und wenn sie nicht genau aufpasst, so kann der Ball plötzlich an die Oberfläche schießen. In diesem Sinne könnte es hilfreich sein, sich aktiv mit der eigenen klimabedingten Wut auseinanderzusetzen und sie in kollektives Klimahandeln umzuwandeln. Vor allem die Teilnahme an normativem Protest könnte sich zum Herauslassen der eigenen Wut eignen, da dort die Wahrscheinlichkeit geringer ist, mit neuen Ungerechtigkeiten wie Polizeigewalt konfrontiert zu werden.

▸ Steigerung des Gefühls der allgemeinen Wirksamkeit

In einem vorherigen Kapitel wurde eine Reihe von Strategien beschrieben, um Wirksamkeitsüberzeugungen zu fördern (→ Wirksamkeitsüberzeugungen). Es gibt Grund zu der Annahme, dass wertschätzendes Feedback, positive Visionen und ein begeisterungsfähiges Umfeld Burnout vorbeugen können – solange sich eine Person dadurch nicht zu wichtig und unentbehrlich fühlt, sondern auch gleichzeitig eine kollektive Wirksamkeit als Gruppe verspürt.[14]

▸ Nein sagen, Aufgaben verteilen, anderen vertrauen

Um die eigene Verantwortung in einer Gruppe zu verringern, kann es nützlich sein, Nein-Sagen zu lernen. In diesem Sinne beschreiben Maslach und Leiter[10] das Beispiel eines Umweltaktivisten. Zunächst sträubte er sich dagegen, Aufgaben abzugeben, weil ihm die Sache so wichtig war – so musste er alles alleine erledigen. Als er schließlich Aufgaben an andere verteilte, lernte er, seinen Gruppenmitgliedern zu vertrauen. Unsere eigene Forschung hat gezeigt, dass jene Gruppenmitglieder, die mehr Vertrauen in die Kompetenz der Gruppe hatten, weniger Burnout berichteten.[14]

▸ Nicht-aktivistische Netzwerke aufrechterhalten

Unser Burnout-Überblick legt nahe, dass Mitglieder der Bewegung ihr nichtaktivistisches Netzwerk nicht aus den Augen verlieren sollten.[31] Es mag einfacher sein, sich in der Nähe von Gleichgesinnten wohl zu fühlen, die einen ähnlich starken Drang haben, die Welt zu verbessern. Doch auch nicht-aktivistische Freund*innen und Familienmitglieder können helfen, wenn sich eine Person von der Welt und ihren zahlreichen Krisen erholen möchte. Darüber hinaus können sie ihr zur Seite stehen, wenn sie ihr Engagement aufgrund von gruppenbezogenem Stress reduzieren möchte. Gewaltfreie Kommunikation kann dazu beitragen, positive Beziehungen aufrechtzuerhalten, auch wenn politische Meinungen teilweise auseinandergehen[38] (→ Das moralische Selbstbild von anderen herausfordern, aber nicht gefährden).

▸ Aktivitäten reduzieren, einen Ausstieg planen oder Aktionsformen wechseln

Geplante Zeiten der Abwesenheit von bestimmten Aktivitäten und Gruppen können eine weitere Strategie sein, um Burnout vorzubeugen. Vorher gibt eine Person ihr Wissen und ihre Verantwortung weiter, um negative Folgen der Abwesenheit für die Gruppe zu vermeiden. Der Rückzug aus bestimmten Aktivitäten und Gruppen kann somit als funktionale Strategie für eine resiliente Gesamtbewegung angesehen werden. Eine weitere Ursache für Aktivismus-Burnout könnte sein, dass eine Person in einer Aktionsform oder einer Rolle verharrt, die nicht (mehr) zu ihrem körperlichen, emotionalen oder motivationalen Befinden passt. Wir Autor*innen bekommen immer wieder mit, wie Menschen, die an vorderster Front bei Protesten gekämpft haben, nach einem Burnout, Familiengründung oder intensiver Selbstreflexion in die Hintergrundarbeit der Bewegung wechseln. Diese neue Aktionsform oder Rolle kann zu einer (aktuell) besseren Passung zwischen einer Person und ihrer Gruppe führen. Natürlich sind auch diese neuen Rollen nicht in Stein gemeißelt. Spätere Überlegungen und veränderte Lebensumstände können erneut zu einem Wechsel von Aktionsformen und Rollen führen.

▸ Therapie in Betracht ziehen

Einige Forscher*innen schlagen auch eine Therapie als Bewältigungsstrategie für Aktivismus-Burnout vor.[3] Da sich die Symptome von Burnout und Depression überschneiden können,[11] kann dies ein guter Ansatz sein, um Burnout zu bewältigen. Insbesondere dann, wenn traumatische Erfahrungen eine Rolle spielen, kann der Kontakt zu professionellen Therapeut*innen sinnvoll sein. Klimaengagierte müssen jedoch damit rechnen, eine Weile nach geeigneten Therapeut*innen zu suchen, die ihre Probleme nicht individualisieren und bereit sind, eine systemische Perspektive einzunehmen.[12]

Natürlich können viele dieser persönlichen Strategien für resilientes kollektives Klimahandeln auch in einer Gruppe organisiert werden. Vielleicht sind sie sogar effektiver, wenn sie mit anderen Gruppenmitgliedern besprochen werden. Klimagruppen können beispielsweise versuchen, Aufgaben bedarfsgerecht auf die Mitglieder zu verteilen. Sie können dafür sorgen, dass ihre Mitglieder Zeit für Erholung haben, und Treffen organisieren, bei denen alle über ihre Motivation und ihr Unterstützungsnetzwerk nachdenken können und gemeinsam lernen, Nein zu sagen. Schließlich können sie versuchen, ein wirksamkeitsförderndes Umfeld zu schaffen.

Fazit: Neben Gruppenstrategien können Klimaengagierte auch eigenständig Burnout-Prävention betreiben – als politischen Akt. Die Wahrscheinlichkeit von Aktivismus-Burnout könnte durch verschiedene Strategien verringert werden, wie regelmäßige Freizeitaktivitäten, eine passende Motivationsbalance, Momente des Dampfablassens, Strategien zur Förderung der eigenen Wirksamkeitsüberzeugungen, Nein-Sagen-Können, Aufgabenverteilung, Vertrauen in die Gruppe, nicht-aktivistische Netzwerke, eine Reduktion oder Veränderung des Engagements oder Therapie.

Burnout in Klimagruppen – eure Diskussionsgrundlage

Auf der Grundlage der schnellen Burnout-Beurteilung von Maslach und Leiter[10] haben wir Autor*innen einen Gruppenansatz zum Umgang mit Aktivismus-Burnout entwickelt. Diese Übung soll Gruppen dabei helfen, resilienter zu werden, indem sie ihre Stärken reflektieren und potenzielle Burnout-Gefahren ausfindig machen.

1. Die Übung beginnt mit einem Fragebogen. In jeder Zeile kannst du angeben, ob das Merkmal deiner Arbeit in einer Klimagruppe genau deinen Bedürfnissen entspricht, nicht entspricht oder überhaupt nicht entspricht. Kreuzt du zum Beispiel »entspricht genau meinen Bedürfnissen« an, bedeutet das, dass du durch dein Engagement in der Klimabewegung oder Klimagruppe genug Zeit hast, um in der Natur zu sein. Kreuzt du jedoch »entspricht überhaupt nicht meinen Bedürfnissen« an, ist dein Bedarf an Zeit in der Natur überhaupt nicht gedeckt, weil du zum Beispiel aufgrund deiner Gruppenverpflichtungen seit drei Monaten keinen Ausflug in die Natur mehr machen konntest. Bei dieser Übung können die Antworten mehr von den Bedürfnissen und Wahrnehmungen der Mitglieder als von tatsächlichen Beobachtungen abhängen. Jedes Gruppenmitglied füllt den eigenen Fragebogen aus, ohne ihn in dieser Phase mit den anderen zu teilen. Als Gruppe solltet ihr im Voraus entscheiden, ob ihr die Fragebögen anonym ausfüllen wollt oder ob sie auf Personen zurückführbar sein sollen. Vorlagen für einen Beurteilungsbogen kannst du auf unserer Wandelwerk-Website[39] herunterladen.

2. Dann beginnt die kreative Aufgabe. Die Gruppenmitglieder bilden kleine Gruppen, die jeweils einen Teil der ausgefüllten Fragebögen erhalten. Nun ist es ihre Aufgabe, diese anzuschauen, zu interpretieren und Strategien zu entwickeln, was sich ändern müsste, um Burnout in Zukunft zu verhindern. Wichtig für die Interpretation ist, dass ein paar »entspricht nicht meinen Bedürfnissen« völlig normal sind.[10] Wenn jedoch viele Mitglieder bei einem Merkmal eine fehlende Übereinstimmung angekreuzt haben oder auch nur ein paar Mitglieder sehr große fehlende Übereinstimmung sehen, könnte dies relevant für die Burnout-Prävention sein.

3. In einer dritten Zusammenführungs-Phase besprechen die Kleingruppen ihre Ideen miteinander im Plenum und planen, wie diese umgesetzt werden können. Dabei scheint es wichtig zu sein, sowohl die Gruppenstruktur insgesamt anzupassen, als auch zu überlegen, wie die Passung zwischen einzelnen Mitgliedern und der Gruppe verbessert werden kann.

Umfrage zur Beurteilung und Diskussion von Aktivismus-Burnout

	In Bezug auf diesen Punkt entspricht mein Engagement für die Klimagruppe…		
	genau meinen Bedürfnissen	nicht meinen Bedürfnissen	überhaupt nicht meinen Bedürfnissen
Arbeitsbelastung			
Die Menge an Arbeit für die Gruppe in einer Woche			
Freizeit			
Freie Zeit in der Natur verbringen			
Freie Zeit für Hobbys und Sport			
Freie Zeit für Kontakte außerhalb der Gruppe			
Schuldgefühle und Wut			
Momente, in denen ich mich schuldig fühle			
Momente, in denen ich wütend über Klimaungerechtigkeiten bin			
Gelegenheiten, Dampf abzulassen			
Hoffnung			
Momente, in denen ich hoffnungsvoll bin			
Momente der (kleinen) Erfolge			
Partizipative Wirksamkeit			
Verantwortung, die ich in der Gruppe habe			
(Zeit-)Druck, den ich für mich in der Gruppe wahrnehme			
Unterstützungs-Netzwerke			

	In Bezug auf diesen Punkt entspricht mein Engagement für die Klimagruppe…		
	genau meinen Bedürfnissen	nicht meinen Bedürfnissen	überhaupt nicht meinen Bedürfnissen
Emotionale Unterstützung, die ich in der Gruppe erhalte			
Praktische Unterstützung, die ich in der Gruppe erhalte (z.B. mit Aufgaben)			
Soziale Identifikation			
Meine eigene Verbundenheit mit der Gruppe			
Wertschätzung, die ich erhalte			
Möglichkeiten, meine Gefühle mit anderen zu teilen			
Konflikte			
Die Menge der Konflikte			
Momente, in denen ich wütend auf andere Gruppenmitglieder bin			
Die Art und Weise, wie mit Gruppenkonflikten umgegangen wird			
Diskriminierung, die ich in der Gruppe wahrnehme			

Teil 2

Resilientes und effektives kollektives Klimahandeln

Kapitel 9 Sozial-ökologischer Wandel

Ein Blick aufs große Ganze

In diesem Kapitel soll der Blick aufs große Ganze gelenkt werden. Ein entschiedenes kollektives Handeln für den Klimaschutz kann die Grundlage für einen großen gesellschaftlichen Wandel hin zu der Welt sein, die wir uns wünschen. In den letzten Jahren ist die Klimabewegung massiv gewachsen – und hat größere Veränderungen durch kollektives Klimahandeln gesehen, als zuvor für möglich gehalten wurde. Nun stellen sich Tausende neuer Gruppen, Kollektive, Organisationen und Menschen die Frage, wie diese verschiedenen Formen kollektiven Klimahandelns strategisch ineinandergreifen können, um einen tiefgreifenden Wandel zu bewirken.

Wir Autor*innen sind der Meinung, dass es für erfolgreiche Klima-Aktionen entscheidend ist, sowohl die Theorien als auch die vielfältigen Praktiken des sozialen Wandels zu verstehen: Wie verändert sich die Gesellschaft? Wie haben kollektive Akteur*innen in der Vergangenheit erfolgreich politische Veränderungen herbeigeführt – und was können wir von ihnen lernen, um mit aktuellen und zukünftigen Aktionen erfolgreich zu sein? Wie können sich verschiedene Ansätze des kollektiven Klimahandelns gegenseitig stärken, ergänzen und so ihren Einfluss vergrößern? Um auf den eingangs erwähnten Wanderführer zurückzukommen: Theorien des Wandels sind wie Wanderkarten. Sie können uns helfen, Orientierung zu finden und eine Richtung für kurz- und langfristige Strategien festzulegen, unsere Motivation stärken und uns dabei unterstützen, Prioritäten zu setzen, sodass wir unsere Energien so effektiv wie möglich einsetzen.

Obwohl Psychologie eine geeignete Wissenschaft ist, um menschliches Denken, Fühlen und Verhalten zu verstehen, kann sie kein umfassendes Verständnis davon bieten, wie Gesellschaften funktionieren und verändert werden können. Deshalb geht dieses Kapitel über die Psychologie hinaus und befasst sich mit wissenschaftlichen und praktischen Ansätzen anderer Felder, die versuchen, Muster der sozial-ökologischen Transformation zu verstehen. Wir Autor*innen wollen an dieser Stelle hervorheben, dass wir selbst keine Expert*innen für Transformationsforschung sind.

Vielmehr stellen wir einige Ansätze in zusammengefasster Weise vor, die wir selbst für nützlich halten, um das große Ganze zu betrachten. Konkret stellen wir die Mehrebenenperspektive von Geels und Schot,[1] das Konzept der sozialen Kipppunkte,[2] drei Strategien der Transformation von Wright[3] und den »Movement Action Plan« (Aktionsplan für Bewegungen) von Moyer[4] vor. Mit dieser Auswahl wollen wir sowohl Ansätze technologiebasierter Transformation berücksichtigen, die in der heutigen Politik weit verbreitet sind, als auch Ansätze sozialer Transformation, die bis dato wenig erforscht sind,[5] in Bewegungen jedoch oft diskutiert werden. Ergänzend dazu haben wir Gedanken zweier Bewegungsakteur*innen hinzugefügt, dem I.L.A-Kollektiv und der Gruppe ausgeCO_2hlt, die bereits Forschung zu sozial-ökologischem Wandel zusammengefasst, kommentiert und angewandt haben. Außerdem fließen unsere eigenen Erkenntnisse aus vielen Jahren der Kampagnen- und Organisationsarbeit in der deutschen Klimagerechtigkeitsbewegung in das Kapitel ein.

Bevor wir beginnen, möchten wir darauf hinweisen, dass es eine Vielzahl von Theorien zur sozial-ökologischen Transformation gibt, von denen wir nur einige wenige vorstellen. Die vorgestellten Ansätze wurden allesamt von *weißen* Autor*innen aus dem Globalen Norden entwickelt. Um die tatsächliche Komplexität sozialen Wandels zu erfassen, ist es notwendig, Ansichten aus vielen anderen Kontexten einzubeziehen. Wir glauben, dass eine solche Vielfalt von Ansätzen von großem strategischen Wert ist, da die Klimabewegung nur so grundlegende Veränderungen herbeiführen kann. Insofern ist dieses Buchkapitel als erste Idee zu verstehen, was sozial-ökologische Transformation ist und wie ein grundlegender und weitreichender Wandel erreicht werden könnte.

Was ist sozial-ökologische Transformation?

Im Jahr 2011 legte der Wissenschaftliche Beirat der Bundesregierung Globale Umweltveränderungen (WBGU)[6] ein Verständnis der Großen Transformation als tiefgreifende gesellschaftliche Transformation vor, die auf Dekarbonisierung und sozial-ökologische Gerechtigkeit abzielt.[7] Aufbauend auf Forschung und praktischen Erfahrungen wurde dieses Konzept vom I.L.A.-Kollektiv[8] um das Ziel einer demokratischen Gesellschaft erweitert, die aktuelle gesellschaftliche Machtverhältnisse infrage stellt. **So können sozial-ökologische Transformationen als umfangreiche Veränderungen verstanden werden, die die Förderung einer sozial gerechten, ökologisch stabilen und demokratischen Gesellschaft anstreben.**

Sozial-ökologische Transformation vollzieht sich in mehreren parallelen Transformationsprozessen. Es gibt nicht *die eine* sozial-ökologische Transformation, sondern viele. Aus der Perspektive der Transformationsforschung besteht »eine mögliche ›Große Transformation‹ zur Nachhaltigkeit nicht aus einer großen Transformation, sondern aus vielen kleinen sequenziell und parallel verlaufenden Transformationsprozessen in verschiedenen Subsystemen, die zu einem Wandel der gesellschaftlichen Entwicklung oder der Systemdynamik führen.«[9] Es ist die Summe dieser vielen kleinen Schritte, die der Transformation eine Richtung gibt.[8] Diese Prozesse finden auf vielen Ebenen statt und stehen in Wechselwirkung zueinander, angefangen bei Veränderungen in persönlichen Überzeugungen und Verhaltensweisen, gemeinsamen Werten und Normen, der Beziehungen zu anderen und der Natur bis hin zu grundlegenden Veränderungen in der Art und Weise, wie Politik, Gesellschaft und Wirtschaft organisiert sind.[2,10] Aus dieser Perspektive können viele sozial-ökologische Transformationen manchmal schnell und abrupt, manchmal schleichend und unsichtbar, an verschiedenen Orten, von unterschiedlichen Akteur*innen und aus verschiedenen Motivationen vorangetrieben werden – und in der Summe einen grundlegenden Wandel bewirken. Je genauer wir das Zusammenspiel verschiedener gesellschaftlicher Akteur*innen und Subsysteme verstehen, desto besser können wir den Wandel aktiv und strategisch mitgestalten, anstatt nur auf Katastrophen zu reagieren.

Diese vielfältigen, parallelen und interagierenden Transformationen sind notwendig, um auf sozial-ökologische Probleme zu reagieren, da diese ebenfalls aus der Interaktion vieler Teilsysteme entstehen. Wie Maja Göpel, eine deutsche Transformationsforscherin, betont, **gibt es nicht den einen Fehler in einem dieser Teilsysteme, den wir durch eine isolierte Analyse und den Fokus auf nur ein Teilsystem beheben können.**[9] Vielmehr entstehen sozial-ökologische Probleme durch das komplexe Zusammenwirken vieler Teilsysteme wie Politik, Wirtschaft, Zivilgesellschaft, Medien und anderer Bereiche, die mit zahlreichen sozialen Narrativen, Denkweisen und Verhaltensweisen verbunden sind.[11] Es ist ihr Zusammenspiel, das problematische Ergebnisse hervorbringt. Diese systemische Perspektive kann bei der Entscheidung helfen, wo eingegriffen werden sollte, um komplexen Problemen und ihren Ursachen entgegenzuwirken.[2] Die hier vorgestellten Theorien basieren auf der Idee, dass diverse Teilsysteme und Akteur*innen an Transformationen beteiligt sind.

Die Mehrebenenperspektive

Einer der meistdiskutierten Ansätze in der Transformationsforschung ist die Mehrebenenperspektive von Frank Geels und Johan Schot.[1] Die Mehrebenenperspektive, die sich auf Institutionentheorie, Evolutionsökonomie und Techniksoziologie stützt, wurde ursprünglich entwickelt, um die Verbreitung technologischer Innovationen in westlichen kapitalistischen Demokratien zu erklären. Sie ist weder eine »Riesentheorie«, die alles zu erklären versucht, noch eine Perspektive, die nur auf empirischen Daten beruht. Vielmehr handelt es sich um eine Theorie mittlerer Reichweite, die auf viele Nachhaltigkeitsbereiche wie Verkehrs-, Lebensmittel- oder Energiesysteme sowie auf Teilsysteme angewandt werden kann, wie Verkehrsmittel (Bahn, Bus, Fahrrad) oder Transportdistanz (Fern-, Überland- und Nahverkehr).[1] Der Ansatz wird als Mehrebenenperspektive bezeichnet, weil er Transformation als Ergebnis des Zusammenspiels von drei heuristischen und analytischen Ebenen versteht: der Landschaftsebene, der Regimeebene und der Nischenebene.[12]

Drei Ebenen des Wandels

Wie du in Abbildung 13 sehen kannst, ist die soziotechnische Landschaftsebene die größte und dauerhafteste Ebene. Sie besteht aus umfassenden wirtschaftlichen Veränderungen, politischen Entwicklungen und tiefgreifenden kulturellen Mustern.[1] Beispiele hierfür sind Megatrends wie der Klimawandel, demografische Entwicklungen wie die zunehmende Überalterung westlicher Gesellschaften und kulturell verankerte Narrative wie »der freie Markt regelt das«. Kommt es auf der Landschaftsebene zu Veränderungen, dann meist in Form von sehr langsamen Entwicklungen, die Jahrzehnte brauchen, um sich zu entfalten. Es kann aber auch schnelle externe Schocks der Landschaftsebene geben, zum Beispiel Kriege.[12] Die anderen Ebenen können die Landschaftsebene nicht kurzfristig verändern. Sie können jedoch Druck auf die Landschaft ausüben, zum Beispiel durch Klimaproteste, die Mobilisierung der öffentlichen Meinung und Klimagesetzgebung.

Die zweite Ebene, die Regimeebene, ist die Grundlage für Stabilität in soziotechnischen Systemen.[12] Sie besteht aus verschiedenen Regimen wie Politik, Industrie, Technologie, Kultur oder Wissenschaft, die sich gemeinsam weiterentwickeln und aufeinander abgestimmt sind. Dies kann zum Beispiel eine mächtige Industrie für fossile Brennstoffe mit starkem politischen Lobbyeinfluss oder eine evidenzbasierte Klimawissenschaft sein. Regime stabilisieren sich durch Pfadabhängigkeiten und ihr gemeinsames Regelverständnis in Form von Vorschriften und Gesetzen, sozialen Normen und Werten, kognitiven Routinen und Überzeugungen sowie Problemdefinitionen und Daumenregeln.[1] Regime fördern zum Beispiel die Aufrechterhaltung bereits institutionalisierter demokratischer Prinzipien, verhindern aber auch, dass sich Menschen Alternativen zu unserer derzeitigen, auf fossilen Brennstoffen basierenden Gesellschaft vorstellen können. Regime sind recht stabil, aber weniger beständig als die Landschaftsebene, da ihre Regeln in Diskussionen und internen Konflikten ausgehandelt werden können.[12]

Auf der dritten Ebene sind Nischeninnovationen zu finden – radikale Neuerungen, die kleiner und weniger stabil sind als Regime und in Räumen entstehen, die vor dem Mainstream-Markt geschützt sind.[1] Sie werden oft von Außenseiter*innen oder neuen Akteur*innen entwickelt.[13] Auf der Nischenebene wirken verschiedene Nischengruppen und -innovationen zusammen, mit dem Ziel, vom bestehenden System abzuweichen, es zu ergänzen oder zu ersetzen. Bei Nischen kann es sich um wirtschaftliche Innovationen handeln, wie neue Methoden zur Nutzung von Windenergie, die in Forschungslaboren entwickelt wurden. Nischen können aber auch soziale Innovationen und Alternativen sein, die nachhaltige Formen des Zusammenlebens und -arbeitens sowie Werte wie Solidarität und Gemeinschaft bereits in kleinem Maßstab leben. Beispiele hierfür sind Repair Cafés, solidarische Landwirtschaften, Tauschbörsen oder Nachbar*innenschaftsgärten. Diese Keimzellen für Innovationen gilt es zu entdecken, miteinander in Kontakt zu bringen und sie für eine großflächige Verbreitung weiterzuentwickeln. Auf diese Weise können sie aus ihren Nischen herauswachsen und schließlich von einer breiten Öffentlichkeit als erstrebenswerte Lebensweise angesehen werden.

Die Transformationstheorie der Mehrebenenperspektive

Die Mehrebenenperspektive nimmt an, dass Transformationsprozesse nicht linear und durch das zeitliche und räumliche Zusammenspiel der drei Ebenen verlaufen.[13] Geels und Schot[1] gehen davon aus, dass der Wandel nicht von

Anfang an geplant und koordiniert werden kann, da er vom gleichzeitigen Auftreten und der komplexen Interaktion dreier Prozesse abhängt, wie sie in Abbildung 13 dargestellt sind: (1) **Landschaftsveränderungen üben Druck auf das Regime aus**, z. B. durch Megatrends auf der Landschaftsebene wie die wachsende Zahl extremer Klimaereignisse oder große Proteste und Veränderungen der öffentlichen Meinung über den Klimanotstand. (2) **Regime werden dadurch destabilisiert – sie geraten unter Spannung und bekommen Risse. Unter diesen Umständen entstehen Möglichkeitsfenster**, in denen Nischeninnovationen wie erneuerbare Energien oder neue soziale Praktiken in Regimen Fuß fassen können. Transformation geschieht dann, wenn (3) **Nischen reif für die Aufnahme in das Regime sind**, zum Beispiel, wenn Windkrafttechnologien einen gewissen Effizienzgrad erreicht haben. Eine solche Substitution kann umfangreich sein und ein ganzes Regime ersetzen. Nischen können aber auch vorerst Teilregime ersetzen – wie Teile eines Puzzles – was langfristig zu einer Veränderung ganzer Regime führen kann.[1]

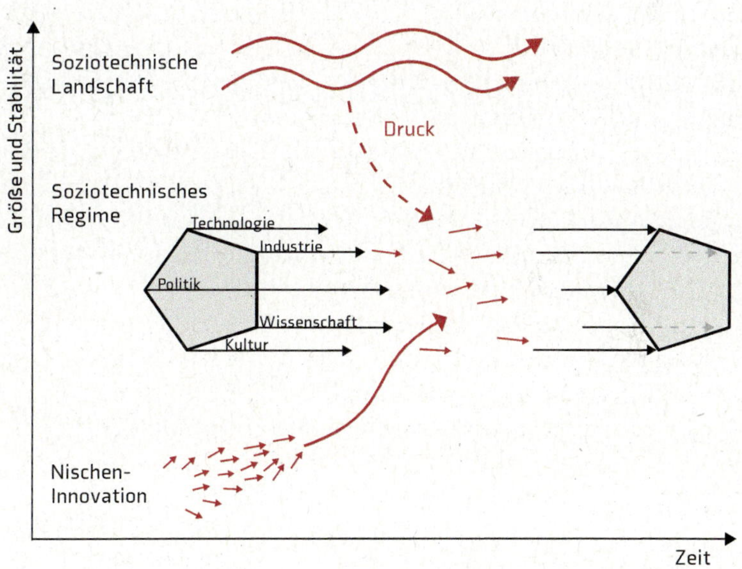

› Abbildung 13. Vereinfachte Darstellung der Mehrebenenperspektive nach Geels und Schot.[1]

Neben diesem dreistufigen Pfad, der typischerweise mit der Mehrebenenperspektive assoziiert ist, beschreiben Geels und Schot[1] auch andere Pfade, die eintreten können, wenn die oben genannten Prozesse nicht in einem gleichen Zeitfenster auftreten. **Es besteht die Möglichkeit, dass die Landschaftsebene einfach keinen Druck auf die Regimeebene ausübt.** Regime reproduzieren sich dann selbst und können sich im Rahmen ihrer bestehenden Regeln langsam in vorhersehbare Richtungen entwickeln. Es ist wichtig, diesen Pfad zu bedenken, um die vielfältigen gegenläufigen und stabilisierenden Landschaftsentwicklungen beim Klimaschutz im Auge zu behalten.[12] Warum? Sind bestimmte Infrastrukturen einmal vorhanden, so stehen sie noch lange Zeit zur Verfügung, auch wenn ihre Nachteile überwiegen. In vielen Fällen stehen sie neuen, nachhaltigen Infrastrukturen dann im Weg – sowohl argumentativ durch die hohen Umstellungskosten als auch durch den Raum, den sie einnehmen. Das Modell der autofreundlichen Stadt aus den 1960er Jahren prägt zum Beispiel noch immer die Infrastruktur vieler Städte. Auch wenn es zahlreiche Argumente dagegen gibt (z. B. gesundheitliche, kommunale oder Klima-Gründe), wird unser Leben vielerorts weiterhin durch diese Struktur geprägt, weil die Infrastruktur bereits etabliert ist und ein Umbau kostspielig sein könnte. Diese Neigung eines Systems, in seinem gegenwärtigen Zustand zu verharren und dadurch mögliche Alternativen zu vernachlässigen, wird auch als Pfadabhängigkeit bezeichnet.

In einem weiteren Szenario kann es sein, dass der Druck der Landschaftsebene nur mittelstark und nicht disruptiv ist. Unter diesen Umständen können Regime versuchen, sich anzupassen und erste Beispiele von Nischeninnovationen durch Unternehmer*innen oder Aktivist*innen zu nutzen. Hier wachsen »neue Regime aus alten Regimen heraus.«[1] Im Rahmen der Klimakrise könnten dies extreme Wetterereignisse in Ländern sein, die sonst noch nicht stark vom Klimawandel betroffen sind. Es kann in diesem Fall möglich sein, jedes einzelne Wetterereignis zu bewältigen, sodass (noch) kein Druck für eine gesamte Regimeveränderung entsteht, sondern stattdessen Anstrengungen unternommen werden, sich Schritt für Schritt an die zukünftigen Veränderungen anzupassen.

Es ist ebenfalls möglich, dass ein plötzlicher und großer Druck der Landschaft entsteht, Nischenalternativen jedoch noch nicht bereit für großflächige Verbreitung sind.[1] Optimistisch betrachtet könnte dieses Zeitfenster eine schnelle Entwicklung mehrerer Nischen begünstigen, von denen eine in das Regime aufgenommen wird. Die Entwicklung von Nischeninnovationen ist jedoch keine Selbstverständlichkeit. Aus Sicht der Mehrebenenperspektive können sich Nischen dann erfolgreich entwickeln, **wenn sie Visionen artikulieren, soziale Netzwerke mit relevanten Akteur*innen aufbauen und Lernprozesse fördern.**[12]

Ein anschauliches Beispiel ist die Analyse der britischen Transition-Town-Bewegung durch Seyfang und Haxeltine.[5] Sie betrachteten Transition Towns als eine Nischenalternative, die auf mehrere Bereiche abzielt (Energie, Verkehr, Ernährung, Wohnen) und als Reaktion auf Peak Oil als Landschaftsdruck entstanden ist. Seyfang und Haxeltine[5] argumentieren, dass Transition Towns erfolgreich Visionen entwickelt haben, aber auch Zwischenschritte entwickeln müssten, die ihre kleinen lokalen Aktionen mit ihrer großen Vision verbinden. Transition Towns haben zwar starke Netzwerke aufgebaut, meist allerdings nur innerhalb der sozial-ökologischen Bewegung und mit lokalen Regierungen – es fehlten Netzwerke zu anderen Regimeakteur*innen. Außerdem legten Transition Towns großen Wert auf Lernen und Ausbildung, sollten aber zukünftig über den Ansatz »Wissen führt zu Handeln« hinausgehen (→ Zuerst die Handlung, dann die Motivation). Wie dieses Beispiel veranschaulicht, kann mithilfe der Transformationsforschung die Effektivität bestimmter Klimagruppen diskutiert und gegebenenfalls erhöht werden.

Auch wenn sie nicht immer sichtbar sind, lassen sich handlungsfähige Gruppen auf allen Ebenen der Mehrebenenperspektive finden, zum Beispiel in Form von Organisationen, Industrien, politischen Entscheidungsträger*innen, Ingenieur*innen, Wissenschaftler*innen und einzelnen Personen in ihrer Rolle als Konsument*in, Aktivist*in und Bürger*in.[12] Um die Rolle von Einzelnen zu betonen, hat **Maja Göpel[2] die Mehrebenenperspektive um eine individuelle Ebene erweitert, die verdeutlicht, wie Institutionen auf der Nischen- und Regimeebene durch einzelne Menschen gebildet werden.** Diese Perspektive erleichtert es, kollektives Klimahandeln mit systemischer sozial-ökologischer Transformation zu verknüpfen.[7] Gemeinschaften könnten neue sozial-ökologische Lebensweisen als Nischenalternativen ausprobieren; einzelne Bürger*innen könnten sich in der Politik engagieren und versuchen, neue Nischeninnovationen in die Regime-Regeln und Gesetze zu integrieren – gemeinsam mit denjenigen, die in den aktuellen Regime-Institutionen arbeiten; Klimaproteste könnten Druck auf das Regime ausüben, indem sie die öffentliche Meinung auf der Landschaftsebene verändern; und Bildungskampagnen zur Nachhaltigkeitskommunikation könnten die vorherrschenden Narrative auf der Landschaftsebene infrage stellen.

Fazit: Die Mehrebenenperspektive beschreibt drei Ebenen, die für die Analyse sozial-ökologischer Transformationen entscheidend sind: die Landschafts-, Regime- und Nischenebene. Transformation findet dann statt, wenn Landschaftsveränderungen Druck auf die Regimeebene ausüben und diese destabilisieren. Dies eröffnet verfügbaren Nischeninnovationen die Möglichkeit, das Regime zu ersetzen oder schrittweise zu beeinflussen.

Warum ist sozial-ökologische Transformation so schwierig? Die Mehrebenenperspektive bietet auch einige Ideen, warum sozial-ökologische Transformationen schwieriger sein können als die üblicherweise analysierten technologischen Transformationen. Erstens entwickeln sich sozial-ökologische Nischen als Reaktion auf die Untätigkeit von Regimen, was ihre Einbindung in Regime von vornherein unwahrscheinlicher macht und ihre Entwicklung durch mangelnde Finanzierung behindert.[5] Zweitens verfolgen sozial-ökologische Transformationen im Vergleich zu wirtschaftlichen Innovationen, welche eher aus den Marktbedingungen erwachsen, Ziele wie soziale Gerechtigkeit und sind daher viel stärker auf die Unterstützung von Behörden und der Zivilgesellschaft angewiesen.[12] Drittens haben sozial-ökologische Innovationen nicht immer die wirtschaftlichen Vorteile, die Marktinnovationen haben, da ihre Umsetzung an Veränderungen im Wirtschaftssystem geknüpft ist (z. B. Veränderung von Steuern oder Vorschriften). Viertens erfordern sozial-ökologische Transformationen Veränderungen in Regimen, die durch bestehende Infrastrukturen stabilisiert und von großen Unternehmen dominiert werden, zum Beispiel im Energie- und Verkehrssektor. Eine Auseinandersetzung mit diesen erschwerenden Umständen ist notwendig und verdeutlicht, dass eine große sozial-ökologische Transformation in der Tat viele kleinere Transformationen auf allen Ebenen und in allen Regimen erforderlich macht.

Soziale Kipppunkte

Ein anderer Forschungszweig untersucht derzeit, wann und wodurch soziale Kipppunkte entstehen. Das Konzept der Kipppunkte ist typischerweise aus Arbeiten zu den planetaren ökologischen Grenzen bekannt. Diese versuchen zu definieren, in welchem »sicheren Handlungsraum« die lebenserhaltenden Systeme auf der Erde reguliert werden können.[14] Sobald wir diesen sicheren Handlungsraum verlassen, besteht die Gefahr, dass wir ökologische Kipppunkte auslösen und bestimmte Ökosysteme in einen lebensfeindlichen Zustand geraten, ein Prozess, der nur schwer oder gar nicht rückgängig gemacht werden kann.[15] Positive soziale Kipppunkte sind die Kipppunkte in der Gesellschaft, die, »wenn sie einmal ausgelöst sind, die Verschiebung in Richtung des neuen und bevorzugten Zustands beschleunigen«,[15] indem sie viele positive Rückkopplungsmechanismen in Gang setzen.

Die Theorie des Wandels aus Debatten über **soziale Kipppunkte nimmt oft die Form einer S-Kurve im Zeitverlauf an.**[15] Ein Beispiel ist das Vier-Phasen-Muster eines Transformationsprozesses.[2,16] Wie in Abbildung 14 dargestellt, unterscheidet es eine Vorbereitungsphase mit langsamen Veränderungen, eine Take-Off-Phase (Abhebe-Phase) mit koordinierter Aktivität in Nischen und Regimereaktionen, die zu einem sozialen Kipppunkt führen, eine Beschleunigungsphase, in der strukturelle Veränderungen auftreten, und eine Stabilisierungsphase, in der sich das System im neuen Zustand stabilisiert.[2] Vor allem die Take-Off- und die Beschleunigungsphase erscheinen relevant, da sie darüber entscheiden, ob ein Kipppunkt tatsächlich positive Rückkopplungsschleifen erzeugt. Eine zentrale Frage in der Transformationsforschung ist, wie viele Menschen es braucht, die ein Verhalten übernehmen (soziale Norm), damit sich ein Prozess derart beschleunigt.

Eine verhaltensökonomische Studie wurde in den letzten Jahren besonders häufig für dieses Thema herangezogen: Centola und Kolleg*innen[17] haben darin untersucht, wie groß eine engagierte Minderheit – die kritische Masse – sein muss, um soziale Kipppunkte auszulösen. Die Forscher*innen haben für diese Studie ein Namensspiel genutzt. 194 Teilnehmenden wurde ein Bild mit dem Gesicht einer Person gezeigt und sie sollten sich für einen Namen für diese Person entscheiden. Wenn sie sich an die Namenskonvention der anderen Teilnehmenden hielten (denselben Namen nannten), wurden sie

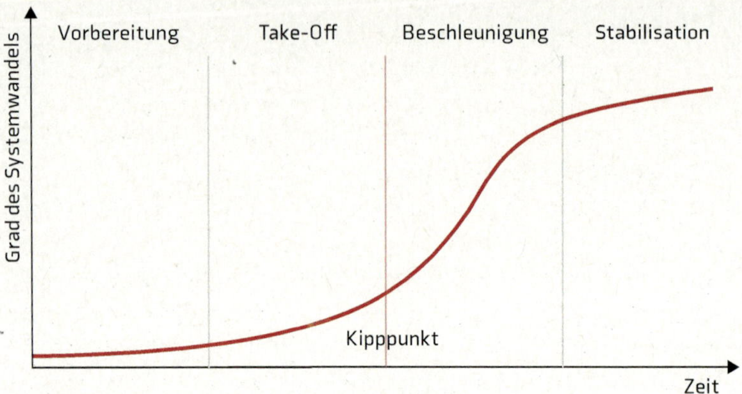

› Abbildung 14. S-Kurve der sozialen Kipppunkte nach Göpel.[2]

finanziell belohnt. Wichen sie davon ab, wurden sie finanziell bestraft. Sobald eine Namenskonvention unter den Teilnehmenden etabliert war, kam eine engagierte Minderheit hinzu (sogenannte Konföderierte oder Forschungsverbündete), deren Ziel es war, die Namenskonvention zu verändern. Sie drängten zum Beispiel darauf, einem stereotyp männlichen Gesicht einen stereotyp weiblichen Namen zu geben. Die Ergebnisse der Studie haben gezeigt, dass **die Größe der engagierten Minderheit etwa 25 % der Gesamtgruppe betragen musste, um einen sozialen Kipppunkt auszulösen, der die Namenskonvention veränderte.**[17] Danach wechselten 72 % bis 100 % aller Teilnehmenden in den folgenden Spielrunden zur neuen Namenskonvention. Dieses Experiment zeigt, dass ein Kipppunkt sozialer Normen, der zu der beschriebenen S-Kurve führt, 25 % betragen kann. Das Spiel hatte den Vorteil, dass – ähnlich wie in der Realität – zunächst eine Entscheidung für die alte Konvention sozial und finanziell belohnt wurde.[17]

Im Hinblick auf Klima-Konventionen stellt sich die Frage, ob 25 % der Bevölkerung, die sich vegetarisch ernähren oder autofrei leben, einen ähnlichen Beschleunigungseffekt auf die Veränderung gesellschaftlicher Gewohnheiten haben könnten. Die Aussagekraft der Studie ist zwangsläufig durch ihren künstlichen Charakter begrenzt. So befasst sich das Experiment mit frisch gebildeten Namenskonventionen im Gegensatz zu Konventionen wie Mobilitätsgewohnheiten, die sich über Jahrzehnte etabliert haben und durch andere Routinen und Infrastrukturen stabilisiert werden. Die Größe der Minderheit, die im wirklichen Leben einen Kipppunkt auslöst, könnte deshalb von sehr kleinen bis hin zu großen Prozentzahlen reichen, je nach Regime- und Landschaftsbedingungen. Aschemann-Witzel und Schulze[15] betonen, dass sich die Forschung zu sozialen Kipppunkten in einem frühen Stadium befindet und noch nicht ausreichend ist, um Schlussfolgerungen für reale Maßnahmen und Handlungen abzuleiten.

In der Klimabewegung und insbesondere in der Klimagruppe Extinction Rebellion begegnet uns die Idee, dass **»es nur 3,5 % der Bevölkerung braucht, um das System zu stürzen«**. Diese Zahl basiert auf einer umfangreichen Untersuchung von gewaltsamen und gewaltlosen Kampagnen sozialer Bewegungen zwischen 1900 und 2006 durch die Politikwissenschaftlerinnen Chenoweth und Stephan.[18] Ihre Analysen zeigten, dass der Erfolg einer sozialen Bewegung unausweichlich scheint, wenn etwa 3,5 % der Gesamtbevölkerung mobilisiert werden.[19] Sowohl die Studie selbst als auch die Übertragung auf den Klimakontext durch Teile der Klimabewegung wurden jedoch kritisiert, da es beispielsweise fraglich ist, ob gesellschaftliche Transformationen weg von autokratischen oder militärischen Regimen mit sozial-ökologischen Transformationen innerhalb kapitalistischer Demokratien vergleichbar sind.[20]

Auch wenn wir Autor*innen die Gültigkeit beider Behauptungen aus unserer psychologischen Perspektive nicht beurteilen können, gehen wir davon aus, dass es notwendig ist, fundierte Theorien des Wandels aufzustellen, um kurz-, mittel- und langfristige Strategien zu entwickeln. So könnte auch Enttäuschung über langsame Fortschritte im sozial-ökologischen Wandel bei Mitgliedern der Bewegung unwahrscheinlicher werden. Die Transformationsforschung geht davon aus, dass es nicht nur eine sozial-ökologische Transformation eines einzigen politischen Regimes gibt. Vielmehr brauchen wir viele Transformationen in mehreren Regimen, die auch Verschiebungen auf Ebene der sozialen Normen erfordern. Daher ist es vielleicht weniger sinnvoll, nach der perfekten Größe einer sozialen Bewegung zu suchen und darauf zu warten. Eher kann auf günstige Bedingungen und das Zusammenspiel verschiedener Ebenen, Prozesse und Akteur*innen geachtet werden, die in der Summe zu Veränderungen führen. Im Folgenden werden zwei solcher Theorien vorgestellt, die derzeit in der Klimabewegung diskutiert werden.

Fazit: Das Konzept der sozialen Kipppunkte legt eine Theorie des Wandels nahe, die eine S-Kurven-Form annimmt. Diese S-Kurve verläuft von einer Vorbereitungsphase über eine Take-Off- und Beschleunigungsphase hin zu einer neuen Stabilisierungsphase. Bei neu gebildeten sozialen Normen könnte eine Minderheit von 25% einen solchen Kipppunkt aktivieren. Transformationsforscher*innen weisen jedoch darauf hin, dass ein tieferes Verständnis der Rahmenbedingungen sozialer Kipppunkte wichtig ist, bevor über konkrete Zahlen gesprochen werden kann.

Drei Strategien der gesellschaftlichen Transformation

In dem Buch »Envisioning Real Utopias« (Reale Utopien) beschreibt der analytisch-marxistische Soziologe Erik Olin Wright seine Theorie des Wandels, die wir Autor*innen hier zusammengefasst und mit Beispielen aus der Klimakrise ergänzt haben.[3] Seine Idee ist, dass eine Theorie der gesellschaftlichen Transformation ein Verständnis der Umstände der Transformation (Hindernisse des Wandels, Chancen des Wandels, zukünftige Trends) sowie eine Reflexion der Strategien der Transformation beinhalten muss. Die Klimabewegung sollte sich also fragen: »Wie ist das System aufgebaut und was muss getan werden, um es zu verändern?«

Die Bedingungen des Wandels

Im Gegensatz zur Mehrebenenperspektive legt Wright[3] den Schwerpunkt auf die stabilisierenden Kräfte und Machtverhältnisse innerhalb aktueller Regime. Regime stabilisieren sich einerseits passiv durch die Alltagsroutinen und Aktivitäten von Menschen. Auf der anderen Seite gibt es jedoch auch weitere Wege, durch die sich Institutionen wie staatliche Verwaltungen, Bildungssysteme, Kirchen, Gerichte und die Polizei aktiv stabilisieren und aufrechterhalten. **Zu dieser aktiven Stabilisierung gehören Bestrafung und Repression**, wie die Erhöhung der Kosten und Risiken kollektiven Klimahandelns; **Regeln und Gerichtsverfahren**, die große systemkonforme Unternehmen gegenüber einzelnen Umweltkläger*innen begünstigen können; **die Verbreitung von Ideen und**

Kultur, die unsere Überzeugungen darüber prägen, was wir wollen und welche sozial-ökologischen Ideen wir für möglich halten (psychologisch ausgedrückt, unsere Werte, sozialen Normen und Wirksamkeitsüberzeugungen); und **Pfadabhängigkeiten**, zum Beispiel Mechanismen, durch die das gesellschaftliche Wohlergehen von erfolgreicher wirtschaftlicher Aktivität abhängt. In einem solchen Verständnis sind Regierungsinstitutionen zu einem gewissen Grad auf die Zustimmung der Zivilgesellschaft angewiesen. Sie können aber auch denjenigen, die ihre Zustimmung verweigern, gewaltvoll eine Entscheidung aufzwingen. Soziale Bewegungen können auf diese Weise schnell Interessenskonflikte auslösen, wenn sie bestehende Machtstrukturen destabilisieren und verschieben wollen. Zum Beispiel kämpfen viele Unternehmen, die aktuell von fossilen Energien profitieren, gegen strengere Umweltgesetze. Die Klimabewegung kann zwar versuchen, das Machtgleichgewicht weg von der fossilen Energiewirtschaft und hin zu erneuerbaren Energien zu verschieben. Solche massiven und schnellen Veränderungen können jedoch auch zu neuen Konflikten führen, da sie viele Bürger*innen in ihrem Alltag verunsichern.[3]

Derzeitige Systeme sind nicht nur stabil, sondern auch voller Lücken und Widersprüche.[3] **Da Gesellschaften hochkomplex und unvorhersehbar sind, haben Institutionen oft nur unzureichendes Wissen darüber, wie sie diese aufrechterhalten und verändern können, machen dabei Fehler und erzeugen unbeabsichtigte Nebeneffekte**, die soziale Transformationen fördern können. Außerdem wurden Institutionen nicht immer so gestaltet, dass sie perfekt in ein kapitalistisches System passen. Kapitalistische Gesellschaften sind immer wieder mit destabilisierenden Momenten konfrontiert und bewegen sich in einem Kreislauf von Regulierung, Deregulierung und Re-Regulierung. Diese Lücken und Widersprüche schaffen Chancen für sozialen Wandel.

Nach Wright[3] müssen zwei Dinge gegeben sein, damit sozialer Wandel stattfinden kann: **»Die Bedingungen müssen reif sein« und eine Bewegung muss starke und strategische Aktionen hervorbringen.** Soziale Bewegungen können dazu beitragen, die Bedingungen reifen zu lassen, aber nur in begrenztem Maße. Vielmehr sollten sie sich der Möglichkeitsfenster bewusst sein und ihr kollektives Handeln auf genau diese Zeitfenster konzentrieren. So hat zum Beispiel die deutsche Anti-Atomkraft-Bewegung über Jahrzehnte hinweg große Teile der Gesellschaft für den Atomausstieg mobilisiert und Bedingungen reifen gelassen, während die Regierung darauf bestand, ihn hinauszuzögern. Einen Tag nach der schrecklichen Atomkatastrophe in Fukushima beschloss Bundeskanzlerin Merkel dann den Atomausstieg. Kollektives Handeln war in diesem Beispiel innerhalb des Möglichkeitsfensters nicht einmal nötig, vermutlich weil die Anti-Atom-Bewegung bereits vorher eine gesellschaftliche Basis dafür signalisiert hatte. Für Wright[3] ergeben sich solche Möglichkeitsfenster typischerweise aus langfristigen, unbeabsichtigten Trends. Soziale Bewegungen müssen daher eine Perspektive mit langem Zeithorizont einnehmen und oft warten, bis die Bedingungen reif sind. Nach Ansicht von uns Autor*innen könnte dies bei der Klimakrise jedoch etwas anders aussehen, da sie wahrscheinlich viele ökologische Katastrophen hervorbringen wird, die unmittelbare Möglichkeitsfenster für kollektives Klimahandeln bieten. Trotzdem scheint die Idee sinnvoll, dass die Klimabewegung langfristige Perspektiven und Strategien entwickelt, aktuelle positive Trends analysiert und so auf die plötzlich auftauchenden Möglichkeitsfenster im System vorbereitet ist.

Es ist auch wichtig, zu bedenken, dass sich Gesellschaften zu Beginn einer Krisensituation oft in einem Schockzustand befinden. **Mächtige Regime (z. B. Unternehmen, Medien oder politische Parteien) können daher auch die Gunst der Stunde nutzen**, um Veränderungen durchzusetzen, die sozial-ökologischem Wandel entgegenwirken. Darüber hinaus könnten große Proteste unvorhersehbare Folgen haben und sogar zu repressiveren politischen Maßnahmen führen, die den Status quo weiter stabilisieren. Ein Beispiel hierfür ist das Regime in Ägypten nach den Protesten des Arabischen Frühlings.[21] Wright[3] geht daher davon aus, dass soziale Veränderungen nicht lineare Prozesse durchlaufen, die nicht die Form einer S-Kurve annehmen, sondern durch gegenläufige und zirkuläre Mechanismen gekennzeichnet sind.

Die Transformationstheorie der drei Strategien des Wandels

Wright[3] beschreibt drei Strategien des gesellschaftlichen Wandels von einer kapitalistischen hin zu einer demokratisch-sozialistischen Wirtschaft. Er sieht keine davon als einfach oder unproblematisch an. In diesem Buch nennen wir sie »Transformation durch Systemumbrüche«, »Transformation durch Alternativen« und »Transformation durch Reform«. Die Herausforderung für soziale Bewegungen besteht darin, diese Strategien für gesellschaftlichen

Wandel zu kombinieren. Alle drei Strategien sind in der Klimabewegung präsent, scheinen jedoch oft durch ihre Ideen und Aktionsformen voneinander getrennt zu sein.

Transformationen durch Systemumbrüche zielen darauf ab, völlig neue Institutionen zu schaffen und ganze Regime zu ersetzen.[3] Die Idee ist »erst zerschlagen, dann aufbauen«.[3] Auch wenn tiefgreifende Revolutionen in heutigen Gesellschaften unwahrscheinlich sind, lohnt es sich laut Wright[3], über Systemumbruchstrategien nachzudenken, weil sie die Mitglieder einer Bewegung motivieren können, zu einem besseren Verständnis anderer Strategien beitragen können und weil kleinere Systembrüche in Subsystemen in der Tat möglich sein können. In marxistischer Tradition vergleicht Wright[3] dabei die vorhergesagten Verläufe des materiellen Wohlbefindens in Gesellschaften, wie in Abbildung 15 dargestellt ist.

Er geht davon aus, dass das materielle Wohlbefinden der Bevölkerung in heutigen westlichen Gesellschaften unter **»Business as usual«-Bedingungen** konstant bleibt oder langsam steigt. Wenn soziale Bewegungen eine große öffentliche Unterstützung für eine Systemumbruchstrategie erhalten, wird der Umbruch wahrscheinlicher. Ein idealer Transformationspfad sozialer Bewegungen geht davon aus, dass der Wohlstand unmittelbar nach einem Umbruch steigt. Wright[3] hält dies jedoch für sehr unwahrscheinlich. **Vielmehr führen Veränderungen durch Umbrüche zunächst zu einem Rückgang des Wohlbefindens.** Bei einem Optimistischen Umbruchs-Pfad ist dieser Rückgang nur vorübergehend und das Wohlbefinden steigt später über den ursprünglichen Zustand hinaus. Sinkt das Wohlbefinden jedoch, werden Menschen wahrscheinlich pessimistisch und zweifeln, ob es auf lange Sicht überhaupt zu positiven Veränderungen kommen wird (Pessimistischer Pfad). In demokratischen Gesellschaften könnte dies zu einem Verlust an politischer Unterstützung bei der nächsten Wahl führen – auch wenn den Menschen die Werte hinter dem Systemumbruch noch immer wichtig sind. Das macht Systemumbrüche in demokratischen Gesellschaften zu einer sehr unwahrscheinlichen Strategie.

Dennoch schlägt Wright[3] Bedingungen vor, unter denen der Optimistische Umbruchs-Pfad wahrscheinlicher wird: wenn der Rückgang des Wohlbefindens nicht zu gravierend und lang anhaltend ist, **wenn die Werte der Bevölkerung stark genug sind, um sie durch Zeiten geringeren Wohlbefindens**

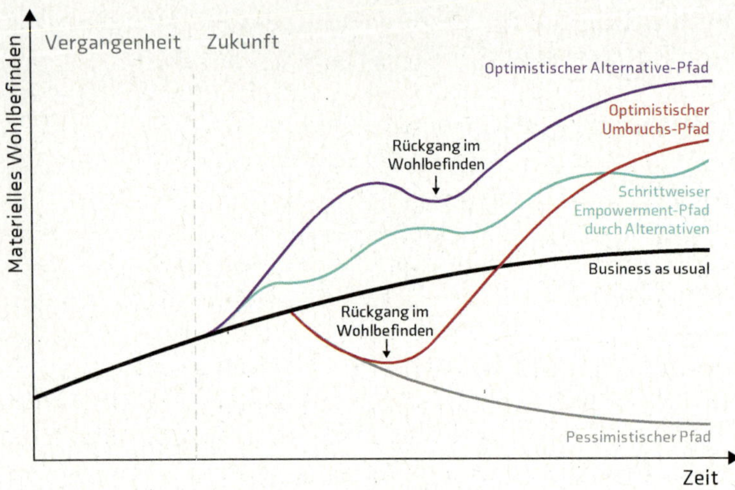

› Abbildung 15. Vorausgesagtes materielles Wohlbefinden in verschiedenen Transformationspfaden, angepasst von Wright.[3]

zu tragen und wenn das Wohlbefinden bereits im Business-as-usual-Pfad abnimmt, was in Gesellschaften ab einem bestimmten Punkt der fortschreitenden Klimakrise tatsächlich der Fall sein könnte. Auch wenn große Umbrüche in demokratischen Gesellschaften unwahrscheinlich scheinen, könnte die Klimabewegung versuchen, günstige Bedingungen für kleinere Umbrüche zu schaffen. Beispielsweise könnte sie sich darauf konzentrieren, starke Werte und Wirksamkeitsüberzeugungen rund um den sozial-ökologischen Wandel im Hier und Jetzt aufzubauen und negative Trends des materiellen Wohlbefindens hervorzuheben, um drastische sozial-ökologische Veränderungen attraktiver zu machen.

Die zweite Transformationsstrategie betont, dass Alternativen entwickelt werden müssen.[3] **Diese Strategie zielt darauf ab, Empowerment und neue sozial-ökologische Formen des Zusammenlebens zu schaffen. Diese entstehen in den Lücken des dominanten Systems, wo sie nicht von ihm gefährdet werden.** In der Klimabewegung begegnet uns diese Strategie in solidarischen Landwirtschaften, in Ökodörfern oder Wohngenossenschaften – die Orte, an denen neue sozial-ökologische Strukturen, Lebensweisen und ein neues Miteinander erprobt werden. Alternativen können also sowohl technologische als auch soziale Nachhaltigkeitsinnovationen (oder beides) sein, die unsere Beziehungen zu anderen, zu uns selbst und zur Natur verändern.[22]

Die Strategie des Aufbaus von Alternativen wird jedoch oft dafür kritisiert, dass sie eine Flucht vor der Realität sei, Energie und Zeit von anderen Transformationsstrategien weglenke, sich in kleinen Lückenräumen verstecken müsse, die aktuellen Regime »legitimiere« und daher keine wirkliche Bedrohung für die aktuellen Machtverhältnisse darstelle. Als Antwort auf diese Kritik argumentiert Wright,[3] wie nützlich Alternativen sein können, wenn sie mit anderen Strategien kombiniert werden. **Erstens können Alternativen günstige Bedingungen für Umbrüche schaffen und so zu einem Optimistischen Alternativen-Pfad führen. Sie können zum Wohlbefinden beitragen und so einen kurzen Rückgang dessen akzeptabler machen.** Zum Beispiel könnten lokale Erneuerbare-Energien-Projekte den Zusammenhalt zwischen Gemeindebewohner*innen stärken und die Gemeinschaft insgesamt in Krisenzeiten resilienter machen. Bereits etablierte Alternativen erhöhen zudem die Wahrscheinlichkeit, **dass Innovationen schon über Jahre oder Jahrzehnte erprobt und verbessert wurden** und nicht durch einen Umbruch schnell entwickelt werden müssen. Dies kann die Übergangszeit von einem Regime zum anderen verkürzen und dazu beitragen, demokratische Grundsätze langfristig zu stabilisieren. So könnten zum Beispiel Agroforst-Praktiken, die klimatische Veränderungen berücksichtigen, in großem Umfang umgesetzt werden, sobald es zu einem Umbruch kommt – sei es durch gezielte Planung oder durch Klimakatastrophen. **Zweitens können Alternativen zu einer Lockerung von Beschränkungen führen und so ein allmähliches Empowerment ermöglichen.** Auf diesem Schrittweisen Empowerment-Pfad durch Alternativen könnten die gegenwärtigen Machtverhältnisse Schritt für Schritt verändert werden und in der Summe einen tiefgreifenden Wandel herbeiführen. Beispiele hierfür sind solidarische Wohnprojekte wie das Mietshäuser Syndikat,[23] die dem privatisierten Wohnungsmarkt schrittweise Eigentum entziehen.

Die dritte Strategie ist der Wandel durch Reform, der Institutionen auf kooperative Weise verändert und erweitert.[3] In parlamentarischen Demokratien wird diese Strategie oft als der Kern sozialen Wandels angesehen. Der Ausgangspunkt ist hierbei, dass Transformation am stabilsten ist, wenn sie reale Probleme innerhalb der aktuellen Regime löst. **Diese Reform-Strategie zielt daher darauf ab, jene spezifischen positiven Veränderungen zu finden, die**

sowohl die Bevölkerung ermächtigen (Bottom-Up) als auch gleichzeitig die Probleme dominanter Regimeakteur*innen lösen. Aber wie können wir diese Win-Win-Situationen erkennen? In Anlehnung an soziologische Theorien unterscheiden Heitfeld und Reif[24] zwischen verschiedenen gesellschaftlichen Teilsystemen und ihren jeweiligen Systemlogiken und Interessen.[25,26] Laut Theorien von Luhmann werden diese Logiken verschiedener Teilsysteme auch Codes genannt.[24,25] Der Code des politischen Teilsystems ist Machterhalt im Zeithorizont einer Legislaturperiode; der Code des juristischen Teilsystems ist Recht und Gerechtigkeit mit unterschiedlichen Zeithorizonten; der Code des wirtschaftlichen Teilsystems ist meist kurzfristiger Gewinn; die Codes des Finanzmarktes sind Gewinn, Chance und Risiko mit einem Zeithorizont von einem Vierteljahr bis zwei Jahren; und der Code der technologischen Teilsysteme ist Know-how mit unterschiedlichen Zeithorizonten.[24] Ein Verständnis dieser Systemlogiken könnte Klimagruppen dabei helfen, Strategien zu entwickeln, die die Interessen verschiedener Teilsysteme berücksichtigen. Systemlogiken zeigen auch auf, wo Möglichkeiten für Transformationsprozesse vielleicht (nicht) bestehen, und machen deutlich, dass politische, finanzielle und wirtschaftliche Teilsysteme in der Regel kurze Zeithorizonte haben.

Viele progressive Akteur*innen des Wandels haben Sorge, dass Reform-Strategien, die sich an den Codes der aktuellen Regime orientieren, keinen tiefgreifenden Wandel bewirken werden.[3] Um die schlimmsten (Klima-)Ungerechtigkeiten zu verhindern, können Reformen jedoch Teil eines größeren Wandels sein, insbesondere dann, wenn sie den Spielraum für sozial-ökologische Alternativen vergrößern.[3] Die Fridays for Future-Bewegung hat sich zum Beispiel für Reformen zur Stärkung der deutschen Klimagesetzgebung eingesetzt. Obwohl die Regierung durch eine Verfassungsklage gezwungen wurde, ein ehrgeizigeres Klimaschutzgesetz zu verabschieden, blieb dieses weiterhin weit hinter den großen und nötigen Schritten zurück. Nichtsdestotrotz war es eine wichtige Entscheidung, da sie als rechtliche Grundlage für zukünftige Entscheidungen zum Klimaschutz dienen kann. Sie hat bereits zu politischen Schritten geführt, wie der Verhinderung wirtschaftlicher Subventionen für fossile Energieträger während der COVID-19-Pandemie, ambitionierten Maßnahmen für eine klimaneutrale Mobilität und Debatten über den notwendigen Umstieg auf erneuerbare Heizsysteme.

Fazit: Gesellschaftliche Systeme haben Mechanismen, um sich selbst zu stabilisieren. Deshalb ist es wichtig, dass soziale Bewegungen die Lücken in den vorherrschenden Regimen sowie sich ergebende Möglichkeitsfenster erkennen. Drei Strategien könnten sich dabei auf verschiedenen Wegen der sozial-ökologischen Transformation gegenseitig unterstützen: Transformation durch Systemumbrüche, durch Alternativen und durch Reform.

Der »Movement Action Plan«

In seinem Buch »Doing Democracy«[4] beschreibt der Aktivist Bill Moyer vier Rollen des sozialen Wandels, die in einen breiteren Aktionsplan der Bewegung einfließen. Du hast die Rollen bereits in einem früheren Kapitel kennengelernt (→ Rollen gekonnt verteilen). Die Commons Library (Gemeingut-Bibliothek) hat praxisnahe Zusammenfassungen seiner Arbeit mit vielen historischen Beispielen veröffentlicht, die wir Autor*innen hier wiedergeben.[27–29] Moyers Analyse basiert auf den Erfahrungen vergangener sozialer Bewegungen und der Kritik, dass sich wissenschaftliche Ansätze oft auf soziale Kipppunkte konzentrieren und dabei die zirkuläre Natur sozialer Bewegungen vernachlässigen: »Soziale Bewegungstheorien geben uns zwar viele nützliche Informationen, aber die meisten helfen uns nicht, die Ebbe und Flut in lebenden, atmenden sozialen Bewegungen zu verstehen, die wachsen und sich verändern.«[29] Moyer stellte fest, dass bei den Mitgliedern sozialer Bewegungen manchmal Frustration und Entmutigung aufkamen, obwohl sie in dieser Zeit eigentlich recht erfolgreich waren. Der Movement Action Plan versucht, dieses Phänomen zu erklären und das große Ganze in den Blick zu nehmen.

Vier Rollen des Wandels

Moyer[27] geht davon aus, dass soziale Bewegungen die Erfüllung von vier Rollen durch Organisationen und Menschen erfordern: **Rebell*innen, Change Agents (Veränder*innen), Reformer*innen und Bürger*innen. Rebell*innen protestieren typischerweise für Veränderungen und üben Kritik an gesellschaftlichen Zuständen und politischen Maßnahmen, die gegen ihre Über-**

zeugungen verstoßen. Die Klimabewegung hat eine lange Geschichte von Rebell*innen. Durch Demonstrationen und zivilen Ungehorsam ist es Aktivist*innen gelungen, Klimazerstörungen wie den Kohleabbau oder die Waldabholzung kurzzeitig zu stoppen. Ein Beispiel für eine rebellische Gruppe aus der deutschen Klimabewegung ist das Bewegungsbündnis Ende Gelände. Die Stärke ihrer Aktionen besteht vermutlich darin, dass sie ein Verlust-Verlust-Dilemma für die gegnerische Seite schaffen – in diesem Fall fossile Brennstoffunternehmen. Hier entstehen für das Unternehmen nur Handlungsoptionen mit negativen Auswirkungen: Auf der einen Seite kann das Unternehmen nicht zulassen, dass Aktivist*innen seine Infrastruktur physisch blockieren und dabei wirtschaftlichen Schaden anrichten. Auf der anderen Seite zeigt der Einsatz von physischer Gewalt gegen Aktivist*innen jedoch auf, dass das Unternehmen den Status quo und die damit verbundenen gravierenden Ungerechtigkeiten aktiv verteidigt. Aus der Sicht von Moyer[27] sind Rebell*innen dann effektiv, wenn sie auf Ungerechtigkeiten mächtiger Institutionen fokussieren, Aufmerksamkeit erregen, Vernetzung und eine gemeinsame Identität mit anderen Gruppen der Bewegung aufrechterhalten und gewaltfreien Protest üben. Sie werden ineffektiv, wenn sie sich zu sehr an ihre moralischen Überzeugungen klammern und aus Verzweiflung oder einem geringen Gefühl der Wirksamkeit zu gewaltsamen Mitteln greifen.

Change Agents arbeiten auf positive und konstruktive Lösungen hin, indem sie die Öffentlichkeit aufklären, mobilisieren und organisieren.[27] In der Klimabewegung treffen wir auf verschiedene Change Agents, von Ökodörfern über nachhaltige Hochschulinitiativen bis hin zu Menschen, die Klimacamps organisieren. Sie scheinen dann am effektivsten zu sein, wenn sie weder zu große Ziele (Utopien) noch zu kleine Schritte verfolgen, eine partizipative Demokratie fördern, Menschen innerhalb und außerhalb der Bewegung miteinander vernetzen und sich um die Bedürfnisse der Menschen in der Bewegung kümmern, indem sie zum Beispiel Aktivismus-Burnout entgegenwirken.[27]

Reformer*innen arbeiten in politischen und rechtlichen Strukturen und Institutionen an politischen Veränderungen.[27] In der Klimabewegung können das Ministeriumsmitarbeiter*innen, Mitglieder grüner und linker Parteien sowie Organisationen sein, die Lobbyarbeit betreiben und zu erfolgreicher Klimapolitik beraten. Reformer*innen sind am effektivsten, wenn ihre Ziele mit jenen der Bewegung als Ganzes übereinstimmen und wenn sie sich nicht mit kleinen Schritten zufrieden geben.[27] Außerdem scheint es wichtig zu sein, dass sie Verbindungen und eine gemeinsame Identität mit anderen Rollen der Bewegung aufrechterhalten. Wie in diesem Buch zu sehen ist, wurde diese Rolle bisher am wenigsten von Psycholog*innen untersucht.

Bürger*innen schließlich repräsentieren sowohl Menschen innerhalb als auch außerhalb der Bewegung, die die Bewegung und ihre Ziele unterstützen. Dazu können Klimarebell*innen, Change Agents und Reformer*innen gehören, aber auch ihre Freund*innen, Familien und viele andere, die die Klimabewegung und ihre Anliegen unterstützen, ohne sich unbedingt als Teil der Bewegung zu fühlen. Moyer[27] weist darauf hin, dass soziale Bewegungen auf eine große Unterstützung von Bürger*innen angewiesen sind. Bürger*innen können vor allem dann zum Erfolg der Bewegung beitragen, wenn sie deren Werte teilen, über politische Wirksamkeitsüberzeugungen verfügen und sich mit der Bewegung identifizieren. Die vier Rollen haben unterschiedliche Funktionen im Movement Action Plan.[28]

Die Transformationstheorie des Movement Action Plans

Wie in Abbildung 16 zu sehen ist, umfasst der Movement Action Plan verschiedene Phasen, die wir Autor*innen teilweise für euch kombiniert haben. **In den Phasen 1–3 entstehen soziale Bewegungen in politisch ruhigen, aber ungerechten Zeiten.**[28] Anfängliche Versuche, diese Ungerechtigkeiten zu adressieren, wie der Versuch von Reformer*innen, Institutionen von innen heraus zu verändern, scheitern. Die Bewegung tritt dann in eine Phase der reifenden Bedingungen ein. Durch die wachsende Unzufriedenheit der Bürger*innen über die Ungerechtigkeiten, den konstanten rebellischen Widerstand und die zunehmende Organisation der Bewegung beginnen Menschen, eine größere Wirksamkeit wahrzunehmen – die Überzeugung wächst, dass Wandel tatsächlich möglich ist. Ein Beispiel dafür ist das Civil Rights Movement, wo »das Aufkommen unabhängiger *Schwarzer* Afrikanischer Staaten, die große Migration von *Schwarzen* in den Norden, die ihre Verbindungen zum Süden aufrechterhielten, die steigende Zahl *Schwarzer* College-Student*innen und die Entscheidung des Obersten Gerichtshofs von 1954 im Fall Brown vs. U. S., die eine rechtliche Grundlage für vollständige Bürgerrechte schuf«,[28] die Bedingungen für sozialen Wandel reif werden ließen.

› Beispiel für Change Agents: Damien Cuello ist zuständig für die Wartung der 6-Windturbinen-Anlage auf Ascension Island im Südatlantik (2009)[I]

In Phase 4 führt ein Trigger-Ereignis zum schnellen Anwachsen der Bewegung – einem Take-Off.[28] Ein Beispiel aus dem Civil Rights Movement ist die Verhaftung von Rosa Parks im Jahr 1955, die sich weigerte, sich in den hinteren Teil des Busses zu setzen. In dieser Phase gibt es einen starken Aufschwung der Rebell*innen sowie eine breite öffentliche Unterstützung der Bewegung und ihrer Ziele durch Bürger*innen. Scheinbar über Nacht wird eine soziale Ungerechtigkeit zu einem Thema, über das alle sprechen. Dies ist wahrscheinlich auch der Grund, warum soziale Veränderungen historisch betrachtet oft unerwartet und disruptiv wirken, obwohl schon vorher kontinuierliche und meist unbemerkte Arbeit von Change Agents und Reformer*innen stattfand. Zum Beispiel schien der Sturz des SED-Regimes und der Fall der Berliner Mauer für Teile der Bevölkerung der ehemaligen DDR scheinbar über Nacht zu passieren – nach Jahren des politischen und wirtschaftlichen Drucks und fast unsichtbarer, unterdrückter, aber kontinuierlich wachsender lokaler Proteste.[28] Phase 4 zeigt, dass sozialer Wandel an gewissen Zeitpunkten sehr schnelle, nicht lineare Dynamiken entwickeln kann, die vielversprechend, aber oft unkontrollierbar sind.

Interessanterweise **sagt Moyer in Phase 5 dann eine Identitätskrise für die Bewegung voraus.**[28] Eine mögliche Ursache hierfür ist, dass der rasante Trend aus Phase 4 langfristig nicht aufrechterhalten werden kann. In Phase 5 haben die Mitglieder der Bewegung oft mit Erschöpfung durch Überlastung, Aktivismus-Burnout und dem Ausstieg einiger Mitglieder zu kämpfen. Sie haben das Gefühl, dass sie nichts erreicht, noch keine wirklichen Siege errungen haben und dass die Mächtigen im Regime einfach zu mächtig sind.[30] Hinzu kommen negative Berichterstattung in den Mainstream-Medien und die Behauptung mächtiger Regimevertreter*innen, die Bewegung sei tot. Moyer sieht die Möglichkeit einer sich selbst erfüllenden Prophezeiung, wenn die Mitglieder der Bewegung nicht über eine Theorie des Wandels verfügen, die diese Phase berücksichtigt. Das Scheitern der Bewegung ist in der Tat eine Option. Wird jedoch anerkannt, dass solche Wahrnehmungen Teil einer normalen Phase in sozialen Bewegungen sind, besteht die Möglichkeit, diese Phase als Bewegung zu überwinden. Nach Moyer muss die Bewegung in dieser Phase anfangen, strategischer vorzugehen, Unterstützungsgruppen zu bilden und dabei weiterhin gewaltfreie Strategien anwenden.[30] Außerdem müssen die Menschen und Organisationen den sozial-ökologischen Wandel als eine Aufgabe begreifen, die nicht nur eine kurze Phase der Rebellion, sondern ein dauerhaftes Handeln von Change Agents erfordert.

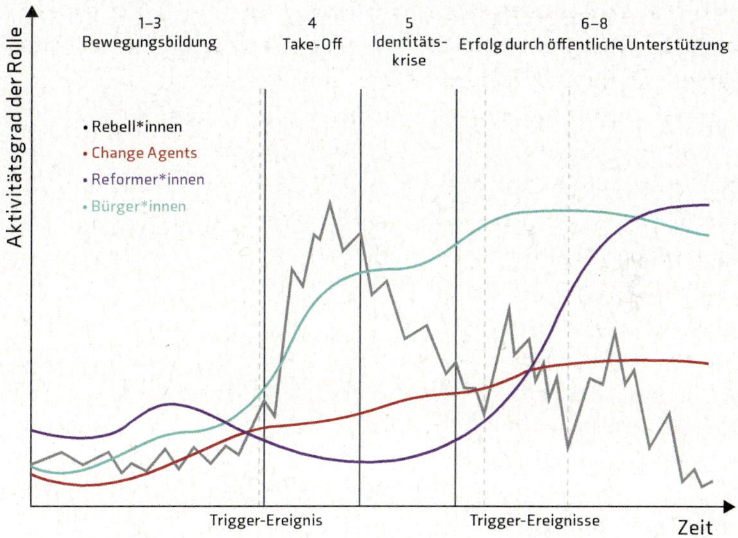

› Abbildung 16. Vier Rollen im Movement Action Plan nach Moyer.[28]

Die Phasen 6–8 sind die Phasen des Erfolgs durch breite öffentliche Unterstützung. In diesen Phasen müssen soziale Bewegungen das große Ganze sehen und eine öffentlich akzeptierte Strategie für einen groß angelegten Wandel entwickeln. Dazu gehören auch Ideen, wie die Aufmerksamkeit für das Thema weiter erhöht werden kann und wie die Mitglieder der Bewegung auf zunehmende Konflikte mit Regimeakteur*innen vorbereitet werden können.[30] Moyer vertritt die Ansicht, dass gewaltfreie kollektive Aktionen notwendig sind, um die Unterstützung der öffentlichen Mehrheit zu gewinnen.[28] Er argumentiert, dass »soziale Bewegungen eine langfristige Auseinandersetzung zwischen der Bewegung und den Machthabenden um die Herzen, den Verstand und die Unterstützung der Mehrheit der Bevölkerung beinhalten«,[29] und warnt davor, eine gewaltsame radikale Flanke einzusetzen, die diese breitere Unterstützung verhindern könnte. Diese Ablehnung einer gewaltsamen radikalen Flanke wird jedoch weiterhin diskutiert[31] (→Die Auswirkungen einer radikalen Flanke bedenken).

Wenn Bewegungsaktivität anhält, kann dies zum Erfolg führen. Ein Trigger-Ereignis kann zu einem dramatischen Showdown führen, da es die notwendige Unterstützung der Bürger*innen mobilisiert. Es könnte aber auch zu einem stillen Showdown kommen, bei dem die herrschenden Regime größere Zugeständnisse machen. Eine andere Möglichkeit wäre die langsame Umgestaltung des derzeitigen Systems über Jahrzehnte hinweg durch neue politische Maßnahmen. Häufig ist dabei der »erzielte Erfolg […] nicht das Ende des Kampfes, sondern eine Grundlage für die Fortsetzung des Kampfes und die Gestaltung neuer Anfänge«.[28] Der Dokumentarfilm »Crip Camp« (Sommer der Krüppelbewegung) veranschaulicht zum Beispiel auf schöne Weise, wie die soziale Bewegung für Inklusion in den USA zunächst für das Recht auf Inklusion gekämpft hat und dann in einer zweiten Protestwelle auf die Umsetzung dieses Rechts drängen musste. Solche Berichte zeigen, dass sich für einen gesellschaftlichen Wandel oft nicht nur ein Regime ändern muss, sondern möglicherweise eine Reihe von Regimen, während sich gleichzeitig auch noch die damit verbundenen sozialen Normen verschieben müssen (z. B. der Umgang mit Menschen mit Behinderung). Die Phasen 6–8 erfordern viele Aktionen von Reformer*innen, ein stetiges Engagement von Change Agents und eine große Unterstützung der Bürger*innen, aber verhältnismäßig wenig Aktivität der Rebell*innen.

Insgesamt zeigt der Movement Action Plan, dass alle Rollen und ihr Zusammenwirken für den Erfolg einer Bewegung entscheidend sind. Er ist auch eine Ergänzung für andere Theorien des Wandels, indem hervorgehoben wird, dass unerwartete Veränderungen oft über einen längeren Zeitraum vorbereitet wurden und **dass nicht alle Rollen in allen Phasen der sozial-ökologischen Transformation gleich wichtig sein könnten**. Wir Autor*innen wollen dir nicht unsere Interpretationen darüber aufdrängen, in welcher Phase sich die Klimabewegung gerade befindet. Vielmehr kann der Movement Action Plan als Instrument genutzt werden, um über die eigenen Aktionen und Ziele nachzudenken und innerhalb von Klimagruppen über die Wahrnehmung der aktuellen Bewegungs-Phase zu diskutieren.

Aufbauend auf den Überlegungen von ausgeCO_2hlt[22] müssen die verschiedenen Rollen besser integriert und dynamisch an die sich verändernden Bedingungen angepasst werden – vor allem dann, wenn sich ihre Aktionen gegenseitig behindern (→ radikaler Flankeneffekt). In der Klimabewegung haben wir Autor*innen die Erfahrung gemacht, dass Rebell*innen und Change Agents manchmal nicht gut miteinander vernetzt sind. Manche Rebell*innen ziehen von einer Aktion zur nächsten und schaffen es nicht, dauerhafte, lokal verwurzelte Projekte aufzubauen. Gleichzeitig haben manche Change Agents das Gefühl, dass sie das große Ganze aus den Augen verlieren, weil ihre Projekte alle Kapazitäten in Anspruch nehmen. So können sich beide Seiten abgekoppelt fühlen und ihr Engagement als einseitig wahrnehmen. Wir glauben, dass gemeinsame Erfahrungen wichtig sind, um zu zeigen, wie verschiedene Rollen und Strategien voneinander profitieren und lernen können. Zum Beispiel könnte eine Klimagruppe fruchtbares Ackerland nicht nur besetzen, um gegen dessen Zerstörung zu rebellieren, sondern auch, um eine solidarische Landwirtschaft für den Anbau von Gemüse als Alternative zum derzeitigen System aufzubauen. Solche Orte könnten dann nicht nur durch Besetzungen von Rebell*innen gesichert, sondern auch durch rechtliche und institutionelle Schutzmaßnahmen aufrechterhalten werden – mithilfe von Reformer*innen. Diese Kombination könnte durch weitere Unterstützung von Bürger*innen aus der Region politischen Druck erzeugen. **Um die Wander-Metapher vom Beginn des Buches aufzugreifen: Wir müssen unsere Strategien an die Umgebung anpassen, durch die wir wandern, und unsere Kräfte kombinieren, um das Ziel zu erreichen.**

Wird das Kapitel als Ganzes betrachtet, gibt es ohne Zweifel große Unterschiede zwischen den beschriebenen Transformationstheorien, zum Beispiel in ihrer Interpretation von Machtverhältnissen und in ihrem Fokus auf technologische Innovation in kapitalistischen Gesellschaften oder auf sozialen Wandel durch soziale Bewegungen. Nichtsdestotrotz gibt es auch einige Gemeinsamkeiten, die wertvolle Erkenntnisse für die Klimabewegung und die Gestaltung von kollektivem Klimahandeln bereithalten.

Fast alle Theorien betrachten verschiedene Ebenen, Rollen, Pfade und Strategien, deren Zusammenspiel für Transformation relevant ist. Obwohl sie aus unterschiedlichen wissenschaftlichen und praktischen Bereichen stammen, zeigen sich gewisse Überschneidungen.[12] Die Bedingungen für Druck auf die Landschaftsebene und für Regime-Destabilisierung aus der Mehrebenenperspektive weisen Ähnlichkeiten mit Wrights Strategie der Transformation durch Systemumbrüche oder Moyers Rolle der Rebell*innen auf. Wenn die Mehrebenenperspektive die Bedeutung von Nischenalternativen hervorhebt, spiegelt dies teilweise Wrights Strategie der Transformation durch Alternativen und Moyers Rolle der Change Agents wider. Die Idee der Mehrebenenperspektive, dass sich Regime langsam an den mittelstarken, nicht disruptiven Druck der Landschaftsebene anpassen, passt überdies zu Wrights Strategie der Transformation durch Reform und Moyers Rolle der Reformer*innen. Weitere Gemeinsamkeiten einiger dieser Theorien bestehen darin, dass sie sozial-ökologische Transformationen als nicht linear, scheinbar unerwartet, aber vorbereitet, abhängig von äußeren Einflüssen, die nicht beeinflusst werden können, und daher nur begrenzt steuerbar ansehen. Klimagruppen sollten sich dieser Merkmale bewusst sein und sie gemeinsam reflektieren, um mit ihrem Klimaprotest und Engagement effektiv zu einem sozial-ökologischen Wandel beitragen zu können.

Fazit: Der Movement Action Plan unterscheidet vier Rollen sozialer Bewegungen (Rebell*innen, Change Agents, Reformer*innen und Bürger*innen). Die Bedeutung der Rollen verändert sich in verschiedenen Phasen einer Transformation – von einer Phase der Bewegungsbildung über eine Take-Off-Phase und Identitätskrise bis hin zum potentiellen Erfolg durch öffentliche Unterstützung.

Deine Gedanken zu sozial-ökologischen Transformationen

Ziel dieses Kapitels war es, ein Bild vom großen Ganzen zu zeichnen. Nun hast du die Möglichkeit, dir dein eigenes Bild zu machen. Mithilfe der folgenden Fragen kannst du eigenständig reflektieren oder gemeinsam mit anderen über euer Engagement in der Klimabewegung diskutieren – im Hinblick auf die beschriebenen Ebenen, Kipppunkte, Strategien und Rollen, die bei sozial-ökologischen Transformationen wichtig sein können (veränderte Version von Marie Heitfeld und Kolleg*innen[32]):

- Wenn du dich in einer Klimagruppe engagierst, in welcher Rolle siehst du dich derzeit? Was sind deine Stärken in dieser Rolle? Wo liegen die Grenzen dieser Rolle?
- Welche anderen Organisationen, Gruppen oder Akteur*innen spielen deiner Meinung nach noch eine wichtige Rolle in deinem Engagementbereich?
- Welche Ebenen, Strategien und Rollen können deiner Meinung nach am effektivsten sein und warum?
- Was könnten entscheidende Kipppunkte sein?
- In welcher Phase der Transformation befindet sich deiner Meinung nach die Klimabewegung bzw. die Bewegung in deinem spezifischen Engagementbereich gerade?
- Welche Rollen sind bisher noch nicht besetzt, sind momentan jedoch sehr wichtig?
- Hast du das Gefühl, dass es sinnvoll wäre, deine Ebene, deine Strategie oder deine Rolle auf Grundlage dieser systemischen Sichtweise anzupassen, um noch effektiver deine Ziele verfolgen zu können? Wenn ja, wie könnte das aussehen?

Teil 2

Resilientes und effektives kollektives Klimahandeln

Kapitel 10 Effektive Zielsetzung in Klimagruppen

Ziele und Zielgruppen betrachten

So schwierig es auch ist, sich gegen Systeme zu wehren, die Mensch und Natur ausbeuten, gibt es in diesen Kämpfen immer wieder Momente des Erfolgs. Im Jahr 2021 wurde in Tennessee der Bau einer Pipeline verhindert, die durch eine Nachbar*innenschaft mit mehrheitlich *Schwarzer* Bevölkerung verlaufen wäre. Eine Person, die den Protest mitorganisiert hatte, beschrieb diesen politischen Sieg mit den folgenden Worten: »Wenn die Stimmen derjenigen, die am meisten ausgegrenzt und marginalisiert wurden, zu den führenden Stimmen für Veränderungen werden, die sich für Umweltgerechtigkeit einsetzen, profitieren alle davon [...] In Memphis haben wir eine Pipeline gestoppt, aber im Grunde haben wir eine Bewegung für Gerechtigkeit und Veränderung angestoßen.«[1] Im selben Jahr erreichten Studierende, dass die Harvard Universität nicht mehr in fossile Brennstoffe investiert, und Umweltanwälte gewannen einen Prozess, der Shell rechtlich dazu verpflichtet, seine Emissionen drastisch zu reduzieren.[1] Hast du als Teil der Klimabewegung oder einer Klimagruppe schon einmal einen solchen Siegesmoment erlebt? Manche Erfolge sind größer, manche kleiner. Manche Erfolge sind leicht zu erkennen, manche realisieren wir erst Jahre später.

Wollen Klimagruppen einen effektiven Beitrag zum sozial-ökologischen Wandel leisten, so müssen sie die Frage des Erfolgs diskutieren und diesen für sich definieren. Dazu gehört zu überlegen, woran sich die Fortschritte von Klimaprotest und Engagement messen lassen. Häufig wird ein sozial-ökologischer Wandel angestrebt, der ein ähnliches Ziel hat, wie es im Brundtland-Bericht[2] formuliert wurde: Ein gutes Leben für alle für immer innerhalb der planetaren Grenzen. Wie du in den bisherigen Kapiteln gesehen hast, gibt es jedoch viele verschiedene Strategien und kurzfristige bis mittelfristige Ziele, die verfolgt werden können, um das Gesamtziel einer sozial-ökologischen Transformation zu erreichen. Deshalb lohnt es sich, eine Reihe von Fragen aufzuwerfen: Welche Rollen willst du einnehmen, welche Strategien anwenden und welche Theorie des Wandels verfolgen? Ist es dein Zwischenziel, mehr Menschen für einen Protest zu mobilisieren? Oder deine*n Bürgermeister*in zu überzeugen, die Forderungen deiner Nachbar*innenschaftsinitiative umzusetzen? Ist es dein Ziel, die Straßen möglichst viele Stunden zu blockieren? Geht es dir darum, öffentliche Aufmerksamkeit zu erregen oder Unterstützung innerhalb deiner Stadt zu gewinnen? Oder ist dein Ziel eine grundlegende Änderung in der Gesetzgebung?

Wenn wir Autor*innen mit Klimagruppen sprechen, reichen die Antworten auf diese Fragen von sehr spezifischen Zielen über »es kommt darauf an« bis hin zu »natürlich alles gleichzeitig«. Damit eine Gruppe effektiv auf den sozial-ökologischen Wandel hinarbeiten kann und nicht nur im Dunkeln tappt, ist es wichtig, die eigene Strategie, einschließlich kurz- und mittelfristiger Ziele, zu kennen. Glücklicherweise haben Robyn Gulliver und Kolleg*innen[3] ein Framework (Rahmenkonzept) für effektiven Aktivismus vorgeschlagen, welches Klimagruppen bei diesem Unterfangen helfen kann. So können im besten Fall Brücken zwischen größeren Theorien der sozial-ökologischen Transformation und der Planung von konkreten Aktionen in einer bestimmten Klimagruppe gebaut werden. Das Framework ist nicht empirisch getestet und erhebt keinen Anspruch darauf, vollständig zu sein. Vielmehr ist es ein anpassungsfähiger Leitfaden, der dich bei der Zielauswahl für deine Klimagruppe und Klima-Aktionen unterstützen soll.

Innerhalb des Frameworks werden fünf Zielgruppen unterschieden: das Selbst, Unterstützer*innen, Beobachter*innen, Drittparteien und politische Gegner*innen.[3] Je nach Zielgruppe, die angesprochen werden soll, werden spezifische unmittelbare und kurz- bis mittelfristige Ziele formuliert. Da ist zunächst dein **persönliches Selbst**, das unmittelbar nach Bestätigung, Empowerment, Sinn und Solidarität strebt und emotionale Erfahrungen machen möchte. Kurz- bis mittelfristig möchtest du in Klimagruppen vielleicht auch enge Beziehungen aufbauen und aufrechterhalten, dich sicher fühlen und dein Handeln langfristig gestalten. Die zweite Gruppe sind die **Unterstützer*innen**, zu denen Mitglieder deiner eigenen Klimagruppe sowie Menschen und Gruppen gehören, die deine sozial-ökologischen Ziele unterstützen. Das kann eine unterstützende Freundin oder eine Gewerkschaft sein, mit der deine Klimagruppe in positivem Kontakt steht. Laut Gulliver und Kolleg*innen[3] können unmittelbare Ziele für Unterstützer*innen darin bestehen, ihre Gruppenidentität zu bekräftigen, Gruppenwerte zum Ausdruck zu bringen und die Mitglieder zu stärken. Kurz- bis mittelfristige Ziele könnten der Aufbau von Handlungsabsichten, die Initiierung von kollektivem Handeln und deren langfristige Aufrechterhaltung sein. Die dritte und vierte Gruppe besteht aus **Beobachter*innen** (z. B. deine neutral eingestellten Nachbar*innen, die keinen Bezug zu Klimagruppen haben) und **Drittparteien** (z. B. Schulen, die ihre eigenen Prioritäten und Ziele haben). Zu den unmittelbaren Zielen im Kontakt mit diesen Gruppen könnte es gehören, Bewusstsein zu bilden, Sympathien zu wecken und gemeinsame Identitäten zu schaffen. Kurz- bis mittelfristig sollen vielleicht Koalitionen gebildet, Absichten und Handlungen initiiert und eine Gegenmobilisierung vermieden werden, die diese Gruppen zu Gegner*innen machen könnte. **Gegner*innen** stellen die fünfte Gruppe dar. Dies sind Menschen und Gruppen, die aktiv gegen den sozial-ökologischen Wandel arbeiten (z. B. Klimaleugner*innen oder die fossile Lobby). Unmittelbar geht es darum, ihre Werte abzulehnen und zu zeigen, dass es viele Menschen gibt, die gegen diese gegnerische Gruppe einstehen. Kurz- bis mittelfristig könnte das Ziel sein, eine Gegenmobilisierung zu vermeiden und die gegnerische Gruppe und ihre Mitglieder zu überzeugen, zu provozieren oder abzulenken.

Für dieses Buch haben wir Autor*innen das Framework von Gulliver und Kolleg*innen[3] umgestaltet und einige Teile stärker, andere weniger betont. Auf der Grundlage dieses Frameworks gibt die Tabelle auf den nächsten Seiten einen Überblick über die verschiedenen Zielgruppen und die Ziele, die du in Bezug auf diese Zielgruppen verfolgen könntest. Darüber hinaus haben wir Verbindungen zu den Kapiteln und erwähnten Strategien aus diesem Buch hergestellt, die nützlich sein können, um die eigenen Ziele und die von Klimagruppen zu erreichen.

Welche Antworten hast du gefunden? Einige von euch haben sich vielleicht zu Beginn dieses Buches ein paar Fragen gestellt und notiert. Wenn du zu diesen Personen gehörst, kannst du sie jetzt wieder hervorholen und schauen, welche Antworten oder Anregungen du für sie gefunden hast.

Eure Ziele und Strategien

Wenn du Teil einer Klimagruppe bist, könntet ihr euch mit dieser Tabelle im Hinterkopf nun genauere Ziele und Strategien überlegen, die ihr als Gruppe verfolgen wollt, um einen Beitrag zu einer größeren sozial-ökologischen Transformation zu leisten. Um das Potenzial eurer Gruppe voll auszuschöpfen, kann es nützlich sein, diese Fragen zu diskutieren:

Teil I: Eure langfristigen Ziele klären

1. Was ist der langfristige Fokus unserer Gruppe, zum Beispiel unser Leitbild, unsere Vision oder unsere Mission?
2. Was ist unsere Theorie des sozial-ökologischen Wandels?
3. Welche Rolle nimmt unsere Gruppe in der Bewegung für eine sozial-ökologische Transformation ein und was wird derzeit benötigt?

Teil II: Eure unmittelbaren, kurzfristigen und mittelfristigen Ziele definieren

1. Welche Ziele wollt ihr erreichen?
2. Welche dieser Ziele sind unmittelbar, kurzfristig und mittelfristig? In welche Kategorien lassen sich diese Ziele einordnen? Allgemeinere Kategorien können sein: Bewusstsein schaffen, Sympathie aufbauen, Menschen zum Handeln bewegen, Engagement aufrechterhalten, Koalitionen bilden und Gegner*innen vermeiden.[3]
3. Welche Ziele sind für eure Gruppe am wichtigsten?
4. Welche Ziele sind für eure Gruppe weniger wichtig?
5. Gibt es Ziele, die eurer Gruppe in der Vergangenheit gefehlt haben und die ihr in Betracht ziehen solltet?
6. Welche Zielgruppen sollten eurer Meinung nach unbedingt von euch erreicht werden?

Teil III: Eure Ziele reflektieren

1. Welche Aktionsformen können euch euren Zielen näher bringen?
2. Welche psychologischen Strategien können euch helfen, eure Ziele effektiv zu erreichen?
3. Welche anderen Gruppen gibt es, die die gleichen Ziele auf ähnliche oder andere Weise verfolgen?
4. Gibt es Zielkonflikte? Verhindert die Verfolgung eines Ziels die Erreichung eines anderen Ziels?
5. Könnten eure Ziele und Aktionen auch negative Auswirkungen auf bestimmte Zielgruppen haben, die ihr in Zukunft berücksichtigen solltet?

Du kannst diese Fragen auch einfach für dich selbst beantworten, um dir ein persönliches Bild davon zu machen, wohin deine Klimagruppe steuert und ob dies mit deinen Zielen und deiner Theorie des Wandels übereinstimmt. Wenn ihr versucht, diese Fragen in einem Treffen einer Klimagruppe zu beantworten, kann es hilfreich sein, mit einem offenen Brainstorming zu beginnen, bei dem die Gruppenmitglieder alle Ziele nennen können, die ihnen in den Sinn kommen. Diese könnten bereits in unmittelbare, kurzfristige und mittelfristige Ziele eingeteilt werden, indem sie zum Beispiel die gleiche Farbe bekommen oder in die gleiche Spalte geschrieben werden. Wichtig ist, dass dieses Brainstorming am effektivsten sein kann, wenn in dieser Phase keine Kritik erlaubt ist.

Wenn das Brainstorming beendet ist, könnt ihr damit beginnen, die Ziele zu priorisieren. Im Wandelwerk haben wir gute Erfahrungen damit gemacht, jedem Mitglied eine bestimmte Anzahl von Punkten zu geben, die es auf die Ziele verteilen kann. Eine Person könnte zum Beispiel ihre drei Punkte einem Ziel geben, das sie für am wichtigsten hält, oder je einen Punkt für drei verschiedene Ziele, die alle für sie relevant sind. So erhaltet ihr einen Überblick über die Ziele, die in eurer Gruppe Priorität haben.

Jetzt ist es an der Zeit, über diese gewählten Ziele nachzudenken. Welche Maßnahmen und psychologischen Strategien können euch bei der Zielerreichung helfen? Es ist wichtig, daran zu denken, dass es unmöglich ist, eine Klima-Aktion zu planen, die all eure Ziele auf einmal erreicht. Eine Aktion kann euch einigen Zielen näher bringen, während andere Ziele nicht gleichzeitig verfolgt werden können oder sie könnte sie sogar negativ beeinflussen. Eine radikalere Aktionsform kann zum Beispiel mehr öffentliche Aufmerksamkeit erregen, könnte aber auch zu Sympathieverlusten führen (→das Aktivismus-Dilemma). Ihr als Gruppe müsst entscheiden, auf welche Ziele ihr euch konzentrieren und wie ihr Schadensbegrenzung betreiben wollt. Außerdem existiert eure Klimagruppe nicht in einem isolierten Vakuum, sondern in einem Ökosystem aus anderen Akteur*innen und Gruppen. Daher werden sich eure Klima-Aktionen wahrscheinlich auf andere Gruppen und möglicherweise auf die gesamte Bewegung auswirken (→Die Auswirkungen einer radikalen Flanke bedenken). Es ist also ratsam, die Konsequenzen eurer Aktionen auf die Bewegung genau zu betrachten und eure Verbündeten im Blick zu behalten. Aber nicht nur eure Verbündeten. Aktionen können sich auf jede der fünf Zielgruppen anders auswirken. Bei der Planung einer Klima-Aktion könntet ihr als Gruppe also überlegen, wie sie sich eventuell auf die verschiedenen Zielgruppen auswirken wird.

Wir Autor*innen hoffen, dass dieses Framework, diese Fragen und diese Schritte dir und vielen anderen Klimagruppen helfen können, euer Klimahandeln effektiv und resilient zu gestalten.

Beschreibung verschiedener Zielgruppen, Ziele in Bezug auf diese Zielgruppen und Verbindungen zu Kapiteln und Strategien, um diese Ziele zu erreichen (angepasste Version von Gulliver und Kolleg*innen[3])

Zielgruppe[1]	Wer ist das?	Beispiele für diese Zielgruppe
Selbst	Das bist du	Du, einschließlich deiner Gedanken, Gefühle und Handlungen
Eigene Gruppe	Deine Klimagruppe	Mitglieder deiner Gruppe, eure Gruppendynamik
Unterstützer*innen	Menschen und Gruppen, die sozial-ökologische Ziele unterstützen	Freund*innen, feministische Gruppen
Beobachter*innen/ Drittparteien	Neutrale Personen und Gruppen mit eigener Agenda, die keinen Bezug zu Klimagruppen haben	Nachbar*innen, Schulen
Gegner*innen	Menschen und Gruppen, die aktiv gegen sozial-ökologischen Wandel arbeiten	Klimaleugner*innen, fossile Lobby

Kurz- und mittelfristige Ziele für diese Zielgruppe	Langfristige Ziele für diese Zielgruppe
• Bedürfnisse nach Zugehörigkeit, Sinn und Selbstwertgefühl befriedigen • Teil einer Gruppe sein, die dir gut tut • Dich wirksam fühlen und einen Beitrag leisten • Andere positiv beeinflussen • Handeln langfristig aufrechterhalten • Freund*innen haben • Externe Bedürfnisse wie Sicherheit, Ressourcen und Status erfüllen	Sozial-ökologische Transformation
• Förderung von Gruppen- und Zugehörigkeitsgefühlen • Eine gemeinsame moralische Grundlage schaffen • Gruppenmitglieder empowern • Kollektives Klimahandeln fördern • Handeln langfristig aufrechterhalten • Eine Rolle innerhalb der Bewegung finden • Veränderung bewirken	Sozial-ökologische Transformation
• Sich mit der Klimagruppe verbunden fühlen • Teil einer Bewegung sein • Unterstützer*innen empowern • Kollektives Klimahandeln fördern • Öffentliche Unterstützung schaffen • Eine Rolle innerhalb der Bewegung finden • Handeln als eine größere Bewegung aufrechterhalten	Sozial-ökologische Transformation
• Bewusstsein bilden • Sympathie aufbauen • Gemeinsame Identitäten schaffen • Kollektives Klimahandeln fördern • Koalitionen bilden • Gegenmobilisierung vermeiden	Sozial-ökologische Transformation
• Die Werte der Gegner*innen ablehnen • Die Opposition zu den Gegner*innen stärken • Gegenmobilisierung vermeiden • Gegner*innen beruhigen, beschwichtigen, überzeugen, provozieren oder ablenken	Sozial-ökologische Transformation

Wie kann SOZIALE IDENTITÄT zu diesen Zielen beitragen? (Kapitel 2)

Bei dir selbst

- Suche nach Erfahrungen in deiner Gruppe, die dir das Gefühl von Zugehörigkeit, Wertschätzung und Kompetenz vermitteln und dir einen Sinn geben
- Hilf anderen Mitgliedern, das Gleiche zu tun
- Kultiviere Solidarität innerhalb deiner Gruppe
- Finde den Spaß am kollektiven Klimahandeln
- Suche Situationen auf, in denen bereits viele Menschen im Klimaschutz aktiv zu sein scheinen

---

In eurer Gruppe

- Macht es möglich, sich mit dem Gruppenprototyp und den Führungspersonen eurer Gruppe zu identifizieren
- Erlebt Klima-Aktionen gemeinsam
- Macht sichtbar, dass sich soziale Normen in Richtung Klimaschutz verschieben und dass sich viele Menschen bereits engagieren
- Reflektiert, was euch verbindet
- Kultiviert Solidarität innerhalb der Gruppe
- Überlegt, wie marginalisierte oder diskriminierte Gruppen einbezogen werden können
- Seid einladend und wohlwollend
- Macht spaßige Aktivitäten
- Helft euren Mitgliedern, Sinn zu finden
- Schafft ein gemeinsames Verständnis dafür, wofür ihr als Gruppe steht
- Gebt eurer Gruppe Alleinstellungsmerkmale
- Gebt euren Mitgliedern Autonomie bei ihren Aufgaben

Wie können MORALISCHE ÜBERZEUGUNGEN zu diesen Zielen beitragen? (Kapitel 3)

Bei dir selbst

- Reflektiere deine eigenen Werte
- Lass dich von der Wut anderer anstecken
- Sprich über deine eigene Wut
- Wähle deine Strategien unter Berücksichtigung des radikalen Flankeneffekts und der Auswirkungen konstruktiver Disruption aus

---

In eurer Gruppe

- Denkt über die Werte eurer Gruppe nach
- Lenkt die Aufmerksamkeit auf Ungerechtigkeiten und die Verantwortlichen

- Tauscht euch über eure Wut aus
- Wählt eure Strategien unter Berücksichtigung des radikalen Flankeneffekts und der Auswirkungen konstruktiver Disruption

Wie kann FRAMING zu diesen Zielen beitragen? (Kapitel 4)

Bei dir selbst

- Überlege, welche Geschichten du erzählen willst
- Schaue, welche Framings am besten zu dir passen

In eurer Gruppe

- Entscheidet, welche Geschichten ihr als Gruppe erzählen wollt
- Überlegt euch, welche Framings am besten zu euch passen
- Bedenkt, dass manche Mitglieder einen Förderungs- und Verhinderungs-Fokus haben

Wie können WIRKSAMKEITSÜBERZEUGUNGEN zu diesen Zielen beitragen? (Kapitel 5)

Bei dir selbst

- Suche dir Umgebungen, in denen dein Erfolg und die Wirksamkeit deiner Aktionen hervorgehoben werden
- Überdenke deinen Medienkonsum und wie er sich auf deine Wirksamkeitsüberzeugungen auswirkt
- Erinnere dich an (plötzliche) Erfolge
- Führe Erfolge auch auf deinen eigenen Beitrag zurück
- Versuche, wertschätzendes Feedback zu geben und zu bekommen
- Gestalte dein kollektives Klimahandeln so, dass du dich davon inspiriert, begeistert, hoffnungsvoll, stolz und bewegt fühlst
- Entwirf eigene Visionen einer sozial-ökologischen Zukunft (z.B. mithilfe von Literatur oder Filmen)
- Denke über deine optimale Gruppengröße nach und besprich sie gegebenenfalls mit deiner Klimagruppe
- Überlege dir, welche Ziele du verfolgen willst und wie erreichbar sie sein sollten, um dich zu motivieren
- Setze dir wenige, aber vielfältige Ziele (einschließlich eines Sicherheitsnetzes)
- Mache dir deine eigenen Fähigkeiten bewusst
- Suche nach Unterstützung, um neue Fähigkeiten (auch außerhalb der Komfortzone) aufzubauen
- Überlege dir, welche Rolle(n) du in einer Klimagruppe und in der Klimabewegung übernehmen willst

In eurer Gruppe

- Hebt eure (plötzlichen) Erfolge und die hohe Wirksamkeit eurer Aktionen hervor
- Erzählt euch gegenseitig Erfolgsgeschichten
- Schreibt Erfolg eurer Gruppe zu
- Baut eine wertschätzende soziale Feedback-Kultur auf
- Gestaltet Klimaprotest und Engagement so, dass sie inspirieren, begeistern sowie Hoffnung, Stolz und Gefühle des Bewegtseins hervorrufen
- Entwickelt in der Gruppe eure eigenen Visionen einer sozial-ökologischen Zukunft
- Reflektiert eure Gruppengröße
- Überlegt euch, welche Ziele ihr verfolgen wollt und wie motivierend diese sind
- Setzt euch wenige, aber vielfältige Ziele und baut ein Ziel-Sicherheitsnetz auf
- Macht euch bewusst, welche Fähigkeiten in eurer Gruppe vorhanden sind
- Unterstützt euch gegenseitig bei der Entwicklung von Fähigkeiten (auch außerhalb der Komfortzone)
- Überdenkt und verteilt Rollen innerhalb eurer Gruppe

Wie kann KOLLEKTIVES KLIMAHANDELN zu diesen Zielen beitragen? (Kapitel 6)

Bei dir selbst

- Nimm an Klimaprotesten teil und engagiere dich – so kann Motivation entstehen
- Reflektiere deine eigenen Intentions-Verhaltens-Lücken

Erfolgreiche Aktionen:

- Feiere dich selbst

Erfolglose Aktionen:

- Suche nach (Gruppen-)Aktivitäten, die dir helfen, Energie zurückzugewinnen
- Baue aktiv deine Wirksamkeitsüberzeugungen wieder auf
- Formuliere Ziele neu
- Mache eine Pause und lenke dich erstmal ab

In eurer Gruppe

- Plant kollektive Klima-Aktionen und nehmt gemeinsam an welchen teil
- Reflektiert die Intentions-Verhaltens-Lücke
- Lernt, effektiv eure gemeinsamen Ziele zu setzen

Erfolgreiche Aktionen:

- Feiert euch
- Evaluiert eure Aktion

Erfolglose Aktionen:

- Sucht konstruktiven Dialog über eure Strategien und potentielle Veränderung
- Stellt Gruppenidentifikation und Wirksamkeitsüberzeugungen wieder her
- Formuliert Ziele ggf. neu

Wie können diese Ziele RESILIENT verfolgt werden? (Kapitel 8)

Bei dir selbst

- Nimm dir Zeit für Erholung
- Denke über die richtige Balance der Motivationssäulen nach
- Lasse Dampf ab
- Steigere dein Wirksamkeitserleben
- Lerne, Nein zu sagen, Aufgaben zu verteilen und anderen zu vertrauen
- Erhalte dir nicht-aktivistische Netzwerke aufrecht
- Ziehe eventuell Therapie in Betracht
- Wechsle deine Aktionsform
- Nimm eventuell eine Auszeit
- Wähle Gruppen, die dir die nötige Sicherheit und Ressourcen bieten

In eurer Gruppe

- Vermittelt Mitgliedern ein Gefühl der Zugehörigkeit
- Feiert Gruppenerfolge
- Habt spaßige Momente
- Sucht emotionalen Austausch
- Baut eure Gruppenkultur auf verschiedenen Motivationssäulen auf
- Entwickelt eine organisierte Konfliktkultur
- Reflektiert die Kulturen der Aufopferung, Leistung und des Wettbewerbs in eurer Gruppe
- Überprüft eure Ressourcen
- Macht gesundes Engagement zu einem aktiven Diskussionsthema

Wie kann SOZIALE IDENTITÄT zu diesen Zielen beitragen? (Kapitel 2)

Bei Unterstützer*innen

- Hebt euer gemeinsames Schicksal und gemeinsame Missstände hervor
- Macht es möglich, sich mit dem Gruppenprototyp und den Führungspersonen eurer Gruppe zu identifizieren
- Verbindet die Unterstützer*innen-Gruppe und ihre sozialen Gruppen mit dem Klimaschutz
- Betont bestehende handlungsorientierte soziale Normen der Gruppen
- Schafft eine übergeordnete Gruppe
- Erlebt Aktionen gemeinsam
- Macht sichtbar, dass sich soziale Normen in Richtung Klimaschutz verschieben und dass sich viele bereits engagieren
- Seid einladend und wohlwollend
- Formuliert Kritik an anderen Gruppen in Solidarität

Bei Beobachter*innen/Drittparteien

- Hebt euer gemeinsames Schicksal und gemeinsame Missstände hervor
- Macht es möglich, sich mit dem Gruppenprototyp und den Führungspersonen eurer Gruppe zu identifizieren
- Verbindet die sozialen Gruppen der Beobachter*innen und Drittparteien mit Klimaschutz
- Betont bestehende handlungsorientierte soziale Normen der Gruppen
- Schafft eine übergeordnete Gruppe
- Erlebt Aktionen gemeinsam
- Nutzt wertebasierte Kommunikation
- Verwendet den Block-Leader-Ansatz
- Macht sichtbar, dass sich soziale Normen in Richtung Klimaschutz verschieben und dass sich viele bereits engagieren
- Betont, dass eure Gruppe und soziale Bewegungen wertvoll für gesellschaftlichen Fortschritt sind

Bei Gegner*innen

- Bedenkt, dass auch friedliche Proteste eskalieren können
- Verbindet die sozialen Gruppen der Gegner*innen mit Klimaschutz
- Nutzt wertebasierte Kommunikation
- Schafft eine übergeordnete Gruppe

Wie können MORALISCHE ÜBERZEUGUNGEN zu diesen Zielen beitragen? (Kapitel 3)

Bei Unterstützer*innen

- Lenkt Aufmerksamkeit auf Ungerechtigkeiten und die Verantwortlichen
- Zeigt euren Unterstützer*innen eure Wut
- Fordert das moralische Selbstbild der Unterstützer*innen heraus, aber bedroht es nicht
- Bedenkt die Auswirkungen radikaler Flanken
- Sorgt dafür, dass eure Klima-Aktion von den Unterstützer*innen als legitim, nahbar und wirksam wahrgenommen wird

Bei Beobachter*innen/Drittparteien

- Lenkt Aufmerksamkeit auf Ungerechtigkeiten und die Verantwortlichen
- Zeigt eure Wut
- Sucht den direkten Kontakt im Alltag, um die Moral-Empathie-Lücke zu verringern
- Sucht direkten Kontakt während Aktionen
- Fordert das moralische Selbstbild der Beobachter*innen heraus, aber bedroht es nicht
- Nutzt gewaltfreie Kommunikation
- Beachtet das Aktivismus-Dilemma: Findet eine Balance zwischen öffentlicher Aufmerksamkeit und Sympathie
- Bedenkt die Auswirkungen radikaler Flanken
- Sorgt dafür, dass eure Klima-Aktion von den Beobachter*innen und Drittparteien als legitim, nahbar und wirksam wahrgenommen wird

Bei Gegner*innen

- Sucht den direkten Kontakt im Alltag, um die Moral-Empathie-Lücke zu verringern
- Bedenkt die Auswirkungen radikaler Flanken
- Sorgt dafür, dass eure Klima-Aktion von den Gegner*innen als legitim, nahbar und wirksam wahrgenommen wird

Wie kann FRAMING zu diesen Zielen beitragen? (Kapitel 4)

Bei Unterstützer*innen

- Zeigt Probleme auf (diagnostischer Frame)
- Sagt den wahrscheinlichen Verlauf von Ereignissen vorher (prognostischer Frame)
- Artikuliert den Wunsch, etwas zu erreichen (motivierender Frame)

- Nutzt Förderungs- und Vermeidungs-Frames
- Framt die Klimakrise auch als lokales Problem
- Framt die Klimakrise in Bezug zu gegenwärtigen und zukünftigen Verlusten
- Framt die Klimakrise als Umweltbedrohung, aber auch als Bedrohung für Wirtschaft, Gesundheit und nationale Sicherheit
- Framt die Klimakrise in Bezug auf die bestehenden Werte der Zielgruppe

Bei Beobachter*innen/Drittparteien

- Zeigt Probleme auf (diagnostischer Frame)
- Sagt den wahrscheinlichen Verlauf von Ereignissen vorher (prognostischer Frame)
- Artikuliert den Wunsch, etwas zu erreichen (motivierender Frame)
- Nutzt Förderungs- und Vermeidungs-Frames
- Framt die Klimakrise auch als lokales Problem
- Framt die Klimakrise in Bezug zu gegenwärtigen und zukünftigen Verlusten
- Framt die Klimakrise als Umweltbedrohung, aber auch als Bedrohung für Wirtschaft, Gesundheit und nationale Sicherheit
- Framt die Klimakrise in Bezug auf die bestehenden Werte der Zielgruppe

Bei Gegner*innen

- Zeigt Probleme auf (diagnostischer Frame)
- Sagt den wahrscheinlichen Verlauf von Ereignissen vorher (prognostischer Frame)
- Artikuliert den Wunsch, etwas zu erreichen (motivierender Frame)
- Nutzt Förderungs- und Vermeidungs-Frames
- Framt die Klimakrise auch als lokales Problem
- Framt die Klimakrise in Bezug zu gegenwärtigen und zukünftigen Verlusten
- Framt die Klimakrise als Umweltbedrohung, aber auch als Bedrohung für Wirtschaft, Gesundheit und nationale Sicherheit
- Framt die Klimakrise in Bezug auf die bestehenden Werte der Zielgruppe

Wie können WIRKSAMKEITSÜBERZEUGUNGEN zu diesen Zielen beitragen? (Kapitel 5)

Bei Unterstützer*innen

- Hebt den Erfolg und die Wirksamkeit eurer Klima-Aktionen hervor
- Gebt anderen Gruppen wertschätzendes Feedback
- Kombiniert soziale Normen mit praktischen Möglichkeiten, wie andere tatsächlich einen Beitrag leisten können
- Gestaltet kollektives Klimahandeln so, dass andere sich davon inspiriert, begeistert, hoffnungsvoll, stolz und bewegt fühlen

- Entwickelt eure gemeinsamen Visionen als Klimabewegung
- Reflektiert eure Ziele mit anderen Gruppen
- Bedenkt, dass eure Gruppe vielleicht über Fähigkeiten verfügt, die andere Gruppen brauchen (und umgekehrt)
- Reflektiert und verteilt Rollen innerhalb der Bewegung

Bei Beobachter*innen/Drittparteien

- Hebt den Erfolg und die Wirksamkeit eurer Klima-Aktionen hervor
- Kombiniert soziale Normen mit praktischen Möglichkeiten, wie andere tatsächlich einen Beitrag leisten können
- Fokussiert normative anstelle von nicht-normativen Formen des Protests
- Gestaltet kollektives Klimahandeln so, dass andere sich davon inspiriert, begeistert, hoffnungsvoll, stolz und bewegt fühlen
- Zeigt, wie Visionen einer sozial-ökologischen Zukunft aussehen könnten

Bei Gegner*innen

- Macht sichtbar, dass sich soziale Normen in Richtung Klimaschutz verschieben und dass sich viele bereits engagieren

Wie Wie kann KOLLEKTIVES KLIMAHANDELN zu diesen Zielen beitragen? (Kapitel 6)

Bei Unterstützer*innen

- Ladet Freund*innen und Familie zu Klimaprotesten und Engagement ein
- Seid euch der Intentions-Verhaltens-Lücke bewusst

Erfolgreiche Aktionen:

- Feiert mit anderen
- Besprecht die nächsten Schritte mit anderen Gruppen

Erfolglose Aktionen:

- Holt euch Ratschläge von Unterstützer*innen ein
- Sucht Solidarität

Bei Beobachter*innen/Drittparteien

- Ladet Freund*innen und Familie zu Klimaprotesten und Engagement ein
- Seid euch der Intentions-Verhaltens-Lücke bewusst

Wie können diese Ziele RESILIENT verfolgt werden? (Kapitel 8)

Bei Unterstützer*innen

- Reflektiert gesundes Engagement mit anderen Gruppen
- Seid freundlich zu anderen Gruppen innerhalb der Bewegung

Kapitel 11 Abschluss, Empfehlungen und weitere Ideen

Abschließende Worte

Zum Schluss möchten wir Autor*innen allen danken, die auf die eine oder andere Weise zu diesem Buch beigetragen haben. Außerdem danken wir all denjenigen, die sich für einen sozial-ökologischen Wandel (beginnen zu) engagieren und dabei psychologische Erkenntnisse berücksichtigen und diskutieren wollen. Das Wandelwerk ist nicht nur ein Kollektiv von Psycholog*innen, die Bücher und Artikel schreiben. Wir erreichen Menschen vor allem mit unseren Vorträgen, Workshops und (Universitäts-)Seminaren und beraten auch oder geben Interviews. Wenn du an unserer Unterstützung interessiert bist, schreibe sehr gerne an die allgemeine Email-Adresse unseres Vereins › info@wandel-werk.org, schau auf unsere Website › www.wandel-werk.org oder kontaktiere uns Autor*innen direkt.

Karen: karen.hamann@wandel-werk.org
Paula: paula.blumenschein@wandel-werk.org
Eva: eva.junge@wandel-werk.org
Sophia: sophia.dasch@wandel-werk.org
Alex: alex@klimakollektiv.org
Julian: julianbleh@posteo.de

Schließlich hat eine erfolgreiche Crowdfunding-Kampagne die Realisierung des Buches erst möglich gemacht. Wir danken den 255 Unterstützer*innen, die uns mit Beiträgen zwischen zehn und dreihundert Euro gefördert haben. Insgesamt kamen 10.490,76 Euro zusammen! Folgende Unterstützer*innen haben das Buch als zu erwähnende Sponsor*innen mit mindestens 100 Euro gefördert und deshalb möchten wir ihnen an dieser Stelle noch einmal herzlich danken:

Gabriel Baunach von Climaware, Annalena Becker, Michael Bilharz, Tauno, Dorit & Ilmari Binder, Cornelius Dahm, Theresia Dahm, Georg Dasch & Margarethe Alexy-Dasch, e-fect dialog evaluation consulting eG, Gaertner-Stiftung Lebens-Chancen, Lea Heidbreder, Sascha Kuhn, Helen Landmann, Stefan Löchtefeld, Daniel Löschinger, Raik-Michael Meinshausen von m1hausen, Stephanie Moser vom Centre for Development and Environment der Universität Bern, Stefan Müller, Rainer & Beke Schlipf

Schließlich möchten wir noch darauf hinweisen, dass dieses Buch im Rahmen des Erasmus+-Projekts Education for Pro-Environmental Active Citizenship (EPEAC) entstanden ist. Da die erste Version des Manuskriptes für das internationale Projekt in englischer Sprache verfasst wurde, haben wir als Übersetzungsunterstützung auch DeepL benutzt. In vielen Fällen wurden Zitate aus dem Englischen übersetzt, um sie einem deutschsprachigen Publikum zugänglich zu machen. Da dies einen Großteil der Zitate betraf, wurde es nicht in jedem Fall kenntlich gemacht.

Weiterführende Literatur, Videos und Kontakte

▸ Empfehlungen zur Motivation von kollektivem Klimahandeln

- Social Change Lab: Psychology of Change – Video Resources and Evidence-based Strategies to Create Social Change › socialchangelab.net/video_resources
- Halbjährlich stattfindende Kongresse der Initiative Psychologie im Umweltschutz (IPU) › ipu-ev.de/kongresse

▸ Empfehlungen zu resilientem kollektiven Klimahandeln

- Luthmann (2018): Politisch aktiv sein und bleiben: Handbuch nachhaltiger Aktivismus.
- Rettig (2006): The Lifelong Activist: How to Change the World without Losing your Way.
- Macy & Johnstone (2012): Hoffnung durch Handeln
- Spade (2020): Mutual Aid. Building Solidarity During This Crisis (and the Next).
- Beratung durch die Psychologists for Future: › psy4f.org/beratung

▸ Empfehlungen zu effektivem kollektiven Klimahandeln

- Gulliver et al. (2021): The Psychology of Effective Activism.
- Narberhaus & Sheppard (2015): Re.imagining Activism: A practical guide for the Great Transition. › smart-csos.org/images/Documents/reimagining_activism_guide.pdf
- Heitfeld & Reif (2020): Transformation gestalten lernen: Mit Bildung und transformativem Engagement gesellschaftliche Strukturen verändern. › germanwatch.org/de/19607

▸ **Empfehlungen für angrenzende Themen (z.B. privatem Umweltschutz)**

- Hamann et al. (2016): Psychologie im Umweltschutz: Handbuch zur Förderung nachhaltigen Handelns. › wandel-werk.org/materialien
- Vortragsreihe der Virtuellen Akademie Bildung für Nachhaltige Entwicklung: Psychologie des sozial-ökologischen Wandels. › ipu-ev.de/bildungsmaterialien/online-vorlesung

Wichtige offene Forschungsfragen

Im Rahmen des EPEAC-Projektes hat das Autor*innen-Team auch eine Interviewstudie durchgeführt.[1] Dabei befragten wir Mitglieder der Bewegung für einen sozial-ökologischen Wandel zu den Fragen, die sie an die Psychologie haben, sowie zu psychologischen Herausforderungen, die ihnen begegnen. Auf der Grundlage dieser Interviews und unserer Zusammenfassung der bisherigen psychologischen Forschung in diesem Buch möchten wir auf eine Reihe von Forschungslücken hinweisen. Falls du ein*e Forscher*in bist, freuen wir uns, wenn du dich ihnen widmest und uns die Ergebnisse mitteilst.

▸ **Motivation für kollektives Klimahandeln aufbauen**

- Wie können Klimagruppen die Bedürfniserfüllung ihrer Mitglieder fördern?
- Wie können strukturelle Barrieren abgebaut werden, die zu ungleichem Zugang zu Aktivismus führen?
- Welche Rolle spielen Hass und Verachtung bei der Vorhersage normativen und nicht-normativen kollektiven Klimahandelns?[2,3]
- Welche Effekte haben radikale Flanken in der Bewegung für eine sozial-ökologische Transformation?
- Wie nehmen Menschen konstruktive Disruption im Klimaschutz wahr?
- Welche Narrative sollten Klimagruppen für ihre Aktionen verwenden?
- Was sind robuste Methoden, um Wirksamkeitsüberzeugungen zu stärken?
- Was ist der hilfreichste Umgang mit Zielen, im Angesicht von Erfolg und Misserfolg?
- Welche Theorien des Wandels können zu kollektivem Klimahandeln motivieren?

- Welchen Rollen in der Bewegung liegt welche Motivation zugrunde? Was motiviert Reformer*innen dazu, sich in der Bekämpfung der Klimakrise zu engagieren?

▸ **Resilientes kollektives Klimahandeln**

- Wie und wodurch entsteht Aktivismus-Burnout?
- Kann die Überzeugung, dass Klimaschutz der wichtigste Lebensinhalt ist, vor Aktivismus-Burnout schützen?
- Wie können Klimagruppen auf motivierende und konstruktive Weise mit Wut umgehen?
- Wie kann ein guter Umgang mit traumatischen Erfahrungen und Repression durch Klima-Aktionen aussehen?
- Welche Gruppenmethoden können emotionalen Austausch fördern?

▸ **Effektives kollektives Klimahandeln**

- Welche Rolle kann die Psychologie in der Transformation(sforschung) spielen?
- Was sind unterschiedliche und abgrenzbare Rollen der Bewegung und wie effektiv sind sie (unter welchen Bedingungen)?
- Wie lassen sich Gruppen effektiv organisieren, vor allem, wenn sie flache Hierarchien und soziokratische Strukturen haben?
- Welche Wirkung haben bestimmte Aktionsformen auf politische Gegner*innen und Gegenmobilisierung?
- Wie wirken sich bestimmte Arten der Identitäts-, Moral- und Wirksamkeitskommunikation auf Gegner*innen und Gegenmobilisierung aus?

Anhang: Überblick über Forschungsdesigns aus diesem Buch

▸ Eigene Erfahrung

Eigene Erfahrungen sind oft sehr nützlich, um bestimmte Themen zu veranschaulichen. Wir Autor*innen teilen gerne unsere Erfahrungen in diesem Buch, aber bitte bedenke, dass sich diese von deinen eigenen oder denen deiner Gruppen stark unterscheiden können. Außerdem stellen die Erfahrungen unseres Teams überwiegend eine *weiße* und akademische Perspektive aus dem Globalen Norden dar.

▸ Qualitative Forschung

Es gibt auch qualitative Forschung in der Psychologie, doch sie findet viel häufiger Anwendung in anderen wissenschaftlichen Disziplinen wie der Soziologie oder den Politikwissenschaften. Hier kann der Fokus von verallgemeinerbaren Aussagen bis hin zu spezifischen Fallstudien reichen, die sich auf ein ganz besonderes Phänomen fokussieren.

Design	Beschreibung	Kausalitätsschluss	Rückschluss auf die Realität	Typisches Ziel
Interview-Studien	Forschung, die auf der Befragung von Menschen zum jeweiligen Thema basiert; kann verschiedene Formen der Analyse annehmen; z. B. die Untersuchung von Empowerment während und nach einer Straßen-Blockade[7]	Selbstberichtete Kausalitätsannahmen der Teilnehmenden, Interpretation der Forschenden	Realitätsnah	Kontextabhängig

▶ Quantitative Forschung

Psychologische Forschung ist meist quantitativ, basiert auf Daten von einer größeren Anzahl von Menschen und erhebt oft den Anspruch, bis zu einem gewissen Grad verallgemeinerbar zu sein. Wie du in dieser Tabelle siehst, kann Forschung als eine Abwägung zwischen Kausalitätsschluss und Realitätsschluss betrachtet werden. Oft werden in Studien auch einige der beschriebenen Designs gemischt. Wenn du dich für einen ausführlichen Überblick interessierst, schau gerne in das Buch »Applying Social Pychology« (Sozialpsychologie anwenden) hinein.[1]

Design	Beschreibung
Experimentelle Forschung	Forschung, bei der die Teilnehmenden in verschiedene Gruppen eingeteilt werden und getestet wird, wie sich diese Gruppen nach dem Lesen eines Textes, einer Aufgabe oder anderen Variation zwischen den Bedingungen in der Ausprägung psychologischer Merkmale unterscheiden; wird typischerweise im Labor oder online durchgeführt; z. B. erhält eine Versuchsgruppe einen Text, der die Wirksamkeit einer Gruppe hervorhebt, und wird mit einer Kontrollgruppe ohne eine solche Nachricht verglichen, um zu sehen, wie der Text die kollektiven Handlungsabsichten beeinflusst[2]
Längsschnittliche Forschung	Forschung, die psychologische Prozesse über zwei oder mehr Zeitpunkte hinweg misst; z. B. die Messung des privaten und kollektiven Klimahandelns und seiner Veränderungen über vier Zeitpunkte hinweg, um untersuchen zu können, wie sie sich potentiell gegenseitig beeinflussen[3]
Interventionsforschung im Feld	Forschung, die eine Intervention in einem realen Umfeld testet; möglicherweise mit einer Kontrollgruppe oder einem Messpunkt vor und nach der Intervention; z. B. die Auswirkungen einer zwölfwöchigen Videointervention auf kollektives Klimahandeln[4]
Querschnittliche (korrelative) Forschung	Forschung, die Konzepte zu einem bestimmten Zeitpunkt misst und ihren Zusammenhang untersucht; z. B. die Untersuchung des Zusammenhangs zwischen Bedürfniserfüllung und Aktivismus-Burnout[5]
Meta-analytische Forschung	Forschung, die die (eventuell unterschiedlichen) Ergebnisse mehrerer verwandter Studien einbezieht und statistisch zusammenfasst; z. B. eine Meta-Analyse, die die psychologischen Voraussetzungen kollektiven Handelns über verschiedene Studien hinweg untersucht[6]

Kausalitätsschluss	Rückschluss auf die Realität	Typisches Ziel
Kausalitätstestung	Oft weiter weg von der wirklichen Lebensrealität	Psychologische Mechanismen untersuchen
Hinweise auf Kausalität	Kontextabhängig	Psychologische Mechanismen untersuchen
Vom Forschungsdesign abhängig	Realitätsnäher	Antworten auf reale Probleme finden
Keine Kausalitätsaussage möglich	Kontextabhängig	Kontextabhängig, typischerweise erster Schritt in neuen Forschungsfeldern
Vom Forschungsdesign abhängig; Kausalitätstestung, wenn experimentelle Ergebnisse zusammengefasst werden; keine Kausalitätsaussage möglich, wenn querschnittliche Ergebnisse zusammengefasst werden	Kontextabhängig; realitätsnäher, wenn Feldforschung zusammengefasst wird; realitätsferner, wenn Laborstudien zusammengefasst werden	Einen Überblick gewinnen und verallgemeinerbare Erkenntnisse schaffen

Literaturverzeichnis

Kapitel 1

1. Wullenkord, M. C., Tröger, J., Hamann, K. R. S., Loy, L. S. & Reese, G. Anxiety and climate change: a validation of the Climate Anxiety Scale in a German-speaking quota sample and an investigation of psychological correlates. *Clim. Change* **168**, 20 (2021).
2. Steffen, W. *et al.* Planetary boundaries: Guiding human development on a changing planet. *Science* **347**, 1259855 (2015).
3. Richardson, K. *et al.* Earth beyond six of nine planetary boundaries. *Sci. Adv.* (2023).
4. Hamann, K., Löschinger, D. & Baumann, A. *Psychologie im Umweltschutz: Handbuch zur Förderung nachhaltigen Handelns.* (Oekom Verlag, 2016).
5. Bergquist, M., Thiel, M., Goldberg, M. H. & van der Linden, S. Field interventions for climate change mitigation behaviors: A second-order meta-analysis. *Proc. Natl. Acad. Sci.* **120**, e2214851120 (2023).
6. Lee, H. *et al.* Synthesis Report of the IPCC Sixth Assessment Report (AR6). (2023).
7. Dooley, K. & Christoff, P. A matter of degrees: why 2C warming is officially unsafe. The Conversation http://theconversation.com/a-matter-of-degrees-why-2c-warming-is-officially-unsafe-42308 (2015).
8. Gore, T. Confronting Carbon Inequality: Putting climate justice at the heart of the COVID-19 recovery. (2020).
9. Landmann, H. & Rohmann, A. Being moved by protest: Collective efficacy beliefs and injustice appraisals enhance collective action intentions for forest protection via positive and negative emotions. *J. Environ. Psychol.* **71**, 101491 (2020).
10. Wright, S. C., Taylor, D. M. & Moghaddam, F. M. Responding to Membership in a Disadvantaged Group: From Acceptance to Collective Protest. *J. Pers. Soc. Psychol.* **58**. 994–1003 (1990).
11. van Zomeren, M., Postmes, T. & Spears, R. Toward an integrative social identity model of collective action: A quantitative research synthesis of three socio-psychological perspectives. *Psychol. Bull.* **134**, 504–535 (2008).
12. Reif, A. & Heitfeld, M. *Wandel mit Hand und Fuß. Mit dem Germanwatch Hand Print den Wandel politisch wirksam gestalten: Hintergrundpapier.* (2015).
13. Hamann, K. & Masson, T. Kollektives nachhaltiges Handeln und Psychologie. in *Handbuch Globale Kompetenz* (ed. Genkova, P.) 1–16 (Springer Fachmedien Wiesbaden, 2022).
14. Bundesumweltministerium. *Kohlenstoffdioxid-Fußabdruck pro Kopf in Deutschland* (2023). https://www.bmuv.de/MD1631
15. Agostini, M. & van Zomeren, M. Toward a comprehensive and potentially cross-cultural model of why people engage in collective action: A quantitative research synthesis of four motivations and structural constraints. *Psychol. Bull.* **147**, 667–700 (2021).
16. Tajfel, H. Social Categorization, Social Identity and Social Comparison. in *Differentiation between Social Groups: Studies in the Social Psychology of Intergroup Relations* (ed. Tajfel, H.) 61–76 (Academic Press, 1978).
17. Skitka, L. J. & Bauman, C. W. Moral Conviction and Political Engagement: Moral Conviction. *Polit. Psychol.* **29**, 29–54 (2008).
18. Hamann, K. R. S., Wullenkord, M. C., Reese, G. & van Zomeren, M. Believing That We Can Change Our World for the Better: A Triple-A (Agent-Action-Aim) Framework of Self-Efficacy Beliefs in the Context of Collective Social and Ecological Aims. *Personal. Soc. Psychol. Rev.* 10888683231178056 (2023).

Kapitel 2

1. Tajfel, H. Social Categorization, Social Identity and Social Comparison. in *Differentiation between Social Groups: Studies in the Social Psychology of Intergroup Relations* (ed. Tajfel, H.) 61–76 (Academic Press, 1978).
2. Fritsche, I., Barth, M., Jugert, P., Masson, T. & Reese, G. A Social Identity Model of Pro-Environmental Action (SIMPEA). *Psychol. Rev.* **125**, 245–269 (2018).
3. Tajfel, H. & Turner, J. C. The Social Identity Theory of Intergroup Behavior. in *Political Psychology* (eds. Jost, J. T. & Sidanius, J.) 276–293 (Psychology Press, 1986).

4. McGarty, C., Bliuc, A.-M., Thomas, E. & Bongiorno, R. Collective Action as the Material Expression of Opinion-Based Group Membership. *J. Soc. Issues* **65**, 839–857 (2009).

5. Lizzio-Wilson, M., Mirnajafi, Z. & Louis, W. R. Who We Are and Who We Choose to Help (or Not): An Introduction to Social Identity Theory. in *Solidarity and Social Justice in Contemporary Societies: An Interdisciplinary Approach to Understanding Inequalities* (eds. Yerkes, M. A. & Bal, M.) 17–28 (Springer International Publishing, 2022).

6. Fielding, K. S. & Hornsey, M. J. A Social Identity Analysis of Climate Change and Environmental Attitudes and Behaviors: Insights and Opportunities. *Front. Psychol.* **7**, 121 (2016).

7. van Zomeren, M., Postmes, T. & Spears, R. Toward an integrative social identity model of collective action: A quantitative research synthesis of three socio-psychological perspectives. *Psychol. Bull.* **134**, 504–535 (2008).

8. Agostini, M. & van Zomeren, M. Toward a comprehensive and potentially cross-cultural model of why people engage in collective action: A quantitative research synthesis of four motivations and structural constraints. *Psychol. Bull.* **147**, 667–700 (2021).

9. Wallis, H. & Loy, L. S. What drives pro-environmental activism of young people? A survey study on the Fridays For Future movement. *J. Environ. Psychol.* **74**, 101581 (2021).

10. Haugestad, C. A. P., Skauge, A. D., Kunst, J. R. & Power, S. A. Why do youth participate in climate activism? A mixed-methods investigation of the #FridaysForFuture climate protests. *J. Environ. Psychol.* **76**, 101647 (2021).

11. Landmann, H. & Naumann, J. Being positively moved by climate protest predicts peaceful collective action. *Glob. Environ. Psychol.* (2023).

12. Furlong, C. & Vignoles, V. L. Social Identification in Collective Climate Activism: Predicting Participation in the Environmental Movement, Extinction Rebellion. *Identity* **21**, 20–35 (2021).

13. Keshavarzi, S., McGarty, C. & Khajehnoori, B. Testing social identity models of collective action in an Iranian environmental movement. *J. Community Appl. Soc. Psychol.* **31**, 452–464 (2021).

14. Hamann, K. R. S., Holz, J. R. & Reese, G. Coaching for a Sustainability Transition: Empowering Student-Led Sustainability Initiatives by Developing Skills, Group Identification, and Efficacy Beliefs. *Front. Psychol.* **12**, 623972 (2021).

15. Bamberg, S., Rees, J. & Seebauer, S. Collective climate action: Determinants of participation intention in community-based pro-environmental initiatives. *J. Environ. Psychol.* **43**, 155–165 (2015).

16. Dono, J., Webb, J. & Richardson, B. The relationship between environmental activism, pro-environmental behaviour and social identity. *J. Environ. Psychol.* **30**, 178–186 (2010).

17. Fielding, K. S., McDonald, R. & Louis, W. R. Theory of planned behaviour, identity and intentions to engage in environmental activism. *J. Environ. Psychol.* **28**, 318–326 (2008).

18. Cialdini, R. B., Reno, R. R. & Kallgren, C. A. A Focus Theory of Normative Conduct: Recycling the Concept of Norms to Reduce Littering in Public Places. *J. Pers. Soc. Psychol.* **58**, 1015–1026 (1990).

19. Bergquist, M., Nilsson, A. & Schultz, W. P. A meta-analysis of field-experiments using social norms to promote pro-environmental behaviors. *Glob. Environ. Change* **59**, 101941 (2019).

20. Rees, J. H. & Bamberg, S. Climate protection needs societal change: Determinants of intention to participate in collective climate action: Collective climate action intention. *Eur. J. Soc. Psychol.* **44**, 466–473 (2014).

21. Stürmer, S. & Simon, B. The Role of Collective Identification in Social Movement Participation: A Panel Study in the Context of the German Gay Movement. *Pers. Soc. Psychol. Bull.* **30**, 263–277 (2004).

22. van Zomeren, M. Building a Tower of Babel? Integrating Core Motivations and Features of Social Structure into the Political Psychology of Political Action: Motivation, Structure, and Action. *Polit. Psychol.* **37**, 87–114 (2016).

23. Masson, T. & Fritsche, I. Adherence to climate change-related ingroup norms: Do dimensions of group identification matter?: Adherence to climate change-related ingroup norms. *Eur. J. Soc. Psychol.* **44**, 455–465 (2014).

24. Rabinovich, A., Morton, T. A., Postmes, T. & Verplanken, B. Collective self and individual choice: The effects of inter-group comparative context on environmental values and behaviour. *Br. J. Soc. Psychol.* **51**, 551–569 (2012).

25. Turner, J. C., Hogg, M. A., Oakes, P. J., Reicher, S. D. & Wetherell, M. S. *Rediscovering the social group: A self-categorization theory.* (Basil Blackwell, 1987).

26. Simon, B. & Klandermans, B. Politicized collective identity: A social psychological analysis. *Am. Psychol.* **56**, 319–331 (2001).

27. Bleh, J. *What do we want!? Identität, Moral und Wirksamkeit. Eine sozialpsychologische Perspektive auf die Erfolgsfaktoren der jungen Klimabewegung.* in Climate Action – Psychologie der Klimakrise. Handlungshemmnisse und Handlungsmöglichkeiten (eds. Dohm, L., Peter, F., van Bronswijk, K.) 251–282 (Psychosozial-Verlag, 2021).

28. van Zomeren, M., Kutlaca, M. & Turner-Zwinkels, F. Integrating who »we« are with what »we« (will not) stand for: A further extension of the Social Identity Model of Collective Action. *Eur. Rev. Soc. Psychol.* **29**, 122–160 (2018).

29. Hester, N. & Hehman, E. Dress is a Fundamental Component of Person Perception. *Personal. Soc. Psychol. Rev.* 108886832311579 (2023).

30. Steffens, N. K., Schuh, S. C., Haslam, S. A., Pérez, A. & van Dick, R. ›Of the group‹ and ›for the group‹: How followership is shaped by leaders' prototypicality and group identification. *Eur. J. Soc. Psychol.* **45**, 180–190 (2015).

31. Khumalo, N., Dumont, K. B. & Waldzus, S. Leaders' influence on collective action: An identity leadership perspective. *Leadersh. Q.* **33**, 101609 (2022).

32. Sommer, M., Haunss, S., Gardner, B. G., Neuber, M. & Rucht, D. Wer demonstriert da? Ergebnisse von Befragungen bei Großprotesten on Fridays for Future in Deutschland im März und November 2019. in *Fridays for Future – Die Jugend gegen den Klimawandel* (eds. Sommer, M. & Haunss, S.) 15–66 (transcript, 2020).

33. Vestergren, S., Drury, J. & Chiriac, E. H. The biographical consequences of protest and activism: a systematic review and a new typology. *Soc. Mov. Stud.* **16**, 203–221 (2017).

34. Bashir, N.Y., Lockwood, P., Chasteen, A. L., Nadolny, D. & Noyes, I. The ironic impact of activists: Negative stereotypes reduce social change influence: The ironic impact of activists. *Eur. J. Soc. Psychol.* **43**, 614–626 (2013).

35. Klas, A., Zinkiewicz, L., Zhou, J. & Clarke, E. J. R. »Not All Environmentalists Are Like That ... «: Unpacking the Negative and Positive Beliefs and Perceptions of Environmentalists. *Environ. Commun.* **13**, 879–893 (2019).

36. Cherry, E. »Not an Environmentalist«: Strategic Centrism, Cultural Stereotypes, and Disidentification. *Sociol. Perspect.* **62**, 755–772 (2019).

37. Stuart, A., Thomas, E. F. & Donaghue, N. »I don't really want to be associated with the self-righteous left extreme«: Disincentives to participation in collective action. *J. Soc. Polit. Psychol.* **6**, 242–270 (2018).

38. Gruber, R., Kachel, S., Menke, S. & Loy, L. S. Vestimentary Manifestations of Group Stereotypes. (presented at 19th Meeting of the EASP 2023).

39. Neuber, M., Kocyba, P. & Gardner, B. The same only different. Die Fridays for Future-Demonstrierenden im europäischen Vergleich. in *Fridays for Future – Die Jugend gegen den Klimawandel* (eds. Sommer, M. & Haunss, S.) 67–94 (transcript, 2020).

40. Harlow, S. & Benbrook, A. How #Blacklivesmatter: exploring the role of hip-hop celebrities in constructing racial identity on Black Twitter. *Inf. Commun. Soc.* **22**, 352–368 (2019).

41. Towler, C. C., Crawford, N. N. & Bennett, R. A. Shut Up and Play: Black Athletes, Protest Politics, and Black Political Action. *Perspect. Polit.* **18**, 111–127 (2020).

42. Pettigrew, T. F. & Tropp, L. R. A meta-analytic test of intergroup contact theory. *J. Pers. Soc. Psychol.* **90**, 751–783 (2006).

43. Together for Future e. V. For Future Bündnis. *For Future Bündnis* https://www.for-future-buendnis.de/.

44. Hurst, K. & Stern, M. J. Messaging for environmental action: The role of moral framing and message source. *J. Environ. Psychol.* **68**, 101394 (2020).

45. Wang, S., Corner, A. & Nicholls, J. *Britain Talks Climate: A toolkit for engaging the British public on climate change.* (Climate Outreach, 2020).

46. Melloh, L., Rawlins, J. & Sippel, M. *Übers Klima reden: Wie Deutschland beim Klimaschutz tickt. Wegweiser für den Dialog in einer vielfältigen Gesellschaft.* (Climate Outreach, 2022).

47. Schultz, T. & Fielding, K. The common in-group identity model enhances communication about recycled water. *J. Environ. Psychol.* **40**, 296–305 (2014).

48. Group Identity and Stakeholder Conflict in Water Resource Management. in *Identity and the Natural Environment* (eds. Samuelson, C. D., Peterson, T. R. & Putnam, L.) 273–296 (The MIT Press, 2003).

49. McFarland, S. *et al.* Global Human Identification and Citizenship: A Review of Psychological Studies. *Polit. Psychol.* **40**, 141–171 (2019).

50. Leung, A. K.-Y., Koh, K. & Tam, K.-P. Being environmentally responsible: Cosmopolitan orientation predicts pro-environmental behaviors. *J. Environ. Psychol.* **43**, 79–94 (2015).

51. Renger, D. & Reese, G. From Equality-Based Respect to Environmental Activism: Antecedents and Consequences of Global Identity: Respect and Global Identity. *Polit. Psychol.* **38**, 867–879 (2017).

52. Pong, V. & Tam, K.-P. Relationship between global identity and pro-environmental behavior and environmental concern: a systematic review. *Front. Psychol.* **14**, 1033564 (2023).

53. Thunberg, G. & Taylor, A. Think we should be at school? Today's climate strike is the biggest lesson of all. *The Guardian* (2019).

54. Sommer, M. & Haunss, S. Fridays for Future: Eine Erfolgsgeschichte vor neuen Herausforderungen. in *Fridays for Future – Die Jugend gegen den Klimawandel* (eds. Sommer, M. & Haunss, S.) 237–252 (transcript, 2020).

55. Hamann, K., Löschinger, D. & Baumann, A. *Psychologie im Umweltschutz: Handbuch zur Förderung nachhaltigen Handelns.* (Oekom Verlag, 2016).

56. No Fly Climate Sci. Welcome. Earth scientists flying less https://noflyclimatesci.org/.

57. Smith, L. G. E., Thomas, E. F. & McGarty, C. »We Must Be the Change We Want to See in the World«: Integrating Norms and Identities through Social Interaction: The Identity-Norm Nexus. *Polit. Psychol.* **36**, 543–557 (2015).

58. Teune, S. Schulstreik – Geschichte einer Aktionsform und die Debatte über zivilen Ungehorsam. in *Fridays for Future – Die Jugend gegen den Klimawandel* (eds. Sommer, M. & Haunss, S.) 131–146 (transcript, 2020).

59. Graeber, D. *The Democracy Project: A History, a Crisis, a Movement.* (Spiegel & Grau, 2013).

60. Uysal, M. S. & Akfırat, S. A. Formation of an emergent protestor identity: Applying the EMSICA to the Gezi Park protests. *Group Process. Intergroup Relat.* **25**, 527–539 (2022).

61. Mohr, A. & Smits, M. Sense of place in transitions: How the Hambach Forest Movement shaped the German coal phase-out. *Energy Res. Soc. Sci.* **87**, 102479 (2022).

62. Thomas, E. F., McGarty, C. & Mavor, K. Group interaction as the crucible of social identity formation: A glimpse at the foundations of social identities for collective action. *Group Process. Intergroup Relat.* **19**, 137–151 (2016).

63. Thomas, E. F., McGarty, C. & Louis, W. Social interaction and psychological pathways to political engagement and extremism: Pathways to political engagement and extremism. *Eur. J. Soc. Psychol.* **44**, 15–22 (2014).

64. Jans, L. Changing environmental behaviour from the bottom up: The formation of pro-environmental social identities. *J. Environ. Psychol.* **73**, 101531 (2021).

65. Goedkoop, F., Jans, L., Perlaviciute, G. & Held, J. *Report on experimental studies on energy communities – Effects of energy community set-ups on support for and willingness to join energy communities.* (2023).

66. Hamann, K., Masson, T., Fritsche, I., Dasch, S. & von der Kaus, S. *Report on experimental lab studies on energy citizenship – energy community set-ups, energy visions and collective agency as predictors of energy citizenship and pro-environmental spillover.* (2023).

67. Drury, J. & Reicher, S. Collective Psychological Empowerment as a Model of Social Change: Researching Crowds and Power. *J. Soc. Issues* **65**, 707–725 (2009).

68. Drury, J., Reicher, S. & Stott, C. Transforming the boundaries of collective identity: from the ›local‹ anti-road campaign to ›global‹ resistance? *Soc. Mov. Stud.* **2**, 191–212 (2003).

69. Hamann, K. R. S. *et al.* An interdisciplinary understanding of energy citizenship: Integrating psychological, legal, and economic perspectives on a citizen-centred sustainable energy transition. *Energy Res. Soc. Sci.* **97**, 102959 (2023).

70. Stott, C. & Drury, J. Crowds, context and identity: Dynamic categorization processes in the ›poll tax riot‹. *Hum. Relat.* **53**, 247–273 (2000).

71. Burns, D. *Poll Tax Rebellion.* (AK Press, 1992).

72. Fritsche, I., Jonas, E. & Kessler, T. Collective Reactions to Threat: Implications for Intergroup Conflict and for Solving Societal Crises: Collective Reactions to Threat. *Soc. Issues Policy Rev.* **5**, 101–136 (2011).

73. Stollberg, J., Fritsche, I. & Bäcker, A. Striving for group agency: threat to personal control increases the attractiveness of agentic groups. *Front. Psychol.* **6**, (2015).

74. Greenaway, K. H., Cruwys, T., Haslam, S. A. & Jetten, J. Social identities promote well-being because they satisfy global psychological needs. *Eur. J. Soc. Psychol.* **46**, 294–307 (2016).

75. Vansteenkiste, M., Ryan, R. M. & Soenens, B. Basic psychological need theory: Advancements, critical themes, and future directions. *Motiv. Emot.* **44**, 1–31 (2020).

76. Fiske, S. T. *Social Beings: Core Motives in Social Psychology.* (Wiley, 2008).

77. Pittman, T. & Zeigler, K. Basic human needs. in *Social psychology: Handbook of basic principles* (eds. Kruglanski, A., Higgins, E. T.) 473–489 (The Guilford Press, 2007).

78. Williams, K. D. Ostracism: A temporal need-threat model. in *Advances in experimental social psychology*, (ed. Zanna, M. P.) 275–314 (Elsevier Academic Press, 2009).

79. Baumeister, R. F. & Leary, M. R. The need to belong: Desire for interpersonal attachments as a fundamental human motivation. *Psychol. Bull.* **117**, 497–529 (1995).

80. Cooke, A. N., Fielding, K. S. & Louis, W. R. Environmentally active people: the role of autonomy, relatedness, competence and self-determined motivation. *Environ. Educ. Res.* **22**, 631–657 (2016).

81. Hamann, K. R. S., Agris, A.-S. von & Markus, L. Investigating the predictors of collective action intensity and health. https://osf.io/c7vsn/ (2023).

82. Asah, S. T. & Blahna, D. J. Motivational functionalism and urban conservation stewardship: implications for volunteer involvement: Urban conservation stewardship. *Conserv. Lett.* **5**, 470–477 (2012).

83. McDougle, L. M., Greenspan, I. & Handy, F. Generation green: understanding the motivations and mechanisms influencing young adults' environmental volunteering: Understanding environmental volunteering. *Int. J. Nonprofit Volunt. Sect. Mark.* **16**, 325–341 (2011).

84. Ryan, R. L., Kaplan, R. & Grese, R. E. Predicting Volunteer Commitment in Environmental Stewardship Programmes. *J. Environ. Plan. Manag.* **44**, 629–648 (2001).

85. Reznickova, A. & Zepeda, L. Can Self-Determination Theory Explain the Self-Perpetuation of Social Innovations? A Case Study of Slow Food at the University of Wisconsin-Madison: Self-determination and social innovation. *J. Community Appl. Soc. Psychol.* **26**, 3–17 (2016).

86. Check-In Generator – Fragen für bessere Meetings & Workshops. https://www.checkin-generator.de/.

87. Random Question Generator – Random questions. https://thestoryshack.com/tools/random-question-generator/.

88. denkwerk. Check in tscheck.in. https://www.tscheck.in/.

89. Reicher, S. & Haslam, S. A. Beyond help: A social psychology of collective solidarity and social cohesion. in *The psychology of prosocial behavior: Group processes, intergroup relations, and helping* (eds. Stürmer, S. & Snyder, M.) 289–309 (Wiley-Blackwell, 2010).

90. Herriger, N. *Empowerment in der Sozialen Arbeit.* (Kohlhammer, 2020).

91. Iyer, A. & Achia, T. Mobilized or marginalized? Understanding low-status groups' responses to social justice efforts led by high-status groups. *J. Pers. Soc. Psychol.* **120**, 1287–1316 (2021).

92. Renger, D. & Simon, B. Social recognition as an equal: The role of equality-based respect in group life. *Eur. J. Soc. Psychol.* **41**, 501–507 (2011).

93. Kragt, D. & Holtrop, D. Volunteering research in Australia: A narrative review. *Aust. J. Psychol.* **71**, 342–360 (2019).

94. Bergman, C. & Montgomery, N. *Joyful Militancy: Building Thriving Resistance in Toxic Times.* (AK Press, 2017).

95. Conyers, J. L., Jr & Smallwood, A. P. *Malcolm X: An Historical Reader: A Historical Reader.* (Carolina Academic Press, 2008).

96. TED. Sarah Corbett: Activism needs introverts | TED Talk. https://www.ted.com/talks/sarah_corbett_activism_needs_introverts (2016).

97. vanDellen, M. R., Campbell, W. K., Hoyle, R. H. & Bradfield, E. K. Compensating, Resisting, and Breaking: A Meta-Analytic Examination of Reactions to Self-Esteem Threat. *Personal. Soc. Psychol. Rev.* **15**, 51–74 (2011).

98. Nakashima, K., Isobe, C. & Ura, M. In-group representation and social value affect the use of in-group identification for maintaining and enhancing self-evaluation. *Asian J. Soc. Psychol.* **15**, 49–59 (2012).

99. Blaine, B. & Crocker, J. Self-Esteem and Self-Serving Biases in Reactions to Positive and Negative Events: An Integrative Review. in *Self-Esteem: The Puzzle of Low Self-Regard* (ed. Baumeister, R. F.) 55–85 (Springer US, 1993).

100. Doosje, B., Spears, R. & Ellemers, N. Social identity as both cause and effect: The development of group identification in response to anticipated and actual changes in the intergroup status hierarchy. *Br. J. Soc. Psychol.* **41**, 57–76 (2002).

101. Abrams, D. & Hogg, M. A. Social motivation, self-esteem and social identity. *Soc. Identity Theory Constr. Crit. Adv.* 44–70 (1990).

102. Sheldon, K. M., Wineland, A., Venhoeven, L. & Osin, E. Understanding the motivation of environmental activists: A comparison of self-determination theory and functional motives theory. *Ecopsychology* **8**, 228–238 (2016).

103. Simon, B. & Stürmer, S. Respect for Group Members: Intragroup Determinants of Collective Identification and Group-Serving Behavior. *Pers. Soc. Psychol. Bull.* **29**, 183–193 (2003).

104. Leach, C. W. *et al.* Group-level self-definition and self-investment: A hierarchical (multicomponent) model of in-group identification. *J. Pers. Soc. Psychol.* **95**, 144–165 (2008).

105. Lorenzi-Cioldi, F. Group Status. in *Oxford Research Encyclopedia of Communication* (2017).

106. Simpson, B., Willer, R. & Feinberg, M. Radical flanks of social movements can increase support for moderate factions. *PNAS Nexus* **1**, pgac110 (2022).

107. Amenta, E., Andrews, K. T. & Caren, N. The Political Institutions, Processes, and Outcomes Movements Seek to Influence. in *The Wiley Blackwell Companion to Social Movements* (eds. Snow, D. A., Soule, S. A., Kriesi, H. & McCammon, H. J.) 447–465 (John Wiley & Sons, Ltd, 2018).

108. Giugni, M. & Grasso, M. T. Economic Outcomes of Social Movements. in *The Wiley Blackwell Companion to Social Movements* (eds. Snow, D. A., Soule, S. A., Kriesi, H. & McCammon, H. J.) 466–481 (John Wiley & Sons, Ltd, 2018).

109. Van Dyke, N. & Taylor, V. The Cultural Outcomes of Social Movements. in *The Wiley Blackwell Companion to Social Movements* (eds. Snow, D. A., Soule, S. A., Kriesi, H. & McCammon, H. J.) 482–498 (John Wiley & Sons, Ltd, 2018).

110. Almeida, P. *Social Movements: The Structure of Collective Mobilization.* (University of California Press, 2019).

111. Dillard, M. K. Movement/Countermovement Dynamics. in *The Wiley-Blackwell Encyclopedia of Social and Political Movements* (eds. Della Porta, D., McAdam, D., Snow, D. A. & Dillard, M. K.) (John Wiley & Sons, Ltd, 2013).

112. Corner, A. *et al.* How do young people engage with climate change? The role of knowledge, values, message framing, and trusted communicators. *WIREs Clim. Change* **6**, 523–534 (2015).

113. Goldberg, M. H., Gustafson, A., Rosenthal, S. A. & Leiserowitz, A. Shifting Republican views on climate change through targeted advertising. *Nat. Clim. Change* **11**, 573–577 (2021).

114. Proulx, T. & Inzlicht, M. The Five »A«s of Meaning Maintenance: Finding Meaning in the Theories of Sense-Making. *Psychol. Inq.* **23**, 317–335 (2012).

115. Choi, E. U. & Hogg, M. A. Self-uncertainty and group identification: A meta-analysis. Group Process. *Intergroup Relat.* **23**, 483–501 (2020).

116. Brewer, M. B., Hong, Y. Y. & Li, Q. Dynamic entitativity. *Psychol. Group Percept.* **19**, 19–29 (2004).

117. Lickel, B. *et al.* Varieties of groups and the perception of group entitativity. *J. Pers. Soc. Psychol.* **78**, 223–246 (2000).

118. Callahan, S. P. & Ledgerwood, A. On the psychological function of flags and logos: Group identity symbols increase perceived entitativity. *J. Pers. Soc. Psychol.* **110**, 528–550 (2016).

119. Lund, A. Atomkraft? Nej tak. *ATOMKRAFT? NEJ TAK* (2021).

120. Winterman, D. The other smiley. *BBC Mag.* (2005).

121. Rast, D. E., Gaffney, A. M., Hogg, M. A. & Crisp, R. J. Leadership under uncertainty: When leaders who are non-prototypical group members can gain support. *J. Exp. Soc. Psychol.* **48**, 646–653 (2012).

122. Bongiorno, R., McGarty, C., Kurz, T., Haslam, S. A. & Sibley, C. G. Mobilizing cause supporters through group-based interaction: Group interaction and mobilization. *J. Appl. Soc. Psychol.* **46**, 203–215 (2016).

123. Pandolfi, F. How to Create an Effective Non-Profit Mission Statement. *Harv. Bus. Rev.* (2011).

124. Jans, L., Postmes, T. & Van der Zee, K. I. The Induction of Shared Identity: The Positive Role of Individual Distinctiveness for Groups. *Pers. Soc. Psychol. Bull.* **37**, 1130–1141 (2011).

125. Ende Gelände. Aktionskonsens. *Ende Gelände* https://www.ende-gelaende.org/aktionskonsens-2021/.

126. McKnight, P. E. & Kashdan, T. B. Purpose in Life as a System that Creates and Sustains Health and Well-Being: An Integrative, Testable Theory. *Rev. Gen. Psychol.* **13**, 242–251 (2009).

127. Martela, F. & Steger, M. F. The three meanings of meaning in life: Distinguishing coherence, purpose, and significance. *J. Posit. Psychol.* **11**, 531–545 (2016).

128. Ojala, M. How do children cope with global climate change? Coping strategies, engagement, and well-being. *J. Environ. Psychol.* **32**, 225–233 (2012).

129. George, L. S. & Park, C. L. Are meaning and purpose distinct? An examination of correlates and predictors. *J. Posit. Psychol.* **8**, 365–375 (2013).

130. Westoby, R., Clissold, R. & McNamara, K. E. Turning to Nature to Process the Emotional Toll of Nature's Destruction. *Sustainability* **14**, 7948 (2022).

131. Iron & Earth. About Iron and Earth. https://www.youtube.com/watch?v=-YKUimZ1I-c (2017).

132. Deci, E. L. & Ryan, R. M. The ›What‹ and ›Why‹ of Goal Pursuits: Human Needs and the Self-Determination of Behavior. *Psychol. Inq.* **11**, 227–268 (2000).

133. Fritsche, I. Agency Through the We: Group-Based Control Theory. *Curr. Dir. Psychol. Sci.* **31**, 194–201 (2022).

134. Fritsche, I. & Masson, T. Collective climate action: When do people turn into collective environmental agents? *Curr. Opin. Psychol.* **42**, 114–119 (2021).

135. Wullenkord, M. C. Basic psychological needs and autonomous motivation: a humanistic perspective on pro-environmental behaviour change. in *Handbook on Pro-Environmental Behaviour Change* (eds. Gatersleben, B. & Murtagh, N.) 211–225 (Edward Elgar Publishing, 2023).

136. Quested, E., Thøgersen-Ntoumani, C., Uren, H., Hardcastle, S. J. & Ryan, R. M. Community Gardening: Basic Psychological Needs as Mechanisms to Enhance Individual and Community Well-Being. *Ecopsychology* **10**, 173–180 (2018).

Kapitel 3

1. Vanessa Nakate. Twitter Post. (2022).

2. Skitka, L. J. & Bauman, C. W. Moral Conviction and Political Engagement: Moral Conviction. *Polit. Psychol.* **29**, 29–54 (2008).

3. Pearson, A. R., Tsai, C. G. & Clayton, S. Ethics, morality, and the psychology of climate justice. *Curr. Opin. Psychol.* **42**, 36–42 (2021).

4. Kleres, J. & Wettergren, Å. Fear, hope, anger, and guilt in climate activism. *Soc. Mov. Stud.* **16**, 507–519 (2017).

5. Schwartz, S. H. Basic human values: An overview. *Hebr. Univ. Jerus.* (2006).

6. Schwartz, S. H. Universals in the Content and Structure of Values: Theoretical Advances and Empirical Tests in 20 Countries. *Adv. Exp. Soc. Psychol.* **25**, 1–65 (1992).

7. Schwartz, S. H. *et al.* Value tradeoffs propel and inhibit behavior: Validating the 19 refined values in four countries. *Eur. J. Soc. Psychol.* **47**, 241–258 (2017).

8. Steg, L. & de Groot, J. I. M. Environmental Values. in *The Oxford Handbook of Environmental and Conservation Psychology* (ed. Clayton, S. D.) 81–92 (Oxford University Press, 2012).

9. Almers, E. Pathways to Action Competence for Sustainability — Six Themes. *J. Environ. Educ.* **44**, 116–127 (2013).

10. Chawla, L. Significant Life Experiences Revisited: A Review of Research on Sources of Environmental Sensitivity. *J. Environ. Educ.* **29**, 11–21 (1998).

11. Fisher, S. R. Life trajectories of youth committing to climate activism. *Environ. Educ. Res.* **22**, 229–247 (2016).

12. Sheldon, K. M., Wineland, A., Venhoeven, L. & Osin, E. Understanding the motivation of environmental activists: A comparison of self-determination theory and functional motives theory. *Ecopsychology* **8**, 228–238 (2016).

13. Friends of the Earth. Homepage. *Friends of the Earth* https://foe.org/.

14. Transition Network. Transition Network | Transition Towns. https://transitionnetwork.org/ (2016).

15. weit. Film – Weit um die Welt. https://www.weitumdiewelt.de/film/.

16. Solar Butterfly. Start. *SOLAR BUTTERFLY* https://solarbutterfly.org/.

17. Lampert, M., Inglehart, R., Metaal, S., Schoemaker, H. & Papadongonas, P. COVID-19 Crisis Boosts Progressive Values Amidst Growing Pessimism – Measuring the pandemic's impact on social values, emotions and priorities in 24 countries. *Glocalities* 1–46 (2021).

18. Agostini, M. & van Zomeren, M. Toward a comprehensive and potentially cross-cultural model of why people engage in collective action: A quantitative research synthesis of four motivations and structural constraints. *Psychol. Bull.* **147**, 667–700 (2021).

19. van Zomeren, M., Pauls, I. L. & Cohen-Chen, S. Is hope good for motivating collective action in the context of climate change? Differentiating hope's emotion- and problem-focused coping functions. *Glob. Environ. Change* **58**, 101915 (2019).

20. Nguyen, Q. N., Nguyen, D. M. & V. Nguyen, L. An Examination of the Social Identity Model of Collective Action in the Context of Vietnam. *Open Psychol. J.* **14**, 1–10 (2021).

21. Fernandes-Jesus, M., Lima, M. L. & Sabucedo, J.-M. »Save the climate! Stop the oil«: Actual protest behavior and core framing tasks in the Portuguese climate movement. *J. Soc. Polit. Psychol.* **8**, 426–452 (2020).

22. Brügger, A., Gubler, M., Steentjes, K. & Capstick, S. B. Social Identity and Risk Perception Explain Participation in the Swiss Youth Climate Strikes. *Sustainability* **12**, 10605 (2020).

23. Marczak, M., Winkowska, M., Chaton-Østlie, K., Morote Rios, R., & Klöckner, C. A. »When I say I'm depressed, it's like anger.« An exploration of the emotional landscape of climate change concern in Norway and its psychological, social and political implications. *Emot Space Soc.* **46**, 100939 (2023).

24. Thomas, E. F., McGarty, C. & Mavor, K. I. Aligning Identities, Emotions, and Beliefs to Create Commitment to Sustainable Social and Political Action. *Personal. Soc. Psychol. Rev.* **13**, 194–218 (2009).
25. Hofmann, W., Wisneski, D. C., Brandt, M. J. & Skitka, L. J. Morality in everyday life. *Science* **345**, 1340–1343 (2014).
26. Kutlaca, M., van Zomeren, M. & Epstude, K. Our Right to a Steady Ground: Perceived Rights Violations Motivate Collective Action Against Human-Caused Earthquakes. *Environ. Behav.* **51**, 315–344 (2017).
27. Mazzoni, D., van Zomeren, M. & Cicognani, E. The Motivating Role of Perceived Right Violation and Efficacy Beliefs in Identification with the Italian Water Movement: Explaining Water Activism. *Polit. Psychol.* **36**, 315–330 (2015).
28. Keshavarzi, S., McGarty, C. & Khajehnoori, B. Testing social identity models of collective action in an Iranian environmental movement. *J. Community Appl. Soc. Psychol.* **31**, 452–464 (2021).
29. Pauls, I. L., Shuman, E., van Zomeren, M., Saguy, T. & Halperin, E. Does crossing a moral line justify collective means? Explaining how a perceived moral violation triggers normative and nonnormative forms of collective action. *Eur. J. Soc. Psychol.* **52**, 105–123 (2022).
30. van Zomeren, M., Kutlaca, M. & Turner-Zwinkels, F. Integrating who »we« are with what »we« (will not) stand for: A further extension of the Social Identity Model of Collective Action. *Eur. Rev. Soc. Psychol.* **29**, 122–160 (2018).
31. Yard Digital PR Team. Just Plane Wrong: Celebs with the Worst Private Jet CO2 Emissions. *Yard* (2022).
32. We move Europe. Ban private jets! https://act.wemove.eu/campaigns/ban-private-jets/.
33. *Climate Change 2022 – Mitigation of Climate Change: Working Group III Contribution to the Sixth Assessment Report of the Intergovernmental Panel on Climate Change.* (Cambridge University Press, 2022).
34. BVerfG, 1 Senat. *Beschluss des Ersten Senats vom 24. März 2021 – 1 BvR 2656/18 –, Rn. 1–270.* (Bundesverfassungsgericht, 2021).
35. van Zomeren, M., Postmes, T. & Spears, R. Toward an integrative social identity model of collective action: A quantitative research synthesis of three socio-psychological perspectives. *Psychol. Bull.* **134**, 504–535 (2008).
36. Jasper, J. M. *The emotions of protest.* (The University of Chicago Press, 2018).
37. Skitka, L. J. The Psychology of Moral Conviction. *Soc. Personal. Psychol. Compass* **4**, 267–281 (2010).
38. Haidt, J. The moral emotions. in *Handbook of affective sciences* (eds. Davidson, R. J., Scherer, K., R. & Goldsmith, H. H.) 852–870 (Oxford University Press, 2003).
39. Harth, N. S., Leach, C. W. & Kessler, T. Guilt, anger, and pride about in-group environmental behaviour: Different emotions predict distinct intentions. *J. Environ. Psychol.* **34**, 18–26 (2013).
40. Ferguson, M. A. & Branscombe, N. R. Collective guilt mediates the effect of beliefs about global warming on willingness to engage in mitigation behavior. *J. Environ. Psychol.* **30**, 135–142 (2010).
41. Rees, J. H. & Bamberg, S. Climate protection needs societal change: Determinants of intention to participate in collective climate action: Collective climate action intention. *Eur. J. Soc. Psychol.* **44**, 466–473 (2014).
42. Haugestad, C. A. P., Skauge, A. D., Kunst, J. R. & Power, S. A. Why do youth participate in climate activism? A mixed-methods investigation of the #FridaysForFuture climate protests. *J. Environ. Psychol.* **76**, 101647 (2021).
43. Ekman, P. An argument for basic emotions. *Cogn. Emot.* **6**, 169–200 (1992).
44. Bamberg, S., Rees, J. & Seebauer, S. Collective climate action: Determinants of participation intention in community-based pro-environmental initiatives. *J. Environ. Psychol.* **43**, 155–165 (2015).
45. Hickman, C. *et al.* Climate anxiety in children and young people and their beliefs about government responses to climate change: a global survey. *Lancet Planet. Health* **5**, e863–e873 (2021).
46. Bührle, H. & Kimmerle, J. Psychological Determinants of Collective Action for Climate Justice: Insights From Semi-Structured Interviews and Content Analysis. *Front. Psychol.* **12**, 695365 (2021).
47. Stanley, S. K., Hogg, T. L., Leviston, Z. & Walker, I. From anger to action: Differential impacts of eco-anxiety, eco-depression, and eco-anger on climate action and wellbeing. *J. Clim. Change Health* **1**, 100003 (2021).
48. Wallis, H. & Loy, L. S. What drives pro-environmental activism of young people? A survey study on the Fridays For Future movement. *J. Environ. Psychol.* **74**, 101581 (2021).
49. Furlong, C. & Vignoles, V. L. Social Identification in Collective Climate Activism: Predicting Participation in the Environmental Movement, Extinction Rebellion. *Identity* **21**, 20–35 (2021).

50. Gregersen, T., Andersen, G. & Tvinnereim, E. The strength and content of climate anger. *Glob. Environ. Change* **82**, 102738 (2023).

51. Landmann, H. & Rohmann, A. Being moved by protest: Collective efficacy beliefs and injustice appraisals enhance collective action intentions for forest protection via positive and negative emotions. *J. Environ. Psychol.* **71**, 101491 (2020).

52. Landmann, H. & Naumann, J. Being positively moved by climate protest predicts peaceful collective action. *Glob. Environ. Psychol.* (2023).

53. Sabherwal, A. *et al.* The Greta Thunberg Effect: Familiarity with Greta Thunberg predicts intentions to engage in climate activism in the United States. *J. Appl. Soc. Psychol.* **51**, 321–333 (2021).

54. Wright, S. C., Taylor, D. M. & Moghaddam, F. M. Responding to Membership in a Disadvantaged Group: From Acceptance to Collective Protest. *J. Pers. Soc. Psychol.* 994–1003 (1990).

55. de Moor, J., Uba, K., Wahlström, M., Wennerhag, M. & De Vydt, M. *Protest for a future II – Composition, mobilization and motives of the participants in Fridays For Future climate protests on 20-27 September, 2019, in 19 cities around the world.* https://protestinstitut.eu/wp-content/uploads/2019/07/20190709_Protest-for-a-future_GCS-Descriptive-Report.pdf (2020).

56. du Bray, M., Wutich, A., Larson, K. L., White, D. D. & Brewis, A. Anger and Sadness: Gendered Emotional Responses to Climate Threats in Four Island Nations. *Cross-Cult. Res.* **53**, 58–86 (2019).

57. Plant, E. A., Hyde, J. S., Keltner, D. & Devine, P. G. The Gender Stereotyping of Emotions. *Psychol. Women Q.* **24**, 81–92 (2000).

58. Brescoll, V. L. & Uhlmann, E. L. Can an Angry Woman Get Ahead?: Status Conferral, Gender, and Expression of Emotion in the Workplace. *Psychol. Sci.* **19**, 268–275 (2008).

59. KuchenTV. Hambacher Forst vs. RWE – Kuchen Talks #327. https://www.youtube.com/watch?v=r0HdwNoxmfg (2018).

60. Democracy Now. »We Are Striking to Disrupt the System«: An Hour with 16-Year-Old Climate Activist Greta Thunberg. (2019).

61. Global Coal Exit List. GCEL 2023 | Global Coal Exit List. https://www.coalexit.org/.

62. Thomas, E. F. & McGarty, C. A. The role of efficacy and moral outrage norms in creating the potential for international development activism through group-based interaction. *Br. J. Soc. Psychol.* **48**, 115–134 (2009).

63. Thomas, E. F., McGarty, C. & Mavor, K. Group interaction as the crucible of social identity formation: A glimpse at the foundations of social identities for collective action. *Group Process. Intergroup Relat.* **19**, 137–151 (2016).

64. BMUV & UBA. Umweltbewusstsein in Deutschland 2022 – Ergebnisse einer repräsentativen Bevölkerungsumfrage. (2022).

65. Hamann, K. R. S., Agris, A.-S. von & Markus, L. Investigating the predictors of collective action intensity and health. https://osf.io/c7vsn/ (2023).

66. Debt for Climate. Home. *debtforclimate* https://www.debtforclimate.org.

67. Debt for Climate! Debt for Climate Global Mobilization Oct–Nov 2022. https://www.youtube.com/watch?v=JlvrnNg7usI (2023).

68. Chenoweth, E. & Stephan, M. J. *Why civil resistance works: the strategic logic of nonviolent conflict.* (Columbia University Press, 2011).

69. Burstein, P. The Impact of Public Opinion on Public Policy: A Review and an Agenda. *Polit. Res. Q.* **56**, 29–40 (2003).

70. Burstein, P. & Linton, A. The Impact of Political Parties, Interest Groups, and Social Movement Organizations on Public Policy: Some Recent Evidence and Theoretical Concerns. *Soc. Forces* **81**, 380–408 (2002).

71. Louis, W. R. Collective Action-and Then What? *J. Soc. Issues* **65**, 727–748 (2009).

72. Muñoz, J. & Anduiza, E. ›If a fight starts, watch the crowd‹: The effect of violence on popular support for social movements. *J. Peace Res.* **56**, 485–498 (2019).

73. Feinberg, M., Willer, R. & Kovacheff, C. The activist's dilemma: Extreme protest actions reduce popular support for social movements. *J. Pers. Soc. Psychol.* **119**, 1086–1111 (2020).

74. Lockhart, I. & Kramer, K. Deutschland spricht 2021: Ergebnisse zur Debattenaktion. (2021).

75. Ksenofontov, I. & Becker, J. C. The Harmful Side of Thanks: Thankful Responses to High-Power Group Help Undermine Low-Power Groups' Protest. *Pers. Soc. Psychol. Bull.* **46**, 794–807 (2020).

76. Ellemers, N., van der Toorn, J., Paunov, Y. & van Leeuwen, T. The Psychology of Morality: A Review and Analysis of Empirical Studies Published From 1940 Through 2017. Personal. *Soc. Psychol. Rev.* **23**, 332–366 (2019).

77. Monin, B., Sawyer, P. J. & Marquez, M. J. The rejection of moral rebels: Resenting those who do the right thing. *J. Pers. Soc. Psychol.* **95**, 76–93 (2008).

78. Brouwer, C., Bolderdijk, J., Cornelissen, G. & Kurz, T. Communication strategies for moral rebels: How to talk about change in order to inspire self efficacy in others. *WIREs Clim. Change* **13**, (2022).

79. Truelove, H. B., Carrico, A. R., Weber, E. U., Raimi, K. T. & Vandenbergh, M. P. Positive and negative spillover of pro-environmental behavior: An integrative review and theoretical framework. *Glob. Environ. Change* **29**, 127–138 (2014).

80. Rosenberg, M. B. & Chopra, D. *Nonviolent Communication: A Language of Life*. (PuddleDancer Press, 2015).

81. Wacker, R. & Dziobek, I. Preventing empathic distress and social stressors at work through nonviolent communication training: A field study with health professionals. *J. Occup. Health Psychol.* **23**, 141–150 (2018).

82. Museux, A.-C., Dumont, S., Careau, E. & Milot, É. Improving interprofessional collaboration: The effect of training in nonviolent communication. *Soc. Work Health Care* **55**, 427–439 (2016).

83. Sung, J. & Kweon, Y. Effects of a Nonviolent Communication-Based Empathy Education Program for Nursing Students: A Quasi-Experimental Pilot Study. *Nurs. Rep.* **12**, 824–835 (2022).

84. Forschungsgruppe Wahlen e. V. Politbarometer: Wichtige Probleme in Deutschland. https://www.forschungsgruppe.de/Umfragen/Politbarometer/Langzeitentwicklung_-_Themen_im_Ueberblick/Politik_II/ (2023).

85. Russew, G.-S. & Witzki, V. Unterstützer der ›Letzten Generation‹ attackieren Monet-Gemälde. *rbb24* https://www.rbb24.de/panorama/beitrag/2022/10/brandenburg-barberini-letzte-generation-bild-attackiert.html (2022).

86. Pleul, P. Nach Aktion auf Flughafen BER: ›Letzte Generation‹ im Kreuzfeuer der Kritik. *Stern* (2022).

87. Simpson, B., Willer, R. & Feinberg, M. Does Violent Protest Backfire? Testing a Theory of Public Reactions to Activist Violence. *Socius Sociol. Res. Dyn. World* **4**, 237802311880318 (2018).

88. Thomas, E. F. & Louis, W. R. When Will Collective Action Be Effective? Violent and Non-Violent Protests Differentially Influence Perceptions of Legitimacy and Efficacy Among Sympathizers. *Pers. Soc. Psychol. Bull.* **40**, 263–276 (2014).

89. Zlobina, A. & Gonzalez Vazquez, A. What is the right way to protest? On the process of justification of protest, and its relationship to the propensity to participate in different types of protest. *Soc. Mov. Stud.* **17**, 234–250 (2018).

90. Gamson, W. A. *The strategy of social protest.* (Homewood, Ill. : Dorsey Press, 1975).

91. Myers, D. J. & Caniglia, B. S. All the Rioting That's Fit to Print: Selection Effects in National Newspaper Coverage of Civil Disorders, 1968-1969. *Am. Sociol. Rev.* **69**, 519–543 (2004).

92. Sobieraj, S. Reporting Conventions: Journalists, Activists, and the Thorny Struggle for Political Visibility. *Soc. Probl.* **57**, 505–528 (2010).

93. Haines, H. H. *Black radicals and the civil rights mainstream, 1954-1970*. (University of Tennessee Press, 1988).

94. Chenoweth, E. & Schock, K. Do Contemporaneous Armed Challenges Affect the Outcomes of Mass Nonviolent Campaigns? *Mobilization Int. Q.* **20**, 427–451 (2015).

95. Haines, H. H. Black Radicalization and the Funding of Civil Rights: 1957-1970. *Soc. Probl.* **32**, 31–43 (1984).

96. Haines, H. H. Radical Flank Effects. in *The Wiley-Blackwell Encyclopedia of Social and Political Movements* (eds. Snow, D. A., Della Porta, D., Klandermans, B. & McAdam, D.) wbespm174 (Blackwell Publishing Ltd, 2013).

97. Tompkins, E. A Quantitative Reevaluation of Radical Flank Effects within Nonviolent Campaigns. in *Research in Social Movements, Conflicts and Change* (ed. Coy, P. G.) vol. 38 103–135 (Emerald Group Publishing Limited, 2015).

98. Wasow, O. Agenda Seeding: How 1960s Black Protests Moved Elites, Public Opinion and Voting. *Am. Polit. Sci. Rev.* **114**, 638–659 (2020).

99. Farrer, B. & Klein, G. R. How Radical Environmental Sabotage Impacts US Elections. *Terror. Polit. Violence* **34**, 218–239 (2019).

100. Schifeling, T. & Hoffman, A. J. Bill McKibben's Influence on U.S. Climate Change Discourse: Shifting Field-Level Debates Through Radical Flank Effects. *Organ. Environ.* **32**, 213–233 (2019).

101. Shuman, E., Hasan-Aslih, S., Van Zomeren, M., Saguy, T. & Halperin, E. Protest movements involving limited violence can sometimes be effective: Evidence from the 2020 BlackLivesMatter protests. *Proc. Natl. Acad. Sci.* **119**, e2118990119 (2022).

102. Simpson, B., Willer, R. & Feinberg, M. Radical flanks of social movements can increase support for moderate factions. *PNAS Nexus* **1**, pgac110 (2022).

103. Dasch, S., Bellm, M., Shuman, E. & van Zomeren, M. The Radical Flank: Curse or Blessing of a Social Movement? *Glob. Environ. Psychol.* (2023).

104. Shuman, E., Saguy, T., van Zomeren, M. & Halperin, E. Disrupting the system constructively:

Testing the effectiveness of nonnormative nonviolent collective action. *J. Pers. Soc. Psychol.* **121**, 819–841 (2021).

105. Townsend, M. Tube protest was a mistake, admit leading Extinction Rebellion members. *The Guardian* (2019).

106. Gayle, D. & Quinn, B. Extinction Rebellion rush-hour protest sparks clash on London Underground. *The Guardian* (2019).

107. Kountouris, Y. & Williams, E. Do protests influence environmental attitudes? Evidence from Extinction Rebellion. *Environ. Res. Commun.* **5**, 011003 (2023).

108. Biermann, K., Geisler, A. & Polke-Majewski, K. Krawalle beim G20-Gipfel: Wer waren die Gewalttäter von Hamburg? *Die Zeit* (2017).

109. Shipley, J. ›You Strike a Match‹: Why two women sacrificed everything to stop the Dakota Access Pipeline. *Roll. Stone* (2021).

110. Wandelwerk e. V. Wandelwerk Umweltpsychologie: Wir bringen Psychologie in den Umweltschutz. https://www.wandel-werk.org/.

Kapitel 4

1. Lippmann, W. *Public Opinion.* (Harcourt, Brace & Co., 1922).

2. Heider, F. & Simmel, M. An Experimental Study of Apparent Behavior. *Am. J. Psychol.* **57**, 243–259 (1944).

3. Lück, H. E. Die Heider-Simmel-Studie (1944) in neueren Replikationen. *Gr. Organ.* **37**, 185–196 (2006).

4. Reinsborough, P. & Canning, D. *Re:Imagining change: how to use story-based strategy to win campaigns, build movements, and change the world.* (PM Press, 2017).

5. Dietze, P. & Craig, M. A. Framing economic inequality and policy as group disadvantages (versus group advantages) spurs support for action. *Nat. Hum. Behav.* **5**, 349–360 (2020).

6. Benford, R. D. & Snow, D. A. Framing Processes and Social Movements: An Overview and Assessment. *Annu. Rev. Sociol.* **26**, 611–639 (2000).

7. Gulliver, R., Wibisono, S., Fielding, K. S. & Louis, W. R. *The Psychology of Effective Activism.* (Cambridge University Press, 2021).

8. Cress, D. M. & Snow, D. A. The Outcomes of Homeless Mobilization: The Influence of Organization, Disruption, Political Mediation, and Framing. *Am. J. Sociol.* **105**, 1063–1104 (2000).

9. Shome, D. & Marx, S. M. The Psychology of Climate Change Communication: A Guide for Scientists, Journalists, Educators, Political Aides, and the Interested Public. (2009).

10. Armstrong, A. K., Krasny, M. E. & Schuldt, J. P. *Communicating Climate Change: A Guide for Educators.* (Cornell University Press, 2018).

11. PIRC, 350.org & NEON. Framing Climate Justice. *Framing Climate Justice* https://framingclimatejustice.org/.

Kapitel 5

1. Deci, E. L. & Ryan, R. M. The ›What‹ and ›Why‹ of Goal Pursuits: Human Needs and the Self-Determination of Behavior. *Psychol. Inq.* **11**, 227–268 (2000).

2. Bandura, A. *Self-efficacy: the exercise of control.* (W.H. Freeman, 1997).

3. van Zomeren, M., Kutlaca, M. & Turner-Zwinkels, F. Integrating who »we« are with what »we« (will not) stand for: A further extension of the Social Identity Model of Collective Action. *Eur. Rev. Soc. Psychol.* **29**, 122–160 (2018).

4. van Zomeren, M. Building a Tower of Babel? Integrating Core Motivations and Features of Social Structure into the Political Psychology of Political Action: Motivation, Structure, and Action. *Polit. Psychol.* **37**, 87–114 (2016).

5. Agostini, M. & van Zomeren, M. Toward a comprehensive and potentially cross-cultural model of why people engage in collective action: A quantitative research synthesis of four motivations and structural constraints. *Psychol. Bull.* **147**, 667–700 (2021).

6. van Zomeren, M., Saguy, T. & Schellhaas, F. M. H. Believing in »making a difference« to collective efforts: Participative efficacy beliefs as a unique predictor of collective action. *Group Process. Intergroup Relat.* **16**, 618–634 (2013).

7. Hamann, K. R. S., Wullenkord, M. C., Reese, G. & van Zomeren, M. Believing That We Can Change Our World for the Better: A Triple-A (Agent-Action-Aim) Framework of Self-Efficacy Beliefs in the Context of Collective Social and Ecological Aims. *Personal. Soc. Psychol. Rev.* 10888683231178056 (2023).

8. Thunberg, G. *No One Is Too Small to Make a Difference.* (Penguin Books, 2019).

9. Besta, T., Jaśkiewicz, M., Kosakowska-Berezecka, N., Lawendowski, R. & Zawadzka, A. M. What do I gain from joining crowds? Does self-expansion help to explain the relationship between identity fusion, group efficacy and collective action?: What do I gain from joining crowds? *Eur. J. Soc. Psychol.* **48**, 0152–0167 (2018).

10. Brügger, A., Gubler, M., Steentjes, K. & Capstick, S. B. Social Identity and Risk Perception Explain Participation in the Swiss Youth Climate Strikes. *Sustainability* **12**, 10605 (2020).

11. Rees, J. H. & Bamberg, S. Climate protection needs societal change: Determinants of intention to participate in collective climate action: Collective climate action intention. *Eur. J. Soc. Psychol.* **44**, 466–473 (2014).

12. Landmann, H. & Rohmann, A. Being moved by protest: Collective efficacy beliefs and injustice appraisals enhance collective action intentions for forest protection via positive and negative emotions. *J. Environ. Psychol.* **71**, 101491 (2020).

13. van Zomeren, M., Postmes, T. & Spears, R. On conviction's collective consequences: Integrating moral conviction with the social identity model of collective action: Conviction's collective consequences. *Br. J. Soc. Psychol.* **51**, 52–71 (2012).

14. Gulliver, R., Chapman, C. M., Solly, K. N. & Schultz, T. Testing the impact of images in environmental campaigns. *J. Environ. Psychol.* **71**, 101468 (2020).

15. Doherty, K. L. & Webler, T. N. Social norms and efficacy beliefs drive the Alarmed segment's public-sphere climate actions. *Nat. Clim. Change* **6**, 879–884 (2016).

16. van Zomeren, M., Spears, R. & Leach, C. W. Experimental evidence for a dual pathway model analysis of coping with the climate crisis. *J. Environ. Psychol.* **30**, 339–346 (2010).

17. Sabherwal, A. *et al.* The Greta Thunberg Effect: Familiarity with Greta Thunberg predicts intentions to engage in climate activism in the United States. *J. Appl. Soc. Psychol.* **51**, 321–333 (2021).

18. Thomas, E. F. & Louis, W. R. When Will Collective Action Be Effective? Violent and Non-Violent Protests Differentially Influence Perceptions of Legitimacy and Efficacy Among Sympathizers. *Pers. Soc. Psychol. Bull.* **40**, 263–276 (2014).

19. Carmona-Moya, B., Calvo-Salguero, A. & Aguilar-Luzón, M.-C. EIMECA: A Proposal for a Model of Environmental Collective Action. *Sustainability* **13**, 5935 (2021).

20. Wallis, H. & Loy, L. S. What drives pro-environmental activism of young people? A survey study on the Fridays For Future movement. *J. Environ. Psychol.* **74**, 101581 (2021).

21. Cologna, V., Hoogendoorn, G. & Brick, C. To strike or not to strike? an investigation of the determinants of strike participation at the Fridays for Future climate strikes in Switzerland. *PLOS ONE* **16**, e0257296 (2021).

22. Thomas, E. F. *et al.* Whatever happened to Kony2012? Understanding a global Internet phenomenon as an emergent social identity. *Eur. J. Soc. Psychol.* **45**, 356–367 (2015).

23. van Zomeren, M., Pauls, I. L. & Cohen-Chen, S. Is hope good for motivating collective action in the context of climate change? Differentiating hope's emotion- and problem-focused coping functions. *Glob. Environ. Change* **58**, 101915 (2019).

24. Hamann, K. R. S. & Reese, G. My Influence on the World (of Others): Goal Efficacy Beliefs and Efficacy Affect Predict Private, Public, and Activist Pro environmental Behavior. *J. Soc. Issues* **76**, 35–53 (2020).

25. Bamberg, S., Rees, J. & Seebauer, S. Collective climate action: Determinants of participation intention in community-based pro-environmental initiatives. *J. Environ. Psychol.* **43**, 155–165 (2015).

26. Mazzoni, D., van Zomeren, M. & Cicognani, E. The Motivating Role of Perceived Right Violation and Efficacy Beliefs in Identification with the Italian Water Movement: Explaining Water Activism. *Polit. Psychol.* **36**, 315–330 (2015).

27. Kauhausen, K. Creating a Climate for Change. (Otto-von-Guericke-Universität, 2015).

28. Hamann, K. R. S., Holz, J. R. & Reese, G. Coaching for a Sustainability Transition: Empowering Student-Led Sustainability Initiatives by Developing Skills, Group Identification, and Efficacy Beliefs. *Front. Psychol.* **12**, 623972 (2021).

29. Hamann, K. R. S., Agris, A.-S. von & Markus, L. Investigating the predictors of collective action intensity and health. https://osf.io/c7vsn/ (2023).

30. Einwohner, R. L. Motivational Framing and Efficacy Maintenance: Animal Rights Activists' Use Of Four Fortifying Strategies. *Sociol. Q.* **43**, 509–526 (2002).

31. Drury, J., Cocking, C., Beale, J., Hanson, C. & Rapley, F. The phenomenology of empowerment in collective action. *Br. J. Soc. Psychol.* **44**, 309–328 (2005).

32. Fernandez-Ballesteros, R., Diez-Nicolas, J., Caprara, G. V., Barbaranelli, C. & Bandura, A. Determinants and Structural Relation of Personal Efficacy to Collective Efficacy. *Appl. Psychol.* **51**, 107–125 (2002).

33. Corcoran, K. E., Pettinicchio, D. & Young, J. T. N. The context of control: A cross-national investigation of the link between political institutions, efficacy, and collective action: Efficacy and collective action. *Br. J. Soc. Psychol.* **50**, 575–605 (2011).

34. Drury, J. & Reicher, S. Explaining enduring empowerment: a comparative study of collective action and psychological outcomes. *Eur. J. Soc. Psychol.* **35**, 35–58 (2005).

35. Hornsey, M. J., Chapman, C. M. & Oelrichs, D. M. Ripple effects: Can information about the collective impact of individual actions boost perceived efficacy about climate change? *J. Exp. Soc. Psychol.* **97**, 104217 (2021).

36. Xue, W. *et al.* Combining threat and efficacy messaging to increase public engagement with climate change in Beijing, *China. Clim. Change* **137**, 43–55 (2016).

37. Jugert, P. *et al.* Collective efficacy increases pro-environmental intentions through increasing self-efficacy. *J. Environ. Psychol.* **48**, 12–23 (2016).

38. Ende Gelände. Wir sind das Investitionsrisiko! Ende Gelände! 13.–16. Mai 2016 in der Lausitz. https://www.youtube.com/watch?v=jMKCVPONww0 (2016).

39. Morton, T. A., Rabinovich, A., Marshall, D. & Bretschneider, P. The future that may (or may not) come: How framing changes responses to uncertainty in climate change communications. *Glob. Environ. Change* **21**, 103–109 (2011).

40. Perspective Daily – dein Online-Magazin für mehr Überblick. *Perspective Daily* https://perspective-daily.de.

41. Müller, T. Kämpfen und zweifeln. *nd-aktuell.de* https://www.nd-aktuell.de/artikel/1147613.klima-gerechtigkeit-kaempfen-und-zweifeln.html (2021).

42. Tausch, N. & Becker, J. C. Emotional reactions to success and failure of collective action as predictors of future action intentions: A longitudinal investigation in the context of student protests in Germany: Emotional reactions to success and failure of collective action. *Br. J. Soc. Psychol.* **52**, 525–542 (2013).

43. Joe. Greta Thunberg: Wissenschaftler untersuchen ›Fridays For Future‹-Bewegung. *Der Spiegel* (2019).

44. Graham-Harrison, E. Greta Thunberg takes climate fight to Germany's threatened Hambach Forest. *The Guardian* (2019).

45. Reznickova, A. & Zepeda, L. Can Self-Determination Theory Explain the Self-Perpetuation of Social Innovations? A Case Study of Slow Food at the University of Wisconsin-Madison: Self-determination and social innovation. *J. Community Appl. Soc. Psychol.* **26**, 3–17 (2016).

46. Almers, E. Pathways to Action Competence for Sustainability — Six Themes. *J. Environ. Educ.* **44**, 116–127 (2013).

47. Howell, A. J. Self-Affirmation Theory and the Science of Well-Being. *J. Happiness Stud.* **18**, 293–311 (2017).

48. Drury, J. & Reicher, S. The Intergroup Dynamics of Collective Empowerment: Substantiating the Social Identity Model of Crowd Behavior. Group Process. *Intergroup Relat.* **2**, 381–402 (1999).

49. Wang, E. S.-T. & Lin, H.-C. Sustainable Development: The Effects of Social Normative Beliefs On Environmental Behaviour: The Effects of Social Normative Beliefs on Environmental Behaviour. *Sustain. Dev.* **25**, 595–609 (2017).

50. Wang, X. The role of attitudinal motivations and collective efficacy on Chinese consumers' intentions to engage in personal behaviors to mitigate climate change. *J. Soc. Psychol.* **158**, 51–63 (2018).

51. Madman Films. Tomorrow–Official Trailer. https://www.youtube.com/watch?v=OSI-Kyam_Jk (2016).

52. Swim, J. K., Geiger, N. & Lengieza, M. L. Climate Change Marches as Motivators for Bystander Collective Action. *Front. Commun.* **4**, 4 (2019).

53. van Zomeren, M., Postmes, T. & Spears, R. Toward an integrative social identity model of collective action: A quantitative research synthesis of three socio-psychological perspectives. *Psychol. Bull.* **134**, 504–535 (2008).

54. Bieniek-Tobasco, A. *et al.* Communicating climate change through documentary film: imagery, emotion, and efficacy. *Clim. Change* **154**, 1–18 (2019).

55. Olson, M. *The Logic of Collective Action: Public Goods and the Theory of Groups, Second Printing with a New Preface and Appendix.* (Harvard University Press, 1971).

56. Hornsey, M. J., Chapman, C. M. & Oelrichs, D. M. Why it is so hard to teach people they can make a difference: climate change efficacy as a non-analytic form of reasoning. *Think. Reason.* 1–19 (2022).

57. Antonetti, P. & Maklan, S. Feelings that Make a Difference: How Guilt and Pride Convince Consumers of the Effectiveness of Sustainable Consumption Choices. *J. Bus. Ethics* **124**, 117–134 (2014).

58. Landmann, H. & Naumann, J. Being positively moved by climate protest predicts peaceful collective action. *Glob. Environ. Psychol.* (2023).

59. Hornsey, M. J. *et al.* Evidence for motivated control: Understanding the paradoxical link between threat and efficacy beliefs about climate change. *J. Environ. Psychol.* **42**, 57–65 (2015).

60. Valentino, N. A., Gregorowicz, K. & Groenendyk, E. W. Efficacy, Emotions and the Habit of Participation. *Polit. Behav.* **31**, 307–330 (2009).

61. Cohen-Chen, S. & Van Zomeren, M. Yes we can? Group efficacy beliefs predict collective action, but only when hope is high. *J. Exp. Soc. Psychol.* **77**, 50–59 (2018).

62. Ojala, M. Hope in the Face of Climate Change: Associations With Environmental Engagement and Student Perceptions of Teachers' Emotion Communication Style and Future Orientation. *J. Environ. Educ.* **46**, 133–148 (2015).

63. Marlon, J. R. *et al.* How Hope and Doubt Affect Climate Change Mobilization. *Front. Commun.* **4**, 20 (2019).

64. Brosch, T. Affect and emotions as drivers of climate change perception and action: a review. *Curr. Opin. Behav. Sci.* **42**, 15–21 (2021).

65. Hornsey, M. J. & Fielding, K. S. A cautionary note about messages of hope: Focusing on progress in reducing carbon emissions weakens mitigation motivation. *Glob. Environ. Change* **39**, 26–34 (2016).

66. Greenaway, K. H., Cichocka, A., van Veelen, R., Likki, T. & Branscombe, N. R. Feeling Hopeful Inspires Support for Social Change. *Polit. Psychol.* **37**, 89–107 (2016).

67. Shuman, E., Cohen-Chen, S., Hirsch-Hoefler, S. & Halperin, E. Explaining Normative Versus Nonnormative Action: The Role of Implicit Theories. *Polit. Psychol.* **37**, 835–852 (2016).

68. Jiménez-Moya, G., Rodríguez-Bailón, R., Spears, R. & de Lemus, S. Collective resistance despite complicity: High identifiers rise above the legitimization of disadvantage by the in-group. *Br. J. Soc. Psychol.* **56**, 103–124 (2017).

69. Moser, S. & Seebauer, S. Has the COVID-19 pandemic strengthened confidence in managing the climate crisis? Transfer of efficacy beliefs after experiencing lockdowns in Switzerland and Austria. *Front. Psychol.* **13**, 892735 (2022).

70. Obermiller, C. The Baby is Sick/The Baby is Well: A Test of Environmental Communication Appeals. *J. Advert.* **24**, 55–70 (1995).

71. Van de Velde, L., Verbeke, W., Popp, M. & Van Huylenbroeck, G. The importance of message framing for providing information about sustainability and environmental aspects of energy. *Energy Policy* **38**, 5541–5549 (2010).

72. Grant, A. M. Making Positive Change: A Randomized Study Comparing Solution-Focused vs. Problem-Focused Coaching Questions. *J. Syst. Ther.* **31**, 21–35 (2012).

73. Kuhnhenn, K., Pinnow, A., Schmelzer, M. & Treu, N. *Zukunft für alle – Eine Vision für 2048*. (oekom Verlag, 2020).

74. Fernando, J. W., O'Brien, L. V., Burden, N. J., Judge, M. & Kashima, Y. Greens or space invaders: Prominent utopian themes and effects on social change motivation. *Eur. J. Soc. Psychol.* **50**, 278–291 (2020).

75. Wright, J. D., Schmitt, M. T., Mackay, C. M. L. & Neufeld, S. D. Imagining a sustainable world: Measuring cognitive alternatives to the environmental status quo. *J. Environ. Psychol.* **72**, 101523 (2020).

76. Wright, J. D., Schmitt, M. T. & Mackay, C. M. L. Access to Environmental Cognitive Alternatives Predicts Pro-Environmental Activist Behavior. *Environ. Behav.* **31** (2022).

77. Fernando, J. W. *et al.* Functions of Utopia: How Utopian Thinking Motivates Societal Engagement. *Pers. Soc. Psychol. Bull.* **44**, 779–792 (2018).

78. Barr, D. & Drury, J. Activist Identity as a Motivational Resource: Dynamics of (Dis)empowerment at the G8 Direct Actions, Gleneagles, 2005. *Soc. Mov. Stud.* **8**, 243–260 (2009).

79. Bleh, J. Social experiences as inspiration for societal imagination: First insights from three field studies. (presented at ICEP, 2023).

80. Bain, P. G., Hornsey, M. J., Bongiorno, R., Kashima, Y. & Crimston, C. R. Collective Futures: How Projections About the Future of Society Are Related to Actions and Attitudes Supporting Social Change. *Pers. Soc. Psychol. Bull.* **39**, 523–539 (2013).

81. Hamann, K. How to envision an ecological future? An experimental study on the effectiveness of presented vs. self generated visions. (presented at DGPs-Kongress, 2022).

82. Fritsche, I., Barth, M., Jugert, P., Masson, T. & Reese, G. A Social Identity Model of Pro-Environmental Action (SIMPEA). *Psychol. Rev.* **125**, 245–269 (2018).

83. Thomas, E. F. & McGarty, C. A. The role of efficacy and moral outrage norms in creating the potential for international development activism through group-based interaction. *Br. J. Soc. Psychol.* **48**, 115–134 (2009).

84. Scafuto, F. & La Barbera, F. Protest Against Waste Contamination in the ›Land of Fires‹: Psychological Antecedents for Activists and Non-activists. *J. Community Appl. Soc. Psychol.* **26**, 481–495 (2016).

85. Collado, S. & Evans, G. W. Outcome expectancy: A key factor to understanding childhood exposure to nature and children's pro-environmental behavior. *J. Environ. Psychol.* **61**, 30–36 (2019).

86. Kerr, N. L. Illusions of efficacy: The effects of group size on perceived efficacy in social dilemmas. *J. Exp. Soc. Psychol.* **25**, 287–313 (1989).

87. Hamann, K., Masson, T., Fritsche, I., Dasch, S., von der Kaus, K. *Report on experimental lab studies on energy citizenship – energy community set-ups, energy visions and collective agency as predictors of energy citizenship and pro-environmental spillover.* (2023).

88. Lickel, B. *et al.* Varieties of groups and the perception of group entitativity. *J. Pers. Soc. Psychol.* **78**, 223–246 (2000).

89. IPU | Initiative Psychologie im Umweltschutz. https://ipu-ev.de/.

90. e-fect – Umweltpsychologische Expertise, klare Wirkungsorientierung und ausgeprägtes Prozessverständnis. https://e-fect.de/.

91. Fritsche, I. Agency Through the We: Group-Based Control Theory. *Curr. Dir. Psychol. Sci.* **31**, 194–201 (2022).

92. Fritsche, I. & Masson, T. Collective climate action: When do people turn into collective environmental agents? *Curr. Opin. Psychol.* **42**, 114–119 (2021).

93. Cocking, C. & Drury, J. Generalization of Efficacy as a Function of Collective Action and Intergroup Relations: Involvement in an Anti-Roads Struggle. *J. Appl. Soc. Psychol.* **34**, 417–444 (2004).

94. Drury, J., Evripidou, A. & van Zomeren, M. Empowerment: The intersection of identity and power in collective action. in *Power and identity* (eds. Sindic, D., Barreto, M. & Costa-Lopes, R.) 94–116 (Psychology Press, 2015).

95. Hornsey, M. J. *et al.* Why Do People Engage in Collective Action? Revisiting the Role of Perceived Effectiveness. *J. Appl. Soc. Psychol.* **36**, 1701–1722 (2006).

96. Harré, N. Community service or activism as an identity project for youth. *J. Community Psychol.* **35**, 711–724 (2007).

97. Truelove, H. B., Carrico, A. R., Weber, E. U., Raimi, K. T. & Vandenbergh, M. P. Positive and negative spillover of pro-environmental behavior: An integrative review and theoretical framework. *Glob. Environ. Change* **29**, 127–138 (2014).

98. Lee, D. S. & Ybarra, O. Cultivating Effective Social Support Through Abstraction: Reframing Social Support Promotes Goal-Pursuit. *Pers. Soc. Psychol. Bull.* **43**, 453-464 (2017).

99. Kruglanski, A. W. *et al.* A theory of goal systems. in *Advances in experimental social psychology, Vol.* (ed. Zanna, M. P.) **34**, 331–378 (Academic Press, 2002).

100. Lee, F. L. F. The Perceptual Bases of Collective Efficacy and Protest Participation: The Case of Pro-Democracy Protests in Hong Kong. *Int. J. Public Opin. Res.* **22**, 392–411 (2010).

101. Tausch, N. *et al.* Explaining radical group behavior: Developing emotion and efficacy routes to normative and nonnormative collective action. *J. Pers. Soc. Psychol.* **101**, 129–148 (2011).

102. Osborne, D., Yogeeswaran, K. & Sibley, C. G. Hidden consequences of political efficacy: Testing an efficacy–apathy model of political mobilization. *Cultur. Divers. Ethnic Minor. Psychol.* **21**, 533–540 (2015).

103. Gulevich, O., Sarieva, I., Nevruev, A. & Yagiyayev, I. How do social beliefs affect political action motivation? The cases of Russia and Ukraine. Group Process. *Intergroup Relat.* **20**, 382–395 (2017).

104. netzwerk n e. V. Bildungsmaterialien / netzwerk n. https://netzwerk-n.org.

105. Jung, D. I. & Sosik, J. J. Transformational Leadership in Work Groups: The Role of Empowerment, Cohesiveness, and Collective-Efficacy on Perceived Group Performance. *Small Group Res.* **33**, 313–336 (2002).

106. Reese, G. & Junge, E. Keep on Rockin' in a (Plastic-) Free World: Collective Efficacy and Pro-Environmental Intentions as a Function of Task Difficulty. *Sustainability* **9**, 200 (2017).

107. Kantor, D. & Lehr, W. *Inside the family.* (San Francisco: Jossey-Bass, 1975).

108. Cleff, A. Helping Team Members Stretch Their Communication Muscles: Kantor Four Player Model – Andy Cleff. https://www.andycleff.com/2021/04/stretch-team-communication-muscles-kantor-four-player-model/.

109. Commons Librarian. Bill Moyer's Movement Action Plan and Four Roles of Activism. *The Commons* https://commonslibrary.org/bill-moyers-movement-action-plan-and-four-roles-of-activism/ (2022).

110. Adams, N. Ecologies of UK Social Movements. https://thinkingdoingchanging.files.wordpress.com/2019/05/the-ecologies-of-uk-social-movements-.pdf (2019).

111. Hoffman, A. J. Shades of Green. *Stanf. Soc. Innov. Rev.* **7**, 4049 (2009).

112. Heitfeld, M. & Reif, A. Transformation gestalten lernen. https://www.germanwatch.org/de/19607 (2021).

113. Scientists for Future. About. *Scientists 4 Future* https://scientists4future.org/.

114. Tassone, V. C., Dik, G. & van Lingen, T. A. Empowerment for sustainability in higher education through the EYE learning tool. *Int. J. Sustain. High. Educ.* **18**, 341–358 (2017).

115. Vestergren, S., Drury, J. & Chiriac, E. H. The biographical consequences of protest and activism: a systematic review and a new typology. *Soc. Mov. Stud.* **16**, 203–221 (2017).

116. Cable, S. Women's Social Movement Involvement: The Role of Structural Availability in Recruitment and Participation Processes. *Sociol. Q.* **33**, 35–50 (1992).

117. Siy, J. O. *et al.* Does the follow-your-passions ideology cause greater academic and occupational gender disparities than other cultural ideologies? *J. Pers. Soc. Psychol.* **125**, 548–570 (2023).

118. Peterson, N. A. & Zimmerman, M. A. Beyond the Individual: Toward a Nomological Network of Organizational Empowerment. *Am. J. Community Psychol.* **34**, 129–145 (2004).

Kapitel 6

1. Vestergren, S., Drury, J. & Chiriac, E. H. The biographical consequences of protest and activism: a systematic review and a new typology. *Soc. Mov. Stud.* **16**, 203–221 (2017).

2. Schussman, A. & Soule, S. A. Process and Protest: Accounting for Individual Protest Participation. *Soc. Forces* **84**, 1083–1108 (2005).

3. Verhulst, J. & Walgrave, S. The First Time is the Hardest? A Cross-National and Cross-Issue Comparison of First-Time Protest Participants. *Polit. Behav.* **31**, 455–484 (2009).

4. Thomas, E. F. & McGarty, C. A. The role of efficacy and moral outrage norms in creating the potential for international development activism through group-based interaction. *Br. J. Soc. Psychol.* **48**, 115–134 (2009).

5. Valentino, N. A., Gregorowicz, K. & Groenendyk, E. W. Efficacy, Emotions and the Habit of Participation. *Polit. Behav.* **31**, 307–330 (2009).

6. Hamann, K., Löschinger, D. & Baumann, A. *Psychologie im Umweltschutz: Handbuch zur Förderung nachhaltigen Handelns.* (Oekom Verlag, 2016).

7. Parkes, I., Thomas-Walters, L., Sabherwal, A., O'Dell, D. & Shreedhar, G. Social identification predicts behavioural engagement with environmental activist movements, but does not moderate the collective climate action intention-behaviour gap. https://osf.io/4ksgw (2023).

8. Louis, W. *et al.* The Volatility of Collective Action: Theoretical Analysis and Empirical Data. *Polit. Psychol.* **41**, 35–74 (2020).

9. Gulevich, O., Sarieva, I., Nevruev, A. & Yagiyayev, I. How do social beliefs affect political action motivation? The cases of Russia and Ukraine. Group Process. *Intergroup Relat.* **20**, 382–395 (2017).

10. Tausch, N. *et al.* Explaining radical group behavior: Developing emotion and efficacy routes to normative and nonnormative collective action. *J. Pers. Soc. Psychol.* **101**, 129–148 (2011).

11. Lizzio-Wilson, M. *et al.* How Collective-Action Failure Shapes Group Heterogeneity and Engagement in Conventional and Radical Action Over Time. *Psychol. Sci.* **32**, 519–535 (2021).

12. de Moor, J. & Verhaegen, S. Gateway or getaway? Testing the link between lifestyle politics and other modes of political participation. *Eur. Polit. Sci. Rev.* **12**, 91–111 (2020).

13. Lacroix, K. *et al.* Does personal climate change mitigation behavior influence collective behavior? Experimental evidence of no spillover in the United States. *Energy Res. Soc. Sci.* **94**, 102875 (2022).

14. Hamann, K. R. S. Psychological Empowerment in the Context of Environmental Protection: How Can Personal, Collective, and Participative Efficacy Beliefs Foster Pro-environmental Behavior and Activism? (University Koblenz-Landau, 2022).

15. Cocking, C. & Drury, J. Generalization of Efficacy as a Function of Collective Action and Intergroup Relations: Involvement in an Anti-Roads Struggle. *J. Appl. Soc. Psychol.* **34**, 417–444 (2004).

16. Drury, J. & Reicher, S. Explaining enduring empowerment: a comparative study of collective action and psychological outcomes. *Eur. J. Soc. Psychol.* **35**, 35–58 (2005).

17. Stuart, A., Thomas, E. F., Donaghue, N. & Russell, A. »We may be pirates, but we are not protesters«: Identity in the Sea Shepherd Conservation Society: Identity in the Sea Shepherd Conservation Society. *Polit. Psychol.* **34**, 753–777 (2013).

18. Vestergren, S., Drury, J. & Chiriac, E. H. How collective action produces psychological change and how that change endures over time: A case study of an environmental campaign. *Br. J. Soc. Psychol.* **57**, 855–877 (2018).

19. Maki, A. *et al.* Meta-analysis of pro-environmental behaviour spillover. *Nat. Sustain.* **2**, 307–315 (2019).

Kapitel 7

20. van Zomeren, M., Postmes, T. & Spears, R. Toward an integrative social identity model of collective action: A quantitative research synthesis of three socio-psychological perspectives. *Psychol. Bull.* **134**, 504–535 (2008).

21. Thomas, E. F., McGarty, C. & Mavor, K. I. Aligning Identities, Emotions, and Beliefs to Create Commitment to Sustainable Social and Political Action. Personal. *Soc. Psychol. Rev.* **13**, 194–218 (2009).

22. Thomas, E. F. & McGarty, C. A. The role of efficacy and moral outrage norms in creating the potential for international development activism through group-based interaction. *Br. J. Soc. Psychol.* **48**, 115–134 (2009).

23. Thomas, E. F., Mavor, K. I. & McGarty, C. Social identities facilitate and encapsulate action-relevant constructs: A test of the social identity model of collective action. *Group Process. Intergroup Relat.* **15**, 75–88 (2012).

24. Wandelwerk e. V. Wandelwerk Umweltpsychologie: Wir bringen Psychologie in den Umweltschutz. https://www.wandel-werk.org/.

Kapitel 8

1. Nandram, S. S. & Klandermans, B. Stress Experienced by Active Members of Trade Unions. *J. Organ. Behav.* **14**, 415–431 (1993).

2. Gorski, P., Lopresti-Goodman, S. & Rising, D. »Nobody's paying me to cry«: the causes of activist burnout in United States animal rights activists. *Soc. Mov. Stud.* **18**, 364–380 (2019).

3. Chen, C. W. & Gorski, P. C. Burnout in Social Justice and Human Rights Activists: Symptoms, Causes and Implications. *J. Hum. Rights Pract.* **7**, 366–390 (2015).

4. Rodgers, K. ›Anger is Why We're All Here‹: Mobilizing and Managing Emotions in a Professional Activist Organization. *Soc. Mov. Stud.* **9**, 273–291 (2010).

5. Pigni, A. *The idealist's survival kit: 75 simple ways to avoid burnout.* (Parallax Press, 2016).

6. Plyler, J. How To Keep On Keeping On: Sustaining Ourselves in Community Organizing and Social Justice Struggles. *Upping Anti* (2009).

7. Schwartz, S. E. O. *et al.* Climate change anxiety and mental health: Environmental activism as buffer. *Curr. Psychol.* **42**, 16708–16721 (2023).

8. Maslach, C. & Gomes, M. E. Overcoming burnout. in *Working for peace: A handbook of practical psychology and other tools* (ed. MacNair, R. M.) 43–49 (Impact Publishers/New Harbinger Publications, 2006).

9. Freudenberger, H. J. Staff Burn-Out. *J. Soc. Issues* **30**, 159–165 (1974).

10. Maslach, C. & Leiter, M. P. Reversing burnout: How to rekindle your passion for your work. *IEEE Eng. Manag. Rev.* **38**, 91–96 (2010).

11. Bianchi, R., Schonfeld, I. S. & Laurent, E. Burnout–depression overlap: A review. *Clin. Psychol. Rev.* **36**, 28–41 (2015).

12. Hamann, K. R. S., Wenzel, K., Dasch, S., Junge, E., von Agris, A.-S. & Bleh, J. How Can Psychological Research Support Movements for Socio-Ecological Change? A Qualitative Study on Psychological Challenges and Questions of Activists. (unpublished manuscript).

13. Vandermeulen, D., Hasan Aslih, S., Shuman, E. & Halperin, E. Protected by the Emotions of the Group: Perceived Emotional Fit and Disadvantaged Group Members' Activist Burnout. *Pers. Soc. Psychol. Bull.* 014616722210928 (2022).

14. Hamann, K. R. S., Holz, J. R. & Reese, G. Coaching for a Sustainability Transition: Empowering Student-Led Sustainability Initiatives by Developing Skills, Group Identification, and Efficacy Beliefs. *Front. Psychol.* **12**, 623972 (2021).

15. Hamann, K. R. S., Agris, A.-S. von & Markus, L. Investigating the predictors of collective action intensity and health. https://osf.io/c7vsn/ (2023).

16. Hickman, C. *et al.* Climate anxiety in children and young people and their beliefs about government responses to climate change: a global survey. *Lancet Planet. Health* **5**, e863–e873 (2021).

17. Marczak, M., Winkowska, M., Chaton-Østlie, K., Morote Rios, R., & Klöckner, C. A. »When I say I'm depressed, it's like anger.« An exploration of the emotional landscape of climate change concern in Norway and its psychological, social and political implications. *Emot Space Soc.* **46**, 100939 (2023).

18. Gorski, P. C. & Chen, C. »Frayed All Over:« The Causes and Consequences of Activist Burnout Among Social Justice Education Activists. *Educ. Stud.* **51**, 385–405 (2015).

19. Gomes, M. E. The Rewards and Stresses of Social Change: A Qualitative Study of Peace Activists. *J. Humanist. Psychol.* **32**, 138–146 (1992).

20. Gorski, P. C. Fighting racism, battling burnout: causes of activist burnout in US racial justice activists. *Ethn. Racial Stud.* **42**, 667–687 (2019).

21. Pines, A. M. Burnout: An existential perspective. in *Professional burnout: Recent developments in theory and research* (eds. Schaufeli, W. B., Maslach, C. & Marek, T.) 33–51 (Taylor & Francis, 1993).

22. Junge, E. The Wastefulness of the Environmental Movement - An Investigation into Sustainable Activism. (Lund University, 2018).

23. Vestergren, S., Drury, J. & Chiriac, E. H. The biographical consequences of protest and activism: a systematic review and a new typology. *Soc. Mov. Stud.* **16**, 203–221 (2017).

24. Global Witness. Decade of defiance. https://www.globalwitness.org/en/campaigns/environmental-activists/decade-defiance/ (2022).

25. Haaheim, J. Dr. King's Question To Today's Social Movements. *Justin Haaheim* https://justinh.org/2013/08/29/darkness-cannot-drive-out-darkness/ (2013).

26. Klandermans, B. Klandermans, B. Disengaging from movements. in *The social movements reader: Cases and concepts* (eds. Goodwin, J. & Jasper, J.) 128–140 (Blackwell, 2003).

27. Hopgood, S. Keepers of the Flame: Understanding Amnesty International. *Perspect. Polit.* **5**, 213–215 (2007).

28. Seidler, Z. E., Dawes, A. J., Rice, S. M., Oliffe, J. L. & Dhillon, H. M. The role of masculinity in men's help-seeking for depression: A systematic review. *Clin. Psychol. Rev.* **49**, 106–118 (2016).

29. APA. APA Dictionary of Psychology: Resilience. https://dictionary.apa.org/resilience.

30. Leys, C. *et al.* Perspectives on resilience: Personality Trait or Skill? *Eur. J. Trauma Dissociation* **4**, 100074 (2020).

31. Nepstad, S. E. Persistent Resistance: Commitment and Community in the Plowshares Movement. *Soc. Probl.* **51**, 43–60 (2004).

32. Macy, J. & Johnstone, C. *Active hope: how to face the mess we're in without going crazy.* (New World Library, 2012).

33. Lorde, A. *A burst of light.* (Firebrand Books, Ithaca, 1988).

34. Gorski, P. C. Relieving Burnout and the »Martyr Syndrome« Among Social Justice Education Activists: The Implications and Effects of Mindfulness. *Urban Rev.* **47**, 696–716 (2015).

35. Westoby, R., Clissold, R. & McNamara, K. E. Turning to Nature to Process the Emotional Toll of Nature's Destruction. *Sustainability* **14**, 7948 (2022).

36. Stanley, S. K., Hogg, T. L., Leviston, Z. & Walker, I. From anger to action: Differential impacts of eco-anxiety, eco-depression, and eco-anger on climate action and wellbeing. *J. Clim. Change Health* **1**, 100003 (2021).

37. Rothgerber, H. *et al.* Motivated Moral Outrage Among Meat-Eaters. *Soc. Psychol. Personal. Sci.* **13**, 916–926 (2022).

38. Rosenberg, M. B. & Chopra, D. *Nonviolent Communication: A Language of Life.* (PuddleDancer Press, 2015).

39. Wandelwerk e. V. Wandelwerk Umweltpsychologie: Wir bringen Psychologie in den Umweltschutz. https://www.wandel-werk.org/.

Kapitel 9

1. Geels, F. W. & Schot, J. Typology of sociotechnical transition pathways. *Res. Policy* **36**, 399–417 (2007).

2. Göpel, M. *The Great Mindshift. vol. 2* (Springer International Publishing, 2016).

3. Wright, E. O. *Envisioning Real Utopias.* (Verso, 2010).

4. Moyer, B. *Doing democracy: the MAP model for organizing social movements.* (New Society Publishers, 2001).

5. Seyfang, G. & Haxeltine, A. Growing Grassroots Innovations: Exploring the Role of Community-Based Initiatives in Governing Sustainable Energy Transitions. *Environ. Plan. C Gov. Policy* **30**, 381–400 (2012).

6. *WBGU Welt im Wandel: Gesellschaftsvertrag für eine Große Transformation. Zusammenfassung für Entscheidungsträger.* (Wiss. Beirat der Bundesregierung Globale Umweltveränderungen, 2011).

7. Wullenkord, M. C. & Hamann, K. R. S. We Need to Change: Integrating Psychological Perspectives Into the Multilevel Perspective on Socio-Ecological Transformations. *Front. Psychol.* **12**, 655352 (2021).

8. I.L.A. Kollektiv. *Die Welt auf den Kopf stellen.* (oekom Verlag, 2022).

9. Göpel, M. & Remig, M. Vordenker einer nachhaltigen Gesellschaft. Karl Polanyi und die »Große Transformation«. *GAIA – Ecol. Perspect. Sci. Soc.* **23**, 70–72 (2014).

10. Manstetten, R., Kuhlmann, A., Faber, M. & Frick, M. Grundlagen sozial-ökologischer Transformationen: Gesellschaftsvertrag, Global Governance und die Bedeutung der Zeit (2021).

11. Jessop, B. *Putting Civil Society in Its Place: Governance, Metagovernance and Subjectivity.* (Policy Press, 2020).

12. Geels, F. W. The multi-level perspective on sustainability transitions: Responses to seven criticisms. *Environ. Innov. Soc. Transit.* **1**, 24–40 (2011).

13. Köhler, J. *et al.* An agenda for sustainability transitions research: State of the art and future directions. *Environ. Innov. Soc. Transit.* **31**, 1–32 (2019).

14. Rockström, J. *et al.* A safe operating space for humanity. *Nature* **461**, 472–475 (2009).

15. Aschemann-Witzel, J. & Schulze, M. Transitions to plant-based diets: the role of societal tipping points. *Curr. Opin. Food Sci.* **51**, 101015 (2020).

16. Mersmann, F., Wehnert, T., Göpel, M., Arens, S. & Ujj, O. *Shifting paradigms: unpacking transformation for climate action; a guidebook for climate finance & development practitioners.* (2014).

17. Centola, D., Becker, J., Brackbill, D. & Baronchelli, A. Experimental evidence for tipping points in social convention. *Science* **360**, 1116–1119 (2018).

18. Chenoweth, E. & Stephan, M. J. *Why civil resistance works: the strategic logic of nonviolent conflict.* (Columbia University Press, 2011).

19. Robson, D. The ›3.5% rule‹: How a small minority can change the world. *BBC* (2019).

20. Matthews, K. R. Social movements and the (mis) use of research: Extinction Rebellion and the 3.5% *rule.* **12**, 591–615 (2020).

21. Engler, M. & Engler, P. *This Is an Uprising: How Nonviolent Revolt Is Shaping the Twenty-First Century.* (PublicAffairs, 2016).

22. ausgeCO2hlt. *Jenseits von Hoffnung & Zweifel: Gedanken zum Widerstand in der Klimakrise.* (UNRAST, 2022).

23. Mietshäuser Syndikat. Mietshäuser Syndikat – Die Häuser denen, die drin wohnen. https://www.syndikat.org/.

24. Heitfeld, M. & Reif, A. Transformation gestalten lernen. https://www.germanwatch.org/de/19607 (2021).

25. Luhmann, N. *Die Gesellschaft der Gesellschaft. 2.* (Suhrkamp, 2021).

26. Habermas, J. *Faktizität und Geltung: Beiträge zur Diskurstheorie des Rechts und des demokratischen Rechtsstaats.* (Suhrkamp, 2019).

27. Moyer, B. The Four Roles of Social Activism by Bill Moyer. *The Commons* https://commonslibrary.org/the-four-roles-of-social-activism/ (2001).

28. Rose, A. Bill Moyer's Movement Action Plan–The Commons Library. https://commonslibrary.org/resource-bill-moyers-movement-action-plan/ (2012).

29. Engler, M. & Engler, P. Surviving the ups and downs of social movements. *The Commons* https://commonslibrary.org/surviving-the-ups-and-downs-of-social-movements/ (2014).

30. Moyer, B. Bill Moyer | The Movement Action Plan. https://www.historyisaweapon.com/defcon1/moyermap.html (1987).

31. Malm, A. *How to blow up a pipeline: learning to fight in a world on fire.* (Verso, 2021).

32. Heitfeld, M., Baum, D. & Hildebrand, L. *Dein Handabdruck für die Agrarund Ernährungswende: Ein Do-It Guide zum Loslegen.* (2021).

Kapitel 10

1. Uyeda, R. L. The climate victories of 2021 that put fossil fuels in check. *The Guardian* (2021).
2. United Nations. *Our Common Future: Report of the World Commission on Environment and Development*. (1987).
3. Gulliver, R., Wibisono, S., Fielding, K. S. & Louis, W. R. *The Psychology of Effective Activism*. (Cambridge University Press, 2021).

Kapitel 11

1. Hamann, K. R. S., Wenzel, K., Dasch, S., Junge, E., von Agris, A.-S. & Bleh, J. How Can Psychological Research Support Movements for Socio-Ecological Change? A Qualitative Study on Psychological Challenges and Questions of Activists. (unpublished manuscript).
2. Tausch, N. *et al*. Explaining radical group behavior: Developing emotion and efficacy routes to normative and nonnormative collective action. *J. Pers. Soc. Psychol.* **101**, 129–148 (2011).
3. Shuman, E., Cohen-Chen, S., Hirsch-Hoefler, S. & Halperin, E. Explaining Normative Versus Nonnormative Action: The Role of Implicit Theories. *Polit. Psychol.* **37**, 835–852 (2016).

Anhang

1. Buunk, B. & Van Vugt, M. *Applying social psychology: from problems to solutions*. (SAGE, 2013).
2. Jugert, P. *et al*. Collective efficacy increases pro-environmental intentions through increasing self-efficacy. *J. Environ. Psychol.* **48**, 12–23 (2016).
3. Hamann, K. R. S. Psychological Empowerment in the Context of Environmental Protection: How Can Personal, Collective, and Participative Efficacy Beliefs Foster Pro-environmental Behavior and Activism? (University Koblenz-Landau, 2022).
4. Castiglione, A., Brick, C., Holden, S., Miles-Urdan, E. & Aron, A. R. Discovering the psychological building blocks underlying climate action — a longitudinal study of real-world activism. *R. Soc. Open Sci.* **9**, 210006 (2022).
5. Hamann, K. R. S., Agris, A.-S. von & Markus, L. Investigating the predictors of collective action intensity and health. https://osf.io/c7vsn (2023).
6. van Zomeren, M., Postmes, T. & Spears, R. Toward an integrative social identity model of collective action: A quantitative research synthesis of three socio-psychological perspectives. *Psychol. Bull.* **134**, 504–535 (2008).
7. Drury, J. & Reicher, S. Explaining enduring empowerment: a comparative study of collective action and psychological outcomes. *Eur. J. Soc. Psychol.* **35**, 35–58 (2005).

Bildverzeichnis

Kapitel 1

I. Autor*innenfoto von Wandelwerk e.V., 2022
II. Dave Gardner Creative / National Forest Foundation, 2017 (PDM 1.0 Deed)
III. Lars Jung, 2016 (CC BY2.0)
IV. Chris Grodotzki, 2023 / Campact (CC BY-NC 2.0) (Genehmigung erteilt)
V. adobestock.com – SMUX / iconfinder.com (CC-Lizenz gilt nicht für diese Bilder)

Kapitel 2

I. Conservation Council ACT Region, 2022 (Genehmigung erteilt)
II. adobestock.com – SMUX / iconfinder.com / MaryValery – vector-images.com (CC-Lizenz gilt nicht für diese Bilder)
III. Transition Heathrow, 2014 (CC BY2.0)
IV. Anne Lund, SmilingSun-Shop, 1975 (GFDL)

Kapitel 3

I. Pay Numrich, 2017 (CC BY-SA 2.0)
II. Nikolay Kondev, 2019 (CC0)
III. Mohamed Seeneen, 2009 (CC BY-NC-ND 2.0) (Genehmigung erteilt)
IV. Wandelwerk e.V., 2024

Kapitel 4

I. Ende Gelände / Christian Willner, 2018 (CC BY-SA 2.0)

Kapitel 5

I. Paul Becker / Becker1999, 2019 (CC BY2.0 Deed)
II. Black Rock Solar, 2013 (CC BY2.0)
III. adobestock.com – Icons-Studio / iconfinder.com (CC-Lizenz gilt nicht für diese Bilder)

Kapitel 7

I. iconfinder.com / adobestock.com – Comauthor (CC-Lizenz gilt nicht für diese Bilder)

Kapitel 8

I. Channoh Peepovicz, 2018 (CC BY-NC 2.0) (Genehmigung erteilt)
II. Tim Wagner, 2018 (CC BY-SA 2.0)

Kapitel 9

I. Lance Cheung/U.S. Air Force, 2009 (CC BY2.0)

Kapitel 10

I. adobestock.com – Comauthor, Icons-Studio (CC-Lizenz gilt nicht für diese Bilder)

Kapitel 1–11

Kapitelillustrationen von Otto Barboni (CC BY-NC-SA 4.0) (Genehmigung erteilt)